古代歷史文化 研究輯刊

八 編

王 明 蓀 主編

第 20 冊

《史記》之「改」、「作」與歷史撰述

邱 詩 雯 著

國家圖書館出版品預行編目資料

《史記》之「改」、「作」與歷史撰述／邱詩雯 著 — 初版 — 新
北市：花木蘭文化出版社，2012〔民 101〕
目 4+232 面；19×26 公分
（古代歷史文化研究輯刊 八編；第 20 冊）
ISBN：978-986-254-980-3（精裝）
1. 史記　2. 研究考訂
618　　　　　　　　　　　　　　　　101014977

ISBN-978-986-254-980-3

9 789862 549803

古代歷史文化研究輯刊
八　編　第二十冊　　　　　ISBN：978-986-254-980-3

《史記》之「改」、「作」與歷史撰述

作　　者　邱詩雯
主　　編　王明蓀
總 編 輯　杜潔祥
出　　版　花木蘭文化出版社
發 行 所　花木蘭文化出版社
發 行 人　高小娟
聯絡地址　新北市永和區中正路五九五號七樓
　　　　　電話：02-2923-1455／傳真：02-2923-1452
網　　址　http://www.huamulan.tw 信箱 sut81518@gmail.com
印　　刷　普羅文化出版廣告事業
初　　版　2012 年 9 月
定　　價　八編 22 冊（精裝）新台幣 35,000 元

《史記》之「改」、「作」與歷史撰述

邱詩雯　著

作者簡介

邱詩雯，國立成功大學中國文學系學士、中國文學碩士、中國文學博士候選人，並輔修歷史學系。師事張高評教授，致力耕耘史傳文學、古典散文、文獻學、宋代文學等領域。陸續在國內外期刊和研討會上發表：〈誠齋體與創意造語——以楊萬里詠飲食詩為例〉、〈陸游在台研究述評〉、〈采詩與新詮——夏元鼎三教歸一之丹道論述〉、〈《史記》史韻詩心的構成——從〈離騷〉到無韻之《離騷》〉、〈臺灣近五年宋代非韻文研究述評〉、〈《史記》讀本的現代轉化〉、〈桐城詩法與史家筆法——以方東樹《昭昧詹言》為例〉、〈林紓翻譯小說與史傳文學關係探析〉、〈張賡小識〉、〈義法與書法——方苞《春秋直解》之解經方法及其《左》學傾向〉、〈張賡簡譜〉等單篇文章。

提　要

　　司馬遷私淑孔子，典範《春秋》，蒐集天下百種遺文，運之以史筆書法，潤之以文筆詩心，使《史記》史家筆法、《春秋》書法、文章義法遂燦然大備。自鎔裁史料至完成史書，為史家苦心孤詣、撰述歷史的過程，而史料之運用，或借襲引用、或改訂更易、或想像撰作，其改作之目的，皆為呈現史觀而來。則《史記》所以究天人之際，通古今之變，成一家之言者，有改易、撰作之事實存在。

　　本文採用《史記》廿五史點校本為文本，以《史記會注考證》之研究成果為切入點，參考諸家補輯，確立《史記》可資比對之取材範圍，嘗試重建司馬遷運用史料的情形。透過比對考據資料，梳理《史記》之「改」、「作」與歷史撰述的義法。得司馬遷以史觀選材，運用比興安排，詳略去取、改易撰作史料來行文，而呈顯出史蘊詩心之風格，成為影響後來文、史發展不易之核心價值。

　　《史記》之「改」、「作」，涵蓋考據、義理、詞章三個層面。考《史記》之「改」、「作」與歷史撰述，為考據《史記》取材與義理之聯繫，除提供《史記》研究的新角度之外，可對史家別裁、史識、取捨、歷史編纂等，增加史學方法內涵。並且對後來史學的流變，如廿五史的改作；以及文學的新變，如史傳文學的改作、古典文學的轉化、劇本之寫作等，提供基礎。則可以此角度，繼續探索《史記》「改」、「作」與詞章風格之表現，開啟跨史籍、跨文史、跨古今的多元研究。

誌　謝

　　一個夢想的實現，需要什麼元素？一本論文的完成，又有多少的感恩？十八歲考上中文系那一天，老師就告訴我，研究是孤獨的道路，要耐得住寂寞，才能從古籍中掘出甘泉。於是，我懷揣著夢想與祝福，向學海啟航，我在文、史中徜徉，雖看不見邊際，卻也有滄海一粟的逍遙。七、八年過去，我總算完成了我學術生命中的第一部作品，裡面除了記錄我尚友古人的對話以外，在字裡行間，更有我築夢踏實的青春歲月。

　　回首一路走來，能拜張高評老師為指導教授，我何其幸運！張老師對我的提攜，早已不是傳道、授業、解惑三項能夠囊括。張老師曾告訴我此論題的難度，勉勵我要好好的撰寫，並在繁忙的公務、學術生活中，利用下班、假日時，抽空為我指點迷津，老師對我的照顧，我點滴在心。賴明德教授、王三慶教授，也是我要特別感謝的，兩位老師撥冗審查學生的論文，於口試時給予寶貴意見，指出初稿的不足之處，論文才有現在較立體完整的面貌，並謝謝老師們對後學的鼓勵，讓我更有信心繼續學術之路。

　　能夠完成此論文，我衷心感謝所有成大的中文系與歷史系的授課老師，我在成大七年半的求學生涯，如果沒有他們悉心的教誨，奠定我學問的基礎，鍛鍊我研究的基本功，我定不能完成這本學位論文。除了專業，也謝謝師長們在我成長徬徨時給予的支援，讓這離鄉背井的築夢旅程，能安穩前行。還有，我要非常感謝臺南高工李燦榮校長、王進壽秘書、黃耀寬主任、張耀華組長、劉明昌老師，和喬桂芝小姐的包容與鼓勵，在我教育實習的過程中，給我足夠的空間，同步完成我的論文。並感謝我的學生們，在我碰到撰寫瓶頸時，帶給我的滿滿活力。

另外，我還要謝謝致宏、秋蘭、嘉璟、瑋儀、芳祥、美端、雅雯、其薇等學長姐這一路給予的支援，並謝謝芳蓓、妍伶、雅欣、浩翔、瑀琳、奕璇、純純、若珈等好友的鼓勵，讓我走在這漫漫脩遠的學問道路上，雖然孤獨，卻不寂寞。

最後，我要特別感恩爸爸、媽媽對我的信賴，因為有他們不曾間斷的支持作後盾，我才能擁有這率性揮灑的空間，放心追尋心中的桃花源。而每當月迷津渡時，姊姊總能聆聽我內心的聲音，及時從旁為我指出方向，使我一次次看見柳暗花明的美好。

在無涯的學海中求索，要感謝的人太多，能書寫的版面太少，回答我最初的問題：「一個夢想的實現，需要什麼元素？」答案已逐漸明朗：是一個無條件支持的家庭，是一位傾囊相授的恩師，是許多提攜後進的師長，是一些鼓勵進修的同事，是一群加油打氣的朋友，是一彎彎信賴的笑靨，以及一股執著向前的勇氣。

謹將此論文獻給所有愛我的人。

詩雯 2008.1.23 於我取齋

目

次

第一章 緒 論

　　文學重感性，書寫美感經驗；史學重理性，追求歷史真相，二者側重不同。然文章之美，需文質協和，以通六藝比興之旨；而歷史之真，則記撰兼用，以法《春王正月》之書，則文史有其通義。《史記》上承六經百家，下開廿五史、史傳文學、古文派別……等，其寫作義法，為文史研究必究之典範。司馬遷既為太史令，承先人遺志，復因李陵案發憤著述，撰成《史記》，厥協六經百家雜語，自成一家。由此觀之，《史記》一書，當前有所本，後有所革。今討論《史記》之改作與歷史撰述，乃自採用史料中，細審源流正變，自文字考異中，看史公透過載筆以傳達的史觀，而得太史公述史之義法，得以昭明《史記》方智、圓神之旨趣。

一、研究現況

　　司馬遷撰成《史記》，藏諸名山，副在京師，自外孫楊惲公開藏本後，斯學始見研究與傳播。漢代學者多致力於續作補缺，提出謗書說。魏晉南北朝討論班馬異同優劣，開始為之作注。唐時確定紀傳為正史體例，結合前代成果，有三家注本，並為古文運動文統。宋代史學盛行，史論、詠史之作迭出，印本與寫本爭輝，續以《史記》為古文復興之範本。元代承宋評論《史記》風氣，以劇演《史》。明時則開評點之風，側重文章作法，並越界小說，史傳文學價值被標舉。清代除持續探究義法外，結合考據，對《史記》作細部的版本校勘、糾謬整理。於是《史記》之研究成果，歷經二千年，汗牛充棟，蔚為大觀，成為一系專門之學問。

　　歷史真相只有一個，而記載方式卻有百樣，如果將真相視為核心，則史家載史，應以書寫歷史真相為要。然而，史家是人，有其主觀的意志與感情，即便如何追求客觀，其所寫者，亦是折射出的歷史，與實際歷史真相有距離。有時，史家礙於時空，無法身在歷史現場，第一手記錄歷史事件，必須透過文獻等二手史料來進行爬梳，而文獻資料又有原作者的主觀觀感，未必與史家相同，則必須透過改作，梳理史事的脈絡。改作與歷史真相的核心，是向心力與離心力兩股力量的拉拒。改易，有為考據而改，有為敘事明確的詞章而改，有為整理規則，提煉資鑑意義而改，皆是貼合歷史真相的作法，為歷史書寫的向心力；撰作，是個人主觀情志的投入，讓主觀意志於歷史書寫中發酵，在不改動史事大體走向、結局的前提下，填補歷史空白，是歷史書寫的離心力。王鳴盛曰：「司馬取法《尚書》及《春秋內外傳》，自言述而非作，其實以述兼作者。」〔註1〕司馬遷根據金匱石室之書，纂成《史記》，對文獻材料，有所取捨改作，本文即以此切入，比對《史記》及其所用文獻，追本溯源，還原司馬遷的撰作方式，以考察其改作筆法及其史學方法。《史記》研究雖自古有之，然多偏重於作者生平、學術思想、編纂體例、敘事方法、馬班異同等，對於還原《史記》採用文獻者，多著重考據，悉致力於司馬遷采用文獻的考證。本文即在此考據基礎上，再梳理二者文字異同，並討論其與撰作旨趣之間的關連意義。

　　關於《史記》采書的研究成果，主要可分為以下幾類：

　　其一，討論司馬遷蒐集文獻的過程。如潘重規〈史記導論〉〔註2〕一文，根據《史記會注》統計羅列《史記》取材；阮芝生〈太史公怎樣搜集和處理史料〉〔註3〕，根據司馬遷於《史記》中，提到的幾種蒐集材料的方法整理說明；鄭鶴聲〈太史公司馬遷之史學〉專節討論「史記之取材」，認為其取材方法有據之於聞者、據之於見者、據之見聞相參者、據之於問詢者〔註4〕；

〔註1〕王鳴盛：〈史記創立體例〉，《十七史商榷》卷一（臺北：大化出版社，1984.5再版），頁5。

〔註2〕潘重規：〈史記導論〉，《史記論文集》（臺北：木鐸出版社，1975），頁1～36。

〔註3〕阮芝生：《司馬遷的史學方法與歷史思想》（臺大1973歷史研究所博論，指導教授）第三章，收入《書目季刊》7卷4期（1974.3），頁17～35。

〔註4〕鄭鶴聲：〈太史公司馬遷之史學〉，載於民國十二年《史地學報》第五、六號。收入杜維運、黃進興邊《中國史學史論文選集》一（臺北：華世出版社，1976.9出版）

張大可〈論《史記》取材〉〔註5〕、張大可〈《史記》取材〉〔註6〕二文，則談到司馬遷搜求史料的多種途徑，包括閱讀皇室所藏圖書檔案、文物及圖像、遊歷拜訪的實地調查、接觸當事人或他人的口述材料、採集歌謠詩賦等。此類研究翔實整理司馬遷蒐集文獻的過程，為後來辨別采用文獻史料項目的基礎。

　　其二，考據司馬遷采用文獻史料的項目。主要如羅根澤〈從史記本書考史記本原〉〔註7〕、盧南橋〈論司馬遷及其歷史編纂學〉〔註8〕，皆根據《史記》文本所提到所用書，或引用書做整理，建立司馬遷采用文獻資料的項目；張大可〈論《史記》取材〉〔註9〕、張大可〈《史記》取材〉〔註10〕根據四部分類法，將司馬遷所引材料分經、史、子、集四類，分別說其存佚情形；金德建《司馬遷所見書考》〔註11〕則是根據文獻項目，一一考據其內容，對采用文獻的項目做更進一步的確立。此外，還有瀧川資言《史記會注考證》的考證成果，瀧川資言節錄司馬遷所見書原文，撰成〈史記資材〉一文，收於《史記會注考證‧總論》〔註12〕之中，並且，在《史記會注考證》一段原文後，用「采」、「本」等字，一一說明該段原文其文獻來源，考證司馬遷不曾標明的文獻參考底本，能補足徵引項目之實際內容〔註13〕，提供原文比對之考證基礎。

〔註5〕　張大可：〈論《史記》取材〉，原載於《甘肅社會科學》1983年第5期，收入《史記研究》論文集，甘肅人民出版社1985年出版，華文出版社2001年再版。

〔註6〕　張大可：《史記文獻與編纂學研究》第五章（北京：華文出版社，2005.1）86～107

〔註7〕　羅根澤：〈從史記本書考史記本原〉，原載於1930年國立北平圖書館館刊四卷二號，收入《史記論文集》（臺北：木鐸出版社，1975），頁43～54

〔註8〕　盧南橋：〈論司馬遷及其歷史編纂學〉，載於《司馬遷與史記》（中華書局1957版）。

〔註9〕　張大可：〈論《史記》取材〉，原載於《甘肅社會科學》1983年第5期，收入《史記研究》論文集，甘肅人民出版社1985年出版，華文出版社2001年再版。

〔註10〕張大可：《史記文獻與編纂學研究》第五章，（北京：華文出版社，2005.1）頁86～107。

〔註11〕金德建：《司馬遷所見書考》（上海：上海人民出版社，1963）

〔註12〕瀧川資言：《史記會注考證》（高雄：麗文圖書公司，1997.1），頁1394～1397。

〔註13〕整理瀧川資言《史記會注考證》，考證《史記》徵引資料內容，則有三代以前多本《詩經》、《尚書》、春秋時期多用《春秋》內外傳、戰國時期多采《戰國策》、《韓非子》、《呂氏春秋》、《說苑》、《新序》等文。

　　其三，考察《史記》對於特定文獻采用的情形。主要集中在《尚書》、《左傳》、《戰國策》。如古國順《司馬遷尚書學》〔註14〕、顧立三《司馬遷撰寫史記采用左傳的研究》〔註15〕、王廣福《《史記》採《戰國策》考論》，〔註16〕皆是針對單項採書進行細部整理。而魏聰祺的《史記引經考》〔註17〕，則針對引用經書，整理前人資料，分別論述《史記》引《詩經》、《尚書》、《易經》、《大戴禮記》、《禮記》、《春秋》、《左傳》、《公羊》、《論語》等情形，做引用狀況的現象說明。

　　此外，尚有比對《史記》與所採文本的比對與加工之研究。如可永雪〈《史記》中的再創作〉，〔註18〕其根據瀧川資言《史記會注考證》比對之段落，作歷史想像的說明。

　　上述四類研究，或作蒐集文獻過程、采用文獻項目的說明，能在巨人肩膀上往前，可作後續比對的基礎。或爬梳單種資料與《史記》的關連，如引《尚書》、《左傳》、《戰國策》，皆是單一文本，點的研究；或多項考證，卻未以改作切入者，如魏聰祺《史記引經考》，可從其整理資料中，探求改作與義理的聯繫。或自改作角度探討，可延伸研究者，如可永雪的〈《史記》中的再創作〉，其研究步驟可作為後續研究的示範。各有不同側重，而能在上述基礎上，作《史記》「改」、「作」與撰述之研究，以探求司馬遷采用史料、成就一家之言的方法及旨趣。

二、研究範圍與方法、步驟

　　今本《史記》，始自〈五帝本紀〉，終於〈太史公自序〉，計一百三十篇，其源有三：一為司馬談，〈自序〉說：「（太史公）余死，汝必為太史；為太史，無忘吾所欲論著矣。」，知司馬遷乃在其父基礎上，紹述父業，續著《史記》。李長之以為〈孝景本紀〉、〈律書〉、〈晉世家〉、〈老莊申韓〉、〈刺客列傳〉、〈李斯列傳〉、〈酈生陸賈列傳〉、〈日者列傳〉等八篇，有司馬談作之可

〔註14〕古國順：《司馬遷尚書學》（私立中國文化大學 1985 博論，指導教授：胡自逢）
〔註15〕顧立三：《司馬遷撰寫史記采用左傳的研究》，臺北：正中書局，1980.10
〔註16〕王廣福：《《史記》採《戰國策》考論》，（西南師範大學 2001 碩論，指導教授：熊憲光）
〔註17〕魏聰祺：《史記引經考》（私立東吳大學 1991 碩士論文，指導教授：賴明德）
〔註18〕可永雪：《史記文學成就論說》（呼和浩特：內蒙古教育出版社，2001.5）第七章《史記》中的再創作，頁 368～405，

能〔註 19〕；二為司馬遷，〈報任安書〉中說「僕竊不遜，近自托於無能之辭，網羅天下放失舊聞，略考其行事，綜其終始，稽其成敗興壞之紀，上計軒轅，下至於茲，為十表，本紀十二，書八章，世家三十，列傳七十，凡百三十篇，亦欲以究天人之際，通古今之變，成一家之言。」，則知司馬遷究際天人，通變古今，以《史記》成一家之言；三為褚少孫等後來補缺者。《漢書・藝文志》：「春秋家太史公百三十篇，十篇有錄無書。」，據考應為〈景帝本紀〉、〈武帝本紀〉、〈漢興以來將相名臣年表〉、〈禮書〉、〈樂書〉、〈兵書〉、〈三王世家〉、〈傅靳蒯成列傳〉、〈日者列傳〉、〈龜策列傳〉等篇。〔註 20〕此三者構成今本《史記》。然司馬談所做原篇，經史遷納入《史記》，除〈自序〉錄入「論六家要旨」一段，餘皆難以區分二者；又後來補缺者，除褚少孫補入每以「褚先生曰」標明外，其餘竄入者亦不能完全釐清。因此本文援引《史記》文字，以今本可見之百三十篇為基礎，刪去褚少孫續補，與部分經瀧川資言考訂竄入之文，〔註 21〕餘者皆納入討論範圍。

　　《史記》自楊惲公諸於世後〔註 22〕，其書篇幅重大，有單篇以別行者。而流傳既廣，傳鈔日多，豕亥魯魚，自多不免。今所存者，以宋本為最古，而清殿本二十四史本明北監本，北監二十一史，則本明南監本，其本《史記》

〔註 19〕李長之：「總之，這八篇（〈孝景本紀〉、〈律書〉、〈晉世家〉、〈老莊申韓〉、〈刺客列傳〉、〈李斯列傳〉、〈酈生陸賈列傳〉、〈日者列傳〉）都有司馬談作的可能。我說可能，是說還不能認為就是定論。」李長之《司馬遷之人格與風格》（臺北：開明書局，1995.7 臺十七版），頁 162。

〔註 20〕張大可：〈論《史記》取材〉，原載於《甘肅社會科學》1983 年第 5 期，收入《史記研究》論文集，甘肅人民出版社 1985 年出版，華文出版社 2001 年再版。余嘉錫：〈太史公書亡篇考〉，《史記論文集》（臺北：木鐸出版社，1975），頁 55～146。

〔註 21〕瀧川資言曾考證部分後人竄入文字，稱為「附益」，如：〈酈商列傳〉「為太常，坐法國除」七字，後人附益；〈李將軍列傳〉李陵既壯，選為建章監，至皆以為恥焉，後人附益；〈酷吏列傳〉周中廢至家貲累數百萬矣，後人附益……等。詳見瀧川資言：〈史記附益〉，收入《史記會注考證》（高雄：麗文圖書公司，1997.1），頁 1377～1378。

〔註 22〕《史記・自序》稱其書「藏之名山，副在京師」，是《史記》在當時已有兩本。《漢書》本傳云：「遷既死後，其書稍出。宣帝時，遷外孫平通侯楊惲，祖述其書，遂宣布焉。」王靜安先生曰：「其所謂宣布者，蓋上之於朝，又傳寫以公於世也。（見《太史公行年考》）《史記》之流傳於世，蓋自此始。游國恩〈史記講錄〉，《游國恩學術論文集》，北京中華書局，1989.1，收入張高評主編《史記研究粹編》，高雄：復文圖書出版社，1992.4，頁 5。

所從出無考，當是南宋舊物。〔註23〕海外方面，日本瀧川資言在《史記正義》佚文及《增補評點史記評林》基礎上，引用日本著作 20 多種、中國著作 100 多種，補入了正義佚文，魯實先雖曾作文駁斥〔註24〕，然該書於三家舊注，多有補益，又綴取中國及日本學者研究史記之考證疏解，彙而為一，散出於一句一段之下，凡史公所徵引，皆追本溯源，加以說明，〔註25〕仍為省搜群書之勞的重要參考書，有其考證之參考價值。〔註26〕本文使用《史記》版本，引文以北京中華書局的廿五史點校本為底本。

　　本文集中討論《史記》運用史料及其改作問題，包括考據、義理、詞章三方面，自資料比對的考據著手，觀察司馬遷運用材料與其欲表達義理之聯繫，其方法、步驟如下：

1. 瀧川資言考論篇章段落所本，如「釆自」、「本於」云云，參考諸家補輯，一一建檔，確認目前可供比對之材料範圍。

2. 將《史記》段落與文本篇章並置，用比對法分析《史記》及其所用史料，二者之間，文字之異同。

3. 用推溯源流法，探究史家筆法與《春秋》書法合流，而詩史同出一源，而得史家筆法、史蘊詩心之核心論述。

4. 用歸納法類聚分群，將比對資料依改作之有無，分為述多撰少、幾乎全錄沿用的「記注」，與撰多述少的「撰述」二類，以觀察其史料之剪裁；再將歷史「撰述」，依改動文字之類型、目的，分為「改易」與「撰

〔註23〕王重民：〈《史記》的版本和參考書〉，《史記論文集》（臺北：木鐸出版社，1975），頁 155～159。關於歷代《史記》版本源流，詳見張玉春《史記版本研究》（北京：商務印書館 2001.7）。

〔註24〕魯實先批評《史記會注考證》之缺點有七，分別為：體例未精、校勘未善、釆輯未備、無所發明、立說疵謬、多所剿竊、去取不明。詳見魯實先〈史記會注考證駁議〉，收入《實先叢書》之一，亦可參見瀧川資言：《史記會注考證》附錄，（高雄：麗文圖書公司，1997.1）。

〔註25〕關於《史記會注考證》版本問題，參考賀次君：《史記書錄》，收入楊家駱主編：《史記附編》（臺北：鼎文書局，1981.9 二版），頁 223～231；李若暉：〈瀧川資言所輯史記正義佚文平議〉，《湖南大學學報(社會科學版)》1996 年 01 期，頁 72～77；袁傳璋：〈史記會注考証新增正義的來源和真偽辨正〉，《河南大學學報(社會科學版)》2000 年 02 期，頁 37～44；尤德艷：〈史記正義佚存真偽辨〉，《南京師範大學文學院學報》2001 年 02 期，頁 27～30。

〔註26〕本文《史記》采用文獻之考證，以瀧川資言《史記會注考證》為主，並參考諸家補輯。

作」二者。

5. 用演繹法分在三、四、五章，依序爬梳《史記》之歷史「記注」與「撰述」之「改易」、「撰作」義法，檢視其先立其大的纂史旨趣。

6. 於第六章討論史遷撰作義法之影響，梳理其於文學、史學之脈絡，以變易、不易二者，見其文史會通的新變與代雄。

三、《史記》撰述之「改」、「作」釋義

（一）歷史撰述

《文史通義‧書教下》：「夫智以藏往，神以知來，記注欲往事之不忘，撰述欲來者之興起，故記注藏往似智，撰述知來擬神也。」〔註27〕由此可見，「撰述」乃與「記注」相對，或稱為「著述」、「比類」，〔註28〕又稱為「著述」、「纂輯」。〔註29〕關於「記注」與「撰述」的詮解，學者們意見紛歧，各有主張。錢穆曾作解釋，似較明白：

> 若論『撰述』，則是一種著作，根據一切史料的記注，來發揮作者對這一段歷史的一種『專家文學』。『撰述』則是要我們因過去而知未來，把過去成為我們的一個教訓：這樣興、這樣亡、這樣治、這樣亂。我們在歷史裡得知將來，這個擬於我們的『神』。……待我們用此材料來抉擇，那許多有用，那許多無用，有用者取，無用者去，這就看個人的眼光。這是一種主觀的，因於人而不同的，更因於時代而不同，這是可以變動的，所以說其德是圓。〔註30〕

錢穆把「記注」視為鑒往知來的「專家文學」，其目的在得到歷史教訓；而歷史書籍是否為「撰述」，其判斷標準，則在有無去取史料的眼光，常因為時代的不同而有所變化。錢穆的說法將重點置放在史料取決去取的剪裁問題上，以及鑒往知來的「專家文學」方面，開啟了判斷「記注」與「撰述」方法論的方向。

不過，亦有學者把主張「記注」與「撰述」，視為史學體例的實際指涉，如：

〔註27〕章學誠：《文史通義》（臺北：世界書局，1962.4），頁9。

〔註28〕章學誠：《章氏遺書》第九卷〈報黃大俞先生〉（臺北：漢聲出版社，1973.1），頁173。

〔註29〕章學誠：《文史通義‧博約中》（臺北：世界書局，1962.4），頁33～34。

〔註30〕轉引自單輝：〈方志記述的圓與神〉，收錄於《新疆地方志》1998年02期，頁15。

　　　　實齋所說的「記注」和「撰述」，也就是史料和史書。記注即舊日所
　　　　稱的掌故；撰述即舊日所稱的紀傳編年二體之史。〔註31〕
這樣的判斷，固然是將「記注」、「撰述」做為明辨史書體例的類型，為中國
史書的體例劃分作了更精準的分類，但是卻忽略了實齋所謂「方以智」與「圓
而神」的精神意涵：

　　　　藏往欲其賅備無遺，故體有一定，而其德為方，知來欲其抉擇去取，
　　　　故例不拘常，而其德為圓。〔註32〕

歷史敘述之目的，各有不同，或以記事，如殷商甲骨，卜筮，兆驗之辭具書
其上，內容涵蓋天文、氣象、醫療、軍事等，欲以備忘；或以述志，如《書》
之〈湯誥〉、〈牧誓〉，揚志誓師，抒中情以成文。知書成文之目的有二：一曰
記事以備忘，一曰述志以抒情。章學誠所謂「撰述」者，乃與「記注」相對，
以藏往、知來區分二者，可見辨別之根據，乃在寫作之目的、旨趣。由於二
者目的不同，因此分別呈顯出圓神、方智二種作品風格。

　　　　《文史通義‧易教上》：「六經皆史也。古人不著書；古人未嘗離事而言
理，六經皆先王之政典也。」〔註33〕上古之世，文史合流，經史同源，以事
言理，則理事合一。以史資經、藉史撰文，則以經以文歸納史之理則。故《文
史通義‧經解中》說：「事有實據，而理無定形，故夫子之述六經，皆取先王
典章，未嘗離事而著理。」〔註34〕法具於官，而官守其書，故三代以上，記
注有成法，而撰述無定名。撰述是撰作目的，用以資鑑，因此有撰述之旨，
卻無其名。而王官司史，皆掌記注，而不曾有撰述之官、撰史之人。然雖失
其名，史官掌史成書，未必不作撰述之旨：

　　　　以文字為著述，起於官師之分職，治教之分途。（《文史通義‧原道
　　　　下》）〔註35〕

即便以文字為著述，仍未嘗離事而言理，強自以為說。孔子表章六籍，自言
「述而不作」，《史記‧日者列傳》亦云：「述而不作，君子義也」。夫子作《春
秋》，依事而言理，喻以書法，婉而成章，故夫子自述《春秋》之所以作，則
云：「我欲託之空言，不如見諸行事之深切著明」也。孔子據魯、親周、故殷，

〔註31〕吳天任：《章實齋的史學》，（臺北：臺灣商務印書館，1979.4），頁12。
〔註32〕章學誠：《文史通義‧書教下》（臺北：世界書局，1962.4），頁9。
〔註33〕章學誠：《文史通義‧易教上》（臺北：世界書局，1962.4），頁1
〔註34〕章學誠：《文史通義‧經解中》（臺北：世界書局，1962.4），頁19。
〔註35〕章學誠：《文史通義‧原道下》（臺北：世界書局，1962.4），頁28。

修《春秋》，自謙述而不作，史公稱之，實乃述、作兼備。〔註36〕知孔子述寫《春秋》，以史之記注成法行文，用史之撰述旨趣以申義，成就其說。

孟子論《春秋》曰：「其事則齊桓晉文，其文則史，其義則丘竊取之。」孔子所竊之義者何？為別識心裁之獨斷之學。〔註37〕何以昭史書之旨？則非識無以斷其義。劉知幾以其為史家三長之一：

> 禮部尚書鄭惟忠嘗問子玄曰：「自古以來，文士多而史才少，何也？」
> 對曰：「史有三長：才、學、識，世罕兼之，故史者少。」〔註38〕

史才指作史之技術，包括組織與文采；史學為研史之學問，需專精與涉獵兼備；史識則是史官取決史料之眼光，以取捨、鋪排、演示材料以示義，〔註39〕則史家載筆，以史學作為基礎，以史識先立其大，而後以史才出之。太史公作《史記》乃「究天人之際，通古今之變，成一家之言」為目標，其撰作動機，非僅為記事以備忘，而有自成一家之立言宗旨。《文史通義‧書教下》云：「然圓神方智，自有載籍以還，二者不可偏廢也。」司馬遷敘史事來成一家之言，其職守、方法，類近記注，具方智特質；其目標、意旨，則是撰述，而能圓神。

（二）撰述之「改」、「作」

《史記》既以撰述為目標，富含旨趣，則欲求其一家之言，必審其義法。史遷斷始五帝，沿及三代，作通史以申其旨，不可無所憑藉。史遷世襲史職，掌管典籍，天下遺文，莫不畢聚於太史公。史遷紹述往事，或憑藉金匱石室之書，或取之耳聞目見，力求歷史紀錄之真實。其中，對史料之去取從違，

〔註36〕 胡豔惠：《史記之春秋書法研究》，（成功大學中文所 2005 碩士論文，指導教授：張高評師），頁 9。

〔註37〕 張高評師於〈方苞義法與《春秋》書法〉一文中提到：「《左》、《史》於敘事為史法，於義例為書法，於辭章為文法，其實一也。蓋「史之大原，本乎《春秋》，《春秋》之義，昭乎筆削」；筆削之義，則在別識心裁之獨斷之學——書法。」詳見張高評師：《春秋書法與左傳學史》，〈方苞義法與春秋書法〉（臺北：五南圖書出版，2002.1），頁 286。

〔註38〕 《新唐書》卷 132〈劉子玄傳〉：「子玄領國史且三十年，官雖徙，職常如舊。禮部尚書鄭惟忠嘗問：『自古文士多，史才少，何耶？』對曰：『史有三長：才、學、識，世罕兼之，故史者少。夫有學無才，猶愚賈操金，不能殖貨；有才無學，猶巧匠無梗柟斧斤，弗能成室。善惡必書，使驕君賊臣知懼，此為無可加者。』時以為篤論。」歐陽修：《新唐書》（臺北：藝文印書館，1958），頁 1669。

〔註39〕 參考梁啟超：《中國歷史研究法補編》（上海：上海古籍出版社，2000.1），頁 156～172。

影響史識之獨到，以及撰述之旨趣。

　　採摭之法，或為引書，如〈屈原賈生列傳〉引屈原〈懷沙〉、賈誼〈鵬鳥〉，〈李斯列傳〉引其〈諫逐客書〉、〈司馬相如列傳〉引〈上林〉、〈子虛〉等賦。或為改換，如〈五帝本紀〉剪裁《左傳》、《國語》、繙譯加註《尚書》，〈晉世家〉驪姬害申生事，詳採《國語》、《左傳》，兼補《公羊》、《穀梁》、《禮記‧檀弓》、《呂氏春秋》等。或為撰作，如〈五帝本紀〉虞舜孝親事，以《尚書‧堯典》、《孟子‧萬章》、《韓非子》、《呂氏春秋》、《莊子》、《淮南子》為底本，於歷史空白處，補以情節刻畫；又如〈伍子胥列傳〉所敘之楚王詐召，掘墓鞭屍事，雖見載於《左傳》、《國語》、《公羊》、《穀梁》、《戰國策》、《呂氏春秋》諸書，詐召、鞭屍細節卻進行再造。其他如呂不韋喝斥甘羅語、專諸刺王、聶政姐認屍、范雎進說秦王左右竊聽等事，皆可見改、作之跡。

　　西方史學向以「歷史解釋」與「歷史敘事」作為歷史書寫的兩大成份，〔註 40〕中國傳統史學則不然，往往合二者而一，事文之外，有史義，而史義也透過敘事敷衍開來。司馬遷徵信百種文獻，點竄陶鑄，以己意出之，使史文一致，並使史事明暢，既是實錄，亦能繼軌《春秋》，鎔鑄解釋、敘事於一爐，自成一家。〔註 41〕則《史記》之「歷史撰述」，實以史識選材，有撰有述，而以「改易」、「撰作」等義法出之：

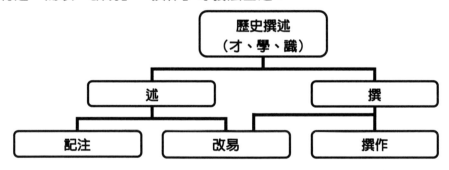

歷史撰述是在歷史敘事中置放歷史解釋，寄託淑世理想，用歷史規律中找出

〔註 40〕歷史敘事與歷史解釋是歷史的兩大要素，歷史呈現於世人的，無法超出兩者，所謂歷史敘事，一般來講，是將以往曾經發生的事件，不憚繁瑣的敘述出來。……所謂歷史解釋，大致是闡明歷史發展的軌跡及其意義所在。……史學家根據史料撰寫歷史，其呈現出來的，不是歷史敘事，就是歷史解釋。杜維運：《史學方法論》第十三章〈歷史敘事與歷史解釋〉，（臺北：三民書局，1985.3 七版（增訂版）），頁 211～212。

〔註 41〕參考杜維運：《與西方史家論中國史學》（臺北：東大圖書公司，1981.8），頁149、92。

資鑑精神，並於歷史空白處添加期待。以史識先立其大，為歷史解釋而敘事。其呈現的方法，則可依照「撰」、「述」比重之多寡，區分為三：「記注」，以史識選擇材料，進行剪裁、重組與整合，從敘事之中史實自明，雖「述」多於「撰」，但仍可在剪裁重組之中，體察其義。「改易」，是依特定的目的改寫先前史料，以合於己用。「撰作」，則是發揮歷史想像於歷史空白處進行填補，使史書面貌與內蘊飽和圓融。故本文意在回溯司馬遷協厥六經百家文獻之法，或以記注，或以改易，或以撰作，敷衍史事，用以申旨，能究天人之際，通古今之變，成就一家之言。

第二章　《史記》史蘊詩心傳統的構成
——從〈離騷〉到「無韻之《離騷》」

　　《史記》是歷史著作，亦為文學著作。對於《史記》文學性的認識，有著歷時性的發展過程：漢魏至六朝，司馬遷被稱為「文章」家，《史記》被包括進廣義的文學範圍之內。唐代，司馬遷被視為散文大家，《史記》播樹為古文典範，從而奠定了司馬遷和《史記》在中國文學史上的崇高地位。宋代，開始出現從人物形象、文學撰作角度對《史記》的藝術價值進行評論和闡發的。明清，對《史記》文學撰作的特質，得到更深入的認識和更明確的闡發，對《史記》作為傳記文學的特性有了明確的認識和釐定。〔註1〕到了三○年代，魯迅以「史家之絕唱，無韻之《離騷》」一語，同時肯定了《史記》的史學意義與文學價值。

　　魯迅以「無韻之《離騷》」讚譽《史記》的文學性，是全面性的闡發：
　　　恨為弄臣，寄心褚墨，感身世之戮辱，傳畸人於千秋，雖被《春秋》
　　　之義，固不失為史家之絕唱，無韻之《離騷》矣。惟不拘於史法，
　　　不囿於文字，發於情，肆於心而為文，故能如茅坤所言：「讀游俠傳
　　　欲輕生，讀屈原、賈誼傳即欲流涕，讀莊周、魯仲連傳即欲遺世，
　　　讀李廣傳即欲立鬥，讀石建傳即欲俯躬，讀信陵、平原君傳即欲養
　　　士」也。〔註2〕
從上面這段文字中，可以解讀出魯迅評價《史記》三個層面的意義：其一，

〔註1〕可永雪：《史記文學成就論說》（呼和浩特：內蒙古教育出版社，2001.5），頁
　　　　1～10。
〔註2〕魯迅：《漢文學史綱》（臺北：風雲時代出版社，1990.11），頁158。

司馬遷的撰作背景具備有屈騷情懷，為困頓後發憤而寫；其二，司馬遷的《史記》寫作方式，不拘於史法，不囿於文字，而是由情感出發的鋪衍方法；其三，《史記》文字所營造出的情感具有極高的感染力。

　　《史記》是史傳散文，《離騷》是抒情長詩，兩者文體不同，形式各別。前人專家針對魯迅之語，曾做過一系列的討論：《史記教程》認為《史記》具有與敘事性相對的抒情性，並蘊含抒情性的結構和語言，包括敘議手法交錯、部分詩般押韻、以及詩賦及民間諺語歌謠的引入〔註3〕；《史記通論》則以內在韻律與外在韻律分類，認為《史記》用情感為主的「內在韻律」一以貫之，又在「外在韻律」的表現方法講求，呈現出抒情性和氣勢感〔註4〕；吳汝煜〈「史家之絕唱，無韻之《離騷》試釋」〉一文，則認為《史記》的審美理想與《離騷》一脈相承，並深得《離騷》的情韻，具有濃郁的抒情性，更從《離騷》中吸取了諷興當世的力量和反傳統思想的精神，且皆為開創性的著作〔註5〕，呂培成《司馬遷與屈原和楚辭學》則從深刻的歷史意識、進步的政治觀與政治主張、抗擊邪惡批判現實、偉大的創作藝術四方面來說明《史記》與《離騷》的共通點。〔註6〕單篇的論述，則有：王金壽〈《離騷》為屈大夫之哭泣、《史記》為太史公之哭泣──也談「無韻之《離騷》」的意義〉一文，從「知《騷》」、「得情」來連結《史記》與《離騷》，將「詩」的內在精神視為太史公「得其情」者；何旭光〈「無韻之《離騷》」試析〉，則分別從思想情感、文學性、浪漫主義著手，條列說明《史記》被稱為「無韻之《離騷》」的理由，呂特〈論《離騷》與《史記》內在精神的一致性〉，則是強調《離騷》與《史記》的內在精神具有高度的一致性，主要表現在強烈的抒情特徵與一是尚「奇」的審美追求兩方面，並提出內在精神一致性的原因有二，分別為「發憤著書」的創作動機，與司馬遷深受楚文化及以《楚辭》影響。周國新〈《史記》中的詩色彩〉，則從詩文並用、承繼《詩》、《騷》的抒情藝術與含蓄美三方面來解釋《史記》的作為無韻之詩的特質等。〔註7〕總體來說，過去研究可分為兩種

〔註3〕 安平秋、張大可、俞樟華主編：《史記教程》，（北京：華文出版社，2002年3月），頁213～217。

〔註4〕 韓兆琦等：《史記通論》，（北京：北京師範大學出版社，1990.9），頁141～154。

〔註5〕 吳汝煜：〈「史家之絕唱，無韻之《離騷》試釋」〉，《史記論稿》（南京：江蘇教育出版社，1986.10），頁31～43。

〔註6〕 呂培成：《司馬遷與屈原和楚辭學》，（西安：陝西人民教育出版社，2000.9），頁142～178。

〔註7〕 王金壽：〈《離騷》為屈大夫之哭泣、《史記》為太史公之哭泣──也談「無韻

途徑：其一為內部紹述，主要是討論《史記》與《離騷》情懷的融通之處，如浪漫主義色彩和發憤抒情基調等；其二則是外部繼承，從好奇的審美與抒情藝術技法等，皆舉證豐富，論述有據。

　　錢鍾書提出「史蘊詩心」之論，本文在此基礎上，欲為《史記》與《離騷》的融通，梳理歷史的脈絡，觀察《史記》作為一敘事的歷史作品，如何以抒情貫串，卻不悖於史實？其發展背景為何？又太史公內在的抒情基調為何？與發憤著書、屈騷情懷有何聯繫？本篇嘗試從文史同源視點切入，上溯抒情與敘事文學的源流，透過《史記》的取材選擇與應用，討論《史記》內蘊詩心的歷史編纂，進而觀察《離騷》到「無韻之《離騷》」的發展軌跡。

第一節　文史同源——比興言志與《史記》之屈騷情懷

　　章學誠言「六經皆史」，其所論者，指《詩》、《書》、《禮》、《樂》、《易》、《春秋》皆先王之政典，故中國文學、史學之濫觴，蓋文史同源。〔註8〕文學作品是以文人為中介，折射出時代的產物，在史學上的意義，向來被看做是間接史料的使用，最著名的例子，莫過於唐杜工部的詩史作品。然所謂文史同源，非單就文學作品中記載史料來說，而是指文學之源頭不可與史學全然二分。漢人訓詩為志〔註9〕，而志有三義：其一記憶，其二紀錄，其三懷抱，志、詩本為一字，「志」專以用指懷抱，則是周代以後的事情〔註10〕，則紀錄

〔　之《離騷》」的意義〉，《甘肅教育學院學報(社會科學版)》1994 年 01 期；何旭光：〈「無韻之《離騷》」試析〉，《川北教育學院學報》1994 年 03 期；呂特：〈論《離騷》與《史記》內在精神的一致性〉，《雲夢學刊》2004 年 05 期；周國新：《史記》中的詩色彩〉，《理論月刊》2005 年 06 期。

〔註 8〕　章學誠：《文史通義・內篇》第一〈易教上〉（臺北：世界書局，1962.4），頁1。

〔註 9〕　《詩譜序》疏引《春秋說題辭》：「詩之為言志也。」，《洪範・五行傳》鄭注：「詩之言志也。」；《呂覽・慎大覽》高注、《楚辭・悲回風》王注、《說文》）皆言：「詩志也。」知漢以前，詩與志密不可分。

〔註 10〕　《今文尚書・堯典》說：「詩言志。」鄭玄注以「詩所以言人之意志也。」，〈堯典〉據顧頡剛考，是戰國時出，則知詩專以用指懷抱意，約在戰國之時。詩志三義說，見聞一多：〈詩與歌〉，載於《聞一多全集》第十冊，（武漢：湖北人民出版社，1993），頁 8。〈堯典〉出於戰國考，見顧頡剛〈從地理上證今本堯典為漢人作〉（《禹貢》半月刊二卷五期）。

一義便與上古史官載史之紀錄義同通，因此後來用以專指文學義的詩，及專指史學義的史，其實是上古文史同源，滋乳繁多而化分之結果。於是孟子〈離婁〉說：

> 王者之跡熄而《詩》亡，《詩》亡然後《春秋》作。晉之《乘》，楚之《檮杌》，魯之《春秋》，一也，其事則齊桓、晉文，其文則史。
> 〔註11〕

章學誠《文史通義·言公上》：「夫詩人之旨，溫柔而敦厚，主文而譎諫，言之者無罪，聞之者足戒，舒其憤懣，而有俾於風教之萬一焉，是其所志也」，吳汝綸曰：「《詩》三百篇所為主文而譎諫，孔子之《春秋》，所為定哀之際微辭者也」〔註12〕，詩尚言志，主美刺，史重褒貶，《詩》亡然後《春秋》作，兩者實體異而教一。換言之，詩以言志為主，志則兼有記憶、紀錄及懷抱三義，鋪演至《春秋》，則《春秋》雖為史書，亦兼備三義，雖是紀錄過往，記憶故實，同時也有史家歷史解釋、懷抱、褒貶、哲理的寄託。故以詩之訓解義——「志」觀察，詩即史，則史官亦是詩人。〔註13〕而劉師培則按官守職責論證，亦證明六藝盡出於史官。〔註14〕可知所謂文史同源，造成歷史紀錄仍保留「志」之傳統，一面紀錄，一面抒發懷抱，及其成書，則有言志的基調，並兼有文學藝術語言與史學敘事技巧。

先秦南北文化早已交流，《國語·楚語》、《左傳》多有記載。〔註15〕《詩

〔註11〕 孟子：〈離婁·下〉。朱熹：《四書章句集注》（臺北：大安出版社，1994.11），頁314。

〔註12〕 轉引自陳柱：《公羊家哲學》，（臺北：中華書局，1971），頁129。

〔註13〕 聞一多以為，《詩經》之〈雅〉、〈頌〉出自史官的手筆，〈風〉則仍出於民間。聞一多：〈詩與歌〉，載於《聞一多全集》第十冊，（武漢：湖北人民出版社，1993），頁12。

〔註14〕 〈古學出於史官論〉：「予觀韓宣適魯觀書，太史首見易象，則《易》掌於史矣；五帝三皇之書掌於外史，傳曰：『史誦書』，則《書》掌於史矣；風詩采於輶軒，魯頌作於史克，祁招聞於倚相，則《詩》掌於史矣；韓宣觀書魯史，兼見《春秋》，而孟子之解《春秋》也，亦曰：『其文則史』，則《春秋》掌於史矣。老聃為周史而明《禮》，萇弘為周史而明《樂》，則《禮》、《樂》掌於史矣。」，詳見劉師培：《左盦外集》，收入《劉申叔遺書》（南京：江蘇古籍，1997）。

〔註15〕 《國語·楚語》記載楚莊王讓士亹為太子師，而士亹則除教以六經外，尚教以先王世系、法令、與治國良言，包括周王朝之全部典籍。詳見《國語·楚語》（臺北：里仁書局，1980.1），頁527～531；《左傳》中楚人引《詩》徵《書》之記述，有數十條之多，具見南北文化交流之成效。陳怡良：〈〈離騷〉修辭

經》〈周南〉十一篇和〈召南〉十四篇，是南國的詩歌，二南之詩，好用比興，多綴虛詞，與黃河流域諸國之風頗異，而二南之地，在春秋時代，被楚國兼併，故有二南之詩，則《詩》、《騷》之騎驛，亦楚辭之先驅。〔註 16〕南北文化不斷融合，共向發展〔註 17〕，則於周文化體系之文史同源問題，應當也可在南楚文學中體見。

　　《騷》、《史》皆受《詩》影響，將比興之旨運用於行文之中，而「比興」合詞連用，非單指傳統的寫作的創作手法與技巧。章學誠《文史通義‧史德》：「《騷》與《史》，皆深得於《詩》也。言婉多風，皆不背於名教，而梏於文者不辨也。故曰必通六義比興之旨，而後可以講《春王正月》之書。」〔註 18〕，知比興包括美刺、諷喻與微言大義的意義〔註 19〕，故知章氏認為《騷》、《史》之旨，是二者與《詩》最相關的地方，換言之，讀《騷》與《史》，必要從其字裡行間，掌握到比興之旨，也就是作者所要表現的「志」。「離騷」者，共有六義：或為遭遇憂患、或為離別的愁思、或為牢騷、或為文體、或為詞賦、詩文之泛稱、或為曲名，〔註 20〕而魯迅以「無韻之《離騷》」一詞形容《史記》，知魯迅所稱之「離騷」當為韻語，則狹義可指屈原所做收入《楚辭》當中的〈離騷〉一篇，廣義指具有《楚辭》風格的「泛〈離騷〉」作品，即今本《楚

藝術舉隅〉，《成大中文學報》第二期（臺南：成功大學中文系，1994.2），頁43。

〔註 16〕張正明：《楚文化史》，（臺北：南天書局，1990.4），頁 251～252。

〔註 17〕湯炳正：《楚辭類稿》二三〈屈賦與《詩經》〉（臺北：貫雅文化，1991.1），頁73。

〔註 18〕章學誠：《文史通義‧史德》（臺北：漢京文化事業有限公司，1986.9），頁 222。

〔註 19〕蔡英俊：《比興、物色與情景交融》（臺北：大安出版社，1985.5），頁 117～127。

〔註 20〕「離騷」六義：其一，遭遇憂患，《史記‧屈原賈生列傳》：「離騷者，猶離憂也……屈平之作《離騷》，蓋自怨生也。」，宋、吳曾《能改齋漫錄‧類對》：「劉斯立跂，莘老丞相長子，賢而能文。建中靖國間，丞相追復，斯立以啟謝諸公云：『晚歲離騷，旋招魂於異域；平生精爽，猶見夢於故人。』」；其二，離別的愁思，語本《楚辭‧離騷》，漢、王逸《注》：「離，別也；騷，愁也；經，徑也。言己放逐離別，中心愁思，猶陳直徑，以風諫君也。」；其三，牢騷。《北史‧儒林傳論》：「孝籍徒離騷其文，尚何救也。」；其四，文體之一種，宋、魏慶之《詩人玉屑‧詩體上》：「風雅頌既亡，一變而為離騷，再變而為西漢五言，三變而為歌行雜體，四變而為沈宋律詩。」；其五，泛指詞賦、詩文，清、杭世駿《東城雜記‧序》：「斯誠離騷之博徒，藝苑之別子矣。」；其六，曲名，元、耶律楚材〈夜坐彈離騷〉：「一曲《離騷》一碗茶，箇中真味更何加。」，參考《漢語大詞典》。

辭》所收錄之作品。

劉勰《文心‧比興》談到：「比者，附也；興者，起也。附理者，切類以指事，起情者，依微以擬議。起情，故興體以立；附理，故比例以生」，鍾嶸《詩品》則云：「文已盡而意有餘，興也，因物喻志，比也」，〈離騷〉為屈原托物言志之作，比興材料多達 110 種左右〔註21〕，則〈離騷〉比興之使用，豐富而多元，並將《詩》之比興化客體為主體，具有強烈自主意識的書寫自覺。〔註22〕

以〈離騷〉中之三次幻遊為例，學界將其中保存的神話內容與使用的浪漫主義筆法，視為是南楚巫文化的代表之作。事實上，屈原於〈離騷〉中所使用的神話與歷史人物，事實上已經從原始的巫文化中轉化出來，朝信史的脈絡發展。〔註23〕如三次幻遊為初扣帝閽、訪求淑女、遠逝求合之歷程，不論是「求帝」、「求女」，還是「求合」，中心環繞一個「求」字，其所求者，非天神地祇之禱祐，而是人世宦途的合和：首次幻遊受阻於守門人帝閽，是現實生活因讒見疏之遭遇。〔註24〕以「鸞皇為余先戒兮，雷師告余以未具」、「飄風屯其相離兮，帥雲霓而來御」和「紛總總其離合兮，斑陸離其上下。吾令帝閽開關兮，倚閶闔而望予」等語，則虛寫天庭、實寫朝廷；二次幻遊「求女」，則以三求下女無果，暗擬託幸姬鄭袖諫君不成之事〔註25〕，故同樣

〔註21〕 譚思健：〈論《離騷》的比興體系及其審美價值〉，刊登於《江西教育學院學報（社會科學）》，2001 年 4 月。

〔註22〕 《楚辭》與《詩經》在運用比興方法上，有極大的差異，在《詩經》中之比興，僅為附屬，而為客體之技法，而在《楚辭》，則擴大其使用範圍，大量運用，使其由客體轉為主體，此即由因襲而加以求變創新，且使其意境更臻高格。詳見陳怡良：〈〈離騷〉的諷刺手法與意涵〉，發表於 2000 年 5 月屈原研究國際研討會，刊登於《中國古典文學研究》，頁 6。

〔註23〕 史學界將三次幻遊視為南楚文化從神話到信史的脈絡，認為屈原對神話故事的批判吸收，主要用來為文章的主題服務，並且將神話歷史化整理編入古史系統，使思想歷程轉變痕跡的空白可以獲得填充與解釋。詳見趙季、曾亞蘭：〈從屈原作品中體現的歷史意識看神話歷史化的思想歷程〉，收入《中國韻文學刊》，1999 年 01 期；王開元、薛松華：〈由〈離騷〉看屈原的神話觀〉，收入《烏魯木齊職業大學學報》，2001 年 3 月，頁 47。

〔註24〕 《史記‧屈原列傳》所謂：「屈平疾王聽之不聰也，讒諂之蔽明也，邪曲害公也，方正之不容也，故憂愁幽思而作〈離騷〉。」，司馬遷：《史記》二十五史點校本（北京：中華書局，1982.11 二版），頁 2482。本文引用《史記》原文，皆據此本，不再一一標明出版資料。

〔註25〕 據梅桐生、劉中黎：〈論〈離騷〉「求女」情節的深層文化心理〉統計，「求女」象徵意義共有十三種說法，詳見《貴州文史叢刊》2003 年 2 期。而《史記‧

是將實境虛擬，用仙比人，因此說「吾令豐隆乘雲兮，求宓妃之所在」、「望瑤臺之偃蹇兮，見有娀之佚女」、「吾令鴆為媒兮，鴆告余以不好」、「雄鳩之鳴逝兮，余猶惡其佻巧」，以鴆來說明自己所託非人，以致求女不遂，一筆兩指；三次漫遊，排開雲霓遮蔽，尋找理想國，去國遲遲，望鄉路遙，故說「邅吾道夫崑崙兮，路脩遠以周流。揚雲霓之晻藹兮，鳴玉鸞之啾啾。」、「忽吾行此流沙兮，遵赤水而容與」。三次幻遊，寓意寄託，虛筆寫仙，曲筆寫人。《文史通義・易教下》：「戰國之文，深於比興，即其深於取象也。」〔註26〕則雖述物象，實在比事，為興情而設。

　　文學之寄託，提供歷史寫作想像的空間，歷史寫作的《史記》向《離騷》取材借鑑，除《史記》自身因文史同源而兼有「紀錄」與「懷抱」的特點，還有自《離騷》灌注而來，化客體為主體的比興筆法。則以「無韻之《離騷》」形容《史記》，就歷史脈絡觀察，是文史同源「志」的延伸，其表現是比興言志的襲用，故司馬遷欲以《史記》成一家之言，是其「志」的攄寫，是《史記》成書背景中關鍵的伏流。

第二節　史蘊詩心——「士不遇」與抒情傳統

　　《文心雕龍・序志》言：「夫文心者，言為文之用心也。」，太史公作《史記》，展現其「志」，故其為文，當蘊文心，則《史記》乃「史書之體，而《詩》《騷》之文」：

> 余則謂《史記》文章，鬱勃之情，得之《離騷》，雄肆之筆，本於《國策》，借古人之事實，抒自我之塊壘；沈鬱頓挫，略同《離騷》，而諷議時政，則本〈小雅〉，所謂史書之體，而《詩》《騷》之文也。
> 〔註27〕

《史記》其情類同於《離騷》，諷議之筆則推源於《詩經・小雅》；將《詩》、《騷》之旨加以義界，則為「詩心」。故知「詩心」者，乃《詩》、《騷》之「志」，

楚世家》記載當時在楚國最能建言國君之人當是幸姬鄭袖：「儀聞之，請之楚。秦王曰：『楚且甘心於子，奈何？』張儀曰：『臣善其左右靳尚，靳尚又能得事於楚王幸姬鄭袖，袖所言無不從者。……』」，而〈離騷〉說「閨中既已邃遠兮，哲王又不寤」，知詩人欲借「閨中」力量使「哲王寤」卻不成的努力。

〔註26〕章學誠：《文史通義》（臺北：世界書局，1964.4），頁4。

〔註27〕錢基博：〈史記之分析與綜合〉，收入《史記論文集》（臺北：木鐸出版社，1974），頁38。

亦是《史記》之志，故錢鍾書說「史蘊詩心」〔註 28〕，因此《史記》雖具史
書之體，其懷抱義──「志」之抒寫，誠為貫串全書的「詩心」。

「詩心」是《史記》延伸《詩》、《騷》而來的精神，然《史記》被譽為
「無韻之《離騷》」，非「無韻之《詩》」，則《離騷》成文之志，必與《史記》
之詩心更為貼近。欲梳理二者之關連，首先必須先確知太史公所謂「離騷」
之所指。司馬遷所指「離騷」一詞，並非單指屈原〈離騷〉一篇，而是強調
其作詩言志的詩性精神：

> 離騷者，猶離憂也。夫天者，人之始也；父母者，人之本也。人窮
> 則反本，故勞苦倦極，未嘗不呼天也；疾痛慘怛，未嘗不呼父母也。
> 屈平正道直行，竭忠盡智以事其君，讒人間之，可謂窮矣。信而見
> 疑，忠而被謗，能無怨乎？屈平之作〈離騷〉，蓋自怨生也。〈國風〉
> 好色而不淫，〈小雅〉怨誹而不亂。若〈離騷〉者，可謂兼之矣。（〈屈
> 原賈生列傳〉，頁 983）

司馬遷本淮南王劉安《離騷經》，敘述〈離騷〉之撰作動機，闡釋其名意涵，
並以「國風好色而不淫，小雅怨誹而不亂。若〈離騷〉者，可謂兼之矣」讚
美之。司馬遷論〈離騷〉，以〈國風〉、〈小雅〉作比，即說明了在司馬遷心中，
〈離騷〉雖是屈原個人因怨而作，但是其作顯然與〈國風〉、〈小雅〉旨趣和
合。事實上，〈離騷〉的撰作，可以視為以賦代風的表現：

> 春秋之後，周道漸壞，聘問歌詠，不行於列國，學詩之士，逸在布
> 衣，而賢人失志之賦作矣。大儒孫卿及楚臣屈原，離讒憂國，皆作
> 賦以風，咸有惻隱古詩之義。〔註 29〕

戰國以來，個人自作而稱為詩的，最早是《荀子‧賦篇》中的〈佹詩〉，但
真正開始歌詠自己的還得推「騷人」，便是辭賦家。辭賦家原稱所作為「詩」，
而且是「言志」的「詩」。《楚辭‧悲回風篇》道：「介眇志之所惑兮，竊賦
詩之所明。」又莊忌《哀時命篇》道：「志憾恨而不逞兮，抒中情而屬詩」。
〔註 30〕屈原離讒憂國，作賦以風，具有古詩之義，其動機除對於整體國家
的擔憂，更兼有個人的離讒，則屈原的古詩之義便具有「抒中情」的元素。

〔註 28〕 錢鍾書：《談藝錄》增訂本（臺北：書林出版社，1988.11），頁 364；《管錐編》
　　　　（臺北：書林出版社，1996）冊一，頁 164；冊四，1297～98。
〔註 29〕 《漢書‧藝文志》載。班固：《漢書》（臺北：藝文印書館，1958），頁 902。
〔註 30〕 朱自清：《詩言志辨》，（臺北：漢京出版社，1983.1），頁 32。

〔註31〕當言志作詩的詩性精神與比興憂國碰撞，則開啟了詩性精神在後來作品中發酵，成為結合個人遇合與家國同調的撰作方式。這種因個人際遇而成的抒情、言志方式，連結著《騷》與《史》：

> 七年而太史公遭李陵之禍，幽於縲絏。乃喟然而嘆曰：是余之罪也夫？是余之罪也夫！身毀不用矣。退而深惟曰：「夫《詩》《書》隱約者，欲遂其志之思也。昔西伯拘羑里，演《周易》；孔子厄陳蔡，作《春秋》；屈原放逐，著〈離騷〉；左丘失明，厥有《國語》；孫子臏腳，而論兵法；不韋遷蜀，世傳《呂覽》；韓非囚秦，〈說難〉〈孤憤〉。《詩》三百篇，大抵賢聖發憤之所為作也。此人皆意有所鬱結，不得通其道也，故述往事，思來者。（〈太史公自序〉，頁3300）

司馬遷因李陵事，身受腐刑〔註32〕，鬱結而發憤著書。除《史記》外，司馬遷本身也創作《楚辭》風格的賦體，班固《漢書·藝文志》記載：「司馬遷賦八篇」。現存〈士不遇賦〉，收錄在《藝文類聚》三十卷、《續古文苑》與《全漢賦》中，全篇首起「悲夫！士生之不辰，愧顧影而獨存」，形成「士不遇」的內在韻律，這與〈離騷〉的「不遇」情懷產生共鳴，可知「不遇」的基調，成為司馬遷撰作的核心，是《史記》詩心言志的基礎。這與司馬遷的〈報任安書〉一起觀察，其於文中亦強調「不遇」的概念，認為「士為知己用，女為悅己容」，強調才情應逢遇合為要，不然，則會是〈士不遇賦〉全篇首起的一個「悲」字。「不遇」基調呈現在《史記》之中，其中，以列傳之首的〈伯

〔註31〕朱自清：「荀子、屈原的「作詩言志」並不相同。荀子的〈成相辭〉和〈賦篇〉還只是諷，屈原的〈離騷〉〈九章〉，以及傳為他所做的〈卜居〉〈漁父〉，雖也歌詠一己之志，卻以一己的窮通出處為主，因而「抒中情」的地方占了重要的地位——宋玉的〈九辯〉更其如此，這是一個大轉變，「詩言志」的意義不得不再加以引申。」《詩言志辨》，（臺北：漢京出版社，1983.1），頁33～34。

〔註32〕事見《漢書·李廣蘇建傳》：「臣皆罪陵，上以問太史令司馬遷，遷盛言：『陵事親孝，與士信，常奮不顧身以殉國家之急。其素所畜積也，有國士之風。今舉事一不幸，全軀保妻子之臣隨而媒孽其短，誠可痛也！且陵提步卒不滿五千，深輮戎馬之地，抑數萬之師，虜救死扶傷不暇，悉舉引弓之民共攻圍之。轉鬭千里，矢盡道窮，士張空拳，冒白刃，北首爭死敵，得人之死力，雖古名將不過也。身雖陷敗，然其所摧敗亦足暴於天下。彼之不死，宜欲得當以報漢也。』初，上遣貳師大軍出，財令陵為助兵，及陵與單于相值，而貳師功少。上以遷誣罔，欲沮貳師。為陵游說，下遷腐刑。」，班固撰、王先謙補注：《漢書補注》（臺北：藝文印書館，1972），頁1147。

夷列傳〉為代表：

> 伯夷叔齊雖賢以下大意，言夷齊以烈士徇名，得夫子序列而名可彰，
> 宜無怨也。惟夫巖穴之士，砥行立名如夷齊者，後世不遇夫子而名
> 不傳，為可悲可怨耳。通篇委曲感嘆，子長蓋自許而自傷也。〔註33〕

〈伯夷列傳〉通篇是怨，夷齊得孔子而名益彰，然其他未得知音而沒世不傳
者，則能可怨可悲，則太史公何嘗不是因逢禍而疾沒世而名不稱焉？故知「不
遇」是司馬遷作詩言志的基調，是《史記》史蘊詩心亟欲想表達的主題內涵。
然值得注意的是，屈原與司馬遷同有不遇基調，卻不可過份強化，而忽視比
興寄託於其中的聖王理想，僅聚焦於諷君之比事，《文史通義・史德》：「吾則
以謂通六義比興之旨，而後可以講《春王正月》之書，蓋心術貴於養也。……
〈自序〉以謂「紹名世，正易傳，本詩書禮樂之際」，本其旨也。所云『發憤
著書』，不過敘述窮愁而假以為辭耳！」〔註34〕，《史記》撰作之本旨在於「紹
名世，正易傳，本詩書禮樂之際」，而發憤著書為自敘窮愁之感，可將之看作
撰作基調，卻不宜將不遇基調直接類化、等同於比興言志之旨，否則，則無
法掌握太史公欲通變古今、窮究天人的撰作理想與微言大義。

　　〈太史公自序〉：「夫《春秋》，上明三王之道，下辨人事之紀，別嫌疑，
明是非，定猶豫，善善惡惡，賢賢賤不肖，存亡國，繼絕世，補敝起廢，王
道之大者也。」照司馬遷的理解，《春秋》主要不是一部歷史書，而是一部表
示孔子社會理想，並用以懲惡揚善，為改造社會現實開藥方、畫藍圖的政治
書、哲學書。〔註35〕章學誠《文史通義・申鄭》：「史遷絕學，《春秋》之後一
人而已。」司馬遷閱讀六經百家以作《史記》，遭逢李陵之禍，而欲「網羅天
下放失舊聞，考之行事，稽其成敗興壞之理，凡百三十篇，亦欲以究天人之
際，通古今之變，成一家之言」〔註36〕，其因進言而遇害的撰作背景，與屈
騷情懷的「抒中情」相合，轉換成其欲「成一家之言」〔註37〕的寫作目標。〈太

〔註33〕 凌雅隆：《史記評林》，李光縉增補，〈屈原賈生列傳〉引趙恒語，頁1712。本
　　　　文《史記評林》資料，根據凌雅隆輯校、李光縉增補、有井範平補標：《補標
　　　　史記評林》（臺北：地球出版社，1992）版本。

〔註34〕 章學誠：《文史通義・史德》（臺北：世界書局，1962.4），頁46。

〔註35〕 安平秋、張大可、俞樟華主編：《史記教程》，（北京：華文出版社，2002年3
　　　　月），頁213～217。

〔註36〕 司馬遷〈報任少卿書〉，收入曾國藩編：《經史百家雜鈔》第四冊（臺北：世
　　　　界書局，1948）頁1024～1030。

〔註37〕 言者，議論也。即有意表達一個人的思想主張的意思。具體表現為；第一：

史公自序〉道：

> 凡百三十篇，五十二萬六千五百字，為《太史公書》。序略，以拾遺
> 補蓺，成一家之言，厥協六經異傳，整齊百家雜語，藏之名山，副
> 在京師，俟後世聖人君子。（〈太史公自序〉，頁3319～3320）

「成一家之言」，與客觀實錄有別，必須灌注個人思想意念於撰作之中，形成個人特有之風格，闡述個人撰作之理念，方能自成一家。〔註38〕梁啟超《要籍解題及其讀法》：「遷著書最大目的，乃在發表司馬氏一家之言，與荀況著《荀子》，董生著《春秋繁露》性質正同，不過其一家之言乃借史的形式以發表耳。故僅以近世史的觀念讀《史記》，非能知《史記》者也。」，司馬遷身為太史，有其記載國事之職守，然其以詩心撰成、藉以立言的《史記》，其價值內蘊，等同於著書載說，故可視之為半私史。〔註39〕司馬遷以「成一家之言」為寫作目標，史書撰寫本身即包含了大量的「言志」成分，除記錄史事，同時也抒發懷抱，與「作詩言志」的傳統亦相合，故〈離騷〉對於《史記》撰作的影響，除了能夠提供史書寫作的素材以外，更關鍵的是屈騷情懷「作詩言志」、「以抒中情」的詩性精神之繼承。汪榮祖曾說：「史家對史事所產生之震懾與共鳴，皆屬實感，也是一種詩感，經由思考與內感以掌握現實。史意得自對往事之感動，而此感動實來自詩般敏銳的觀察。」〔註40〕，史家根據他個人對於史事的直感，成為他撰述目標的史識，進行史料的剪裁、重組、撰述，繼而完成歷史之敘事。司馬遷撰作《史記》，與歷史中的人物事件產生

綜合古今典籍及其他資料，創造出一部通史；第二，綜合古今學術，辨別源流得失；第三，綜合已有的史體，創造新的歷史體裁；第四，《史記》繼《春秋》，述往事，思來者，把歷史事實、自己的理想、評論三者很好的結合在一起。參考白壽彝：《史記新論》（北京：求實出版社1981年版），頁51～71。

〔註38〕 司馬遷成一家之言的實質，共有四面向；實錄歷史事實成一家之言、寫當代史成一家之言、歷史編纂上自成一家、思想上自成一家。詳見張桂萍：《史記與中國史學傳統》第三章〈司馬遷與「成一家之言」的史學傳統〉（重慶：重慶出版社，2005.4），頁77～83。

〔註39〕 關於半私史之論述，參考陳桐生：《中國史官文化與史記》，第四章〈司馬遷的生命體驗與文化心理〉九《史記》的半官史半私史性質〉，（汕頭：汕頭大學出版社，1993.1）頁132～135。

〔註40〕 汪榮祖：《詩情史意》（臺北：麥田出版社，2005.4），第一章〈史筆與詩心（代序）〉，頁16。又該氏〈史筆與詩心〉一文，亦有「史蘊詩心」之論，可相互參見，收入汪榮祖：《史傳通說》（臺北：聯經出版事業公司，1997.9二版），頁264。

共鳴，化為載筆之史，故由《史記》逆推，能得太史公蘊藏在字裡行間之詩心。故《史記》之成書，構成中國「史蘊詩心」史學傳統的最佳典範。

第三節　寫懷的融入──《史記》的歷史編纂

　　《史記》材料的來源，大體上可分為先秦及漢初典籍、國家文獻檔案、遊歷交往所得及親身的觀察體驗三種。〔註41〕其中國家文獻檔案、遊歷交往所得及親身的觀察體驗二者，屬於第一手資料；而先秦及漢初典籍則屬於第二手資料的範圍。

　　第二手資料的使用在史書寫作上，往往較為複雜，因為其中牽涉到真偽考據以及史觀干涉的問題，西方歷史學派認為歷史不可能在真空的狀態下被紀錄，因此，如果一位歷史紀錄人根據第二手資料來撰寫歷史，那麼後人的研究及不能僅單純的考慮紀錄人的本身，還必須將其受到第二手資料的影響納入考量。而《史記》所使用的第二手資料──先秦及漢初典籍，種類更是包羅萬象，司馬遷以「百年之間，天下遺文古事靡不畢集太史公」〔註42〕形容之。而依《史記》書中隨文提到或考證可得引用的典籍整理，據金德建《司馬遷所見書考》及瀧川資言《史記會注考證》兩書考訂，引書達七十多種，盧南橋〈論司馬遷及其歷史編纂學〉一文統計，共得八十一種，張大可《歷史研究》，則有一百零二種。〔註43〕按照其內容來看，或為歷史著作，如《左傳》、《戰國策》、《楚漢春秋》、《世本》，或為兵法，如《太公兵法》、《孫武子兵法》，或為文學作品，如《詩經》、《楚辭》、司馬相如賦等，則其史料來源，就遠比單純整理國家檔案的史書複雜得多，而也正因為《史記》的編寫以許多文學著作為底本，再加上太史公個人的文采，便造就了《史記》豐富多元的文學價值。

〔註41〕可永雪：《《史記》文學成就論說》（呼和浩特：內蒙古教育出版社，2001.5），頁64～70。

〔註42〕〈太史公自序〉：「維我漢繼五帝末流，接三代絕業。周道廢，秦撥去古文，焚滅詩書，故明堂石室金匱玉版圖籍散亂。於是漢興，蕭何次律令，韓信申軍法，張蒼為章程，叔孫通定禮儀，則文學彬彬稍進，詩書往往閒出矣。自曹參薦蓋公言黃老，而賈生、晁錯明申、商，公孫弘以儒顯，百年之間，天下遺文古事靡不畢集太史公。」（頁3319）

〔註43〕可永雪：《《史記》文學成就論說》（呼和浩特：內蒙古教育出版社，2001.5），頁64。

承前所述，《史記》以「不遇」基調出發，通篇以「言志」貫穿，蘊含「詩心」，則在處理既有的歷史文獻上，必定環繞著詩心以寓其志。處理文獻材料，首重剪裁，則《史記》歷史編纂的取決去取，就是其詩心的具體呈現，包括選題、特稱與合傳。

（一）選　題

《史記》為黃帝至西漢武帝之通史，司馬遷面對成千上百的歷史人物與歷史事件，必須精選出代表性的人事物加以記載，才能通變古今。以戰國時期為例，《戰國策》全書人物六百多個，而《史記》選擇其中人物作為傳主及附傳的僅二十多個，知其自有取決之標準。〈張丞相列傳〉云：「自申屠嘉死之後，景帝時開封侯陶青，桃侯劉舍為丞相。及今上時，柏至侯許昌。平棘侯薛澤，武彊侯莊青翟。高陵侯趙周等為丞相。皆以列侯繼嗣，娖娖廉謹，為丞相相備員而已，無所能發明功名有著於當世者。」，一朝天子一朝臣，何況文武百官？司馬遷意識到這點，則有其取決，其文中所說「能發明功名有著於當世者」，當為其取捨標準，故史遷選擇入傳的人物不在身份高低，而是其在歷史所起的作用，以資鑑於當代。

《史記》因革先前史書之長，訂出本紀、世家、列傳、表、書五體，以分門別類，記述故實。《文史通義‧經解下》曰：「遷固本紀，本為《春秋》家學，書志表傳，殆猶《左》、《國》內外之與為終始發明耳。」〔註44〕本紀以序帝王，世家以記侯國，十表以繫時事，八書以詳制度，列傳以誌人物。然翻開《史記》目次，常有變例，如《秦始皇本紀》與《秦本紀》區分為二、項羽未登帝位卻入本紀、本紀不錄惠帝而直載呂后、孔子陳涉不入諸侯卻為世家等，孫德謙稱之為史權〔註45〕，為史家發揮史識的展現，後世研究者屢屢讚揚太史公選題之精準與獨到：

> 本紀、世家、列傳之義，竊比《春秋》。故項羽未帝，亦為本紀；陳
> 涉忽亡，亦為世家。同一蕃王也，梁王、五宗、三王既世家矣，而

〔註44〕章學誠：《文史通義》（臺北：世界書局，1964.4），頁22。
〔註45〕孫德謙：《太史公書義法》卷上〈行權〉：「《春秋》而後能行史權者，其人不少概見，吾謂惟太史公足當之。何以明其然哉？本紀者，記天子也，而項羽、呂后則入之。世家者所以記諸侯也，而孔子、陳涉則入之。無識者莫不疑其為例之不純矣。不知彼以天下人民為重，非第為一姓記存亡也。至孔子則以為萬世師道之所在，又明其尊聖之心，史官予奪之權操在己，故若此也。」（臺北：中華書局，1985.7臺三版），頁37～38。

吳、淮南、衡山之屬又不與焉。同一功臣也，蕭、曹、張、陳、周
勃輩既世家矣，而韓、彭、黥、樊之徒又不與矣。蓋名位有常尊，
賢愚順逆，輕重相犄。觀子長自序，其義曉然。〔註46〕

余讀〈外戚世家〉矣，其〈序〉則言夫婦之倫，篇首又書之曰薄太
后、竇太后，似此世家者，直為后妃而作。夫婦，人以夫為家，此
世家苟專記紀后妃，既無所謂家，又遑論乎世？考世家之例，凡以
敘有土之君，外戚而次之為世家者，實以皇后之家，其父子兄弟類
無不受封為國，世及相繼，與吳、魯等同。遷之意蓋在此，故題之
曰〈外戚〉，得廁乎世家之中。〔註47〕

《春秋》以正名為先，春秋書法，又稱《春秋》筆法、義法，有廣義和狹義
之分，書法又稱義法，狹義的指使用特定文字表達褒貶，廣意者則涵蓋字法、
事法、章法乃至比事。以本紀言之，司馬遷尋王者之跡，不求王者虛名，但
求其實耳〔註48〕，故用政權之興衰作為記錄主軸，而不拘泥於一朝一姓之名
號，項羽曾宰天下，諸侯聽命，自當立紀；而觀之世家，則人物定體有史家
之定見，陳涉、漢諸王及蕭、曹等皆有土有民，而〈外戚世家〉非記后妃，
乃指后妃父子兄弟受封者，亦有土有民，類同古諸侯，故作世家。則司馬遷
用選題與五體，以正名份，不因成敗廢其人，以青史之昭昭，還給歷史人物
相稱之名。

太史公則定撰寫的人物之後，在人物與人物的先後出場次序上，也化入
詩心。宋、林駉《古今源流至論》以為「列傳褒貶尤有深意，以伯夷居于列
傳之首，重清節也；以孟荀冠于淳于之徒，尊吾道也；以莊周附于老子，以
申不害附于韓非，別異端也。」〔註49〕唐開元時，因信奉道教，故敕升《史
記‧老子列傳》于〈伯夷列傳〉上，然一體之序列，有其詩心，不容更張：

鍾惺曰：世家首吳太伯，列傳首伯夷，存君臣也。湯武又另當別論
矣。〔註50〕

〔註46〕 郝敬：《史記愚按》卷三，引自楊燕起等：《史記集評》（北京：華文出版社，
2005.1），頁93。

〔註47〕 孫德謙：《太史公書義法‧序》（臺北：中華書局，1985.7臺三版），頁6。

〔註48〕 汪榮祖：《史傳通說》（臺北：聯經出版事業公司，1997.9二版），頁74。

〔註49〕 林駉：《古今源流至論》後集卷九〈史學〉，景印文淵閣四庫全書本，（臺北：
臺灣商務印書館，1983），頁942～295。

〔註50〕 凌雅隆：《史記評林》，有井範平補標，〈伯夷列傳〉引，頁1727。

> 黃帝神靈，後世帝王皆本其法度者也，故以冠本紀；泰伯之才德可
> 以天子者也，乃讓而不居，故以冠世家；伯夷之名分可以諸侯者也，
> 故以冠列傳。〔註51〕

黃帝是後世帝王的典範，故列為本紀之首；吳太伯明君臣之份，是侯國的模
範，故列為世家之首；而伯夷讓國爭義而沒世，是人物中最值得稱道者，故
列為列傳之首，故知《史記》在人物傳記的選題與編次方面，有其大義。章
學誠於《亳州志‧人物表例議》評《史記》又曰「列傳分人而著標題」，「足
以備經、紀之本末」，知其對《史記》標題功能之肯定。

　　梁任公說：「諸體雖非皆遷所自創，而遷實集其大成兼綜諸體而調和之，
使互相補而各盡其用。」〔註52〕，故《史記》之取決編次，具見詩心。

（二）特　稱

　　〈離騷〉中有所謂特稱之筆，如屈原寫到「閨中既以邃遠兮，哲王又不
寤。懷朕情而不發兮，余焉能忍與此終古」，以「哲王」指稱昏庸不明的楚懷
王，既有尊上之意，同時也有諷喻之旨，一筆兩意。《史記》中對傳主的稱謂
並未統一，而這點從篇名即可觀察，如秦將白起、王翦，太史公直以其名作
為傳名，而飛將軍李廣、剽騎將軍霍去病，則冠以將軍之名；又洛陽少年賈
誼稱為「生」，司馬相如卻僅記其名，其中自有其褒貶之意。明代的何喬新曾
在其文集中寫道：

> 不特此也，陳平而曰陳丞相，衛青而曰衛將軍，豈非有得于紀官之意
> 乎？周勃而曰絳侯，韓信而曰淮陰侯，豈非有得于紀爵之意乎？大梁
> 王而曰彭越，九江王而曰鯨布，豈非有得子稱名之意乎？張叔、田叔

〔註51〕 林伯桐：《史記蠡測》，楊燕起等：《史記集評》（北京：華文出版社，2005.1），
　　　　頁 100。

〔註52〕 考《史記》五體，非始創於太史公，在《史記》成書之前，即有五體之名，
　　　　如〈大宛列傳〉有太史公曰：「《禹本紀》言河出崑崙。崑崙其高二千五百餘
　　　　里，日月所相避隱為光明也，其上有醴泉。瑤池。今自張騫使大夏之後也，
　　　　窮河源，惡睹本紀所謂崑崙者乎？故言九州山川，《尚書》近之矣。至《禹本
　　　　紀》《山海經》所有怪物，余不敢言之也。」語，知有書名《禹本紀》；〈衛康
　　　　叔世家〉則稱「余讀《世家》言，至於宣公之太子以婦見誅，弟壽爭死以相
　　　　讓，此與晉太子申生不敢明驪姬之過同」，知有書名之為「世家」；而〈伯夷
　　　　列傳〉則寫「余悲伯夷之志，睹逸詩可異焉，其傳曰」，可知有「傳」之名，
　　　　而表、書亦仿，則五體皆有取法，詳見羅根澤〈從史記本書考史記本原〉一
　　　　文，收入《史記論文集》（臺北：木鐸出版社，1974），頁 41～42；又梁啟超
　　　　語見《中國歷史研究法》（臺北：中華書局，1991.3 十五版），頁 27～28。

之稱叔，其與書字同一轍，賈生酈生之稱生，其與書子也均一義。吁！

繼《春秋》之後而存《春秋》之例，捨遷史吾誰與歸！〔註53〕

何喬新以《春秋》之例稱此筆，《春秋》以正名為先，《春秋繁錄·深察名號》曰：「《春秋》辨物之理，以正其名，名物如其真，不失秋毫之末。」，故雖僅以稱謂區別，實有深意。任國銓《尊經書院初集》直接寫出凡例，認為「若夫字而不名，實為特筆」，則孔子世家稱「子」，賈生稱「生」憫其志，趙佗而曰尉佗，嘉其臣漢，田敬仲稱字，則以有國等，認為「《史記》雖取法《春秋》、《尚書》，其實以述而兼作」。〔註54〕

然而，對這種以不同稱謂稱不同傳主的特稱情形，亦有持反對意見者，如清、袁枚，認為此種現象是史書寫作之初，體例未備的原因〔註55〕；而章學誠更是以義例不純而駁斥該說。〔註56〕然《史記》雖為通史之祖，然太史公之前，有晉之《乘》、楚之《檮杌》、魯之《春秋》、《春秋》及三傳、《國語》及《楚漢春秋》等各種史書，史官專司記史，史書體例不致錯亂。司馬遷師法孔子，一字之褒，榮於華袞，一字之貶，嚴於斧鉞，稱謂正名，當有所本。梁啟超說：「有《春秋》之志者，可以言書法。無《春秋》之志者，不可以言書法」〔註57〕，司馬遷師法孔子刪魯史作《春秋》而為《史記》，孫德謙《太史公書法》首篇即為「宗聖」，曰：「司馬遷之作史也，立

〔註53〕 何喬新：《何肅公文集》卷二〈史記〉，轉引自楊燕起等：《史記集評》（北京：華文出版社，2005.1），頁92。

〔註54〕 任國銓：《尊經書院初集》卷一０〈史記世家列傳或名或字或官爵例說〉，轉引自楊燕起等：《史記集評》（北京：華文出版社，2005.1），頁102。

〔註55〕 袁枚：《隨園隨筆》卷二〈諸史類〉上卷〈史記體例未備〉：「有隨意標題而新無成見者，如蕭、曹稱相國，而留侯、絳侯稱封爵，酈食其稱生……蓋作史之初，體例未備。」，（臺北：鼎文書局，1978.8），頁21。

〔註56〕 章學誠《文史通義》，內篇三〈繁稱〉：「史遷創列傳之體。列之為言，排列諸人為首尾，所以標異編年之傳也。然而列入名目亦有不齊者：或爵，淮陰侯之類。或官，李將軍之類。或直書名，雖非左氏之錯出，究為義例不純也。或曰：『遷有微意焉。』夫據事直書，善惡自見，《春秋》之意也；必標目以示褒貶，何怪沈約魏收諸書，直以標題為戲哉！況七十列傳，稱官爵者偶一見之，餘並直書姓名，而又非例之所當貶，況史遷創始之初不能無失云爾。必從而為之辭，則害於道矣。」，《文史通義》（臺北：世界書局，1962.4），頁86。

〔註57〕 梁啟超：《新史學·論書法》，收於《梁啟超史學論著四種》（湖南：岳麓書社，1998.8），頁269。

言之旨，一本孔子，而後凡為學者，皆知奉聖人為依歸。」〔註58〕，太史公推崇孔子，將之立為世家，〔註59〕並於〈自序〉中提示其欲繼《春秋》而成一家之言的想法：

> 太史公曰：先人有言：自周公卒，五百歲而有孔子。孔子卒後，至於今五百歲，有能紹明世，正《易》傳，繼《春秋》，本《詩》《書》《禮》《樂》之際，意在斯乎？意在斯乎！（〈太史公自序〉，頁3196）

李長之以為「桀紂失其道而湯武作，周失其道而《春秋》作，秦失其政而陳涉發跡，諸侯作難」，說明「必須在這個意義下，才能瞭解《春秋》於孔子整個人格的關係，也必須在這個意義下，才能瞭解司馬遷寄託在於《史記》中之深遠」〔註60〕，因此，《史記》師法《春秋》，而於文中有特稱之褒貶，是有意而為之，非義例不純所致。按古之習俗，稱人時稱字尊於稱名，稱子又尊於稱字。太史公對仲尼稱孔子，最尊，其次如老子、孫子、孟子也稱子，荀卿即與孟子同傳，可太史公對他的評價不及孟子，故不得稱子。對奮然有慷慨之氣的項羽、陳涉、伍子胥、屈原等，則稱字；還有如賈生、酈生等則稱生；留侯、絳侯、商君、淮陰侯、魏其侯等則稱爵；蕭相國、陳丞相、李將軍等則稱官；萬石君、黥布、扁鵲、倉公則稱號。細分析之，以稱子為最尊，稱字次之。〔註61〕何喬新詳列《史記》之書爵、書字以褒，陳平而曰陳丞相，衛青而曰衛將軍，豈非有得於紀官之意乎？周勃而曰絳侯，韓信而曰淮陰侯，豈非有得於紀爵之意乎？梁王而曰彭越，九江王而曰黥布，豈非有得於稱名之意乎？張叔、田叔之稱叔，其與書字也同一轍，賈生酈生之稱生，其與書子也均一義，曰「繼《春秋》之後而存《春秋》之例，捨遷史官吾誰與歸？」，〔註62〕而任國詮曰：「《史記》一書，創立體例，觀其〈自序〉，

〔註58〕 孫德謙：《太史公書義法》（臺北：中華書局，1985.7臺三版），頁1。

〔註59〕 何良俊：《四友齋叢說》卷五〈史一〉：「方漢之初，孔子尚未嘗有封號，而太史公逆知其必當有褒崇之典。故遂為之立世家。」（北京：中華書局，1959.4），頁44

〔註60〕 李長之：《司馬遷之人格與風格》（臺北：開明書局，1995.7臺十七版），頁11。

〔註61〕 張新科、俞樟華：《史記研究史》（北京：華文出版社，2005.1），頁97。亦偶有例外者，如韓安國稱字，因司馬遷避師孔安國諱，故列傳標題，改稱韓長孺，非特尊其人也，但敘事處，仍稱韓安國。說見陳直：《史記新證》（臺北：學海出版社，1980.9），頁167。

〔註62〕 孫奕《示兒編》語，參考游國恩：《學術論文集》（《史記》體例得失）（北京：中華書局，1989.1），頁323。

隱然比之《春秋》。《春秋》聞見異辭,筆削寄意,遷意宗之,故世家列傳,名字官爵,例不一也」。知《史記》之特稱,有其寄意,而意之取決,亦在詩心。

(三) 合 傳

合傳,亦稱為連傳,為合二人或二人以上,因其性質相近或關係密切而合為一者,敘述或先或後,或交相並敘,或穿插互動,藉對照對稱,而相得益彰。〔註 63〕《史記》上下千年,其間風流人物,無法一一為之立傳,即便能夠克服篇幅、人力等問題為之立傳,反而不能清楚地釐清古今之變,彰顯論旨。《史記》以「成一家之言」為撰寫目的,其間蘊含詩心,在此前提下,特別是列傳七十篇,司馬遷便能夠根據立論主旨來挑選歷史人物,以歷史編纂來達到究際天人、通變古今,成就一家之言的目的,而使後人領略其載筆之詩心。簡言之,是以志選人而為傳,因此會有合傳的出現,依傳主人數區分,有二人、三人、四人及五人以上合傳者。〔註 64〕或依性質相近合為一傳,如〈管晏列傳〉、〈季布欒布列傳〉、〈扁鵲倉公列傳〉;或按關係密切而合傳,如〈廉頗藺相如列傳〉、〈張耳陳餘列傳〉、〈魏其武安侯列傳〉。〔註 65〕

〈屈原賈生列傳〉是《史記》中明顯體現史遷詩心的一篇,傳主為屈原及賈誼二人,為合傳形式。合傳的基本條件是傳中人物關係必須密切,有若干相同之處:或同一類型,或關係密切,或品格相近,或遭遇相似;時間上,可以同一個時代,也可跨越不同的時代。此種編排可使讀者在比照中更易看清楚人物的面貌,給與適當的評價。屈原與賈誼二人之合傳的聯繫,主要集

〔註 63〕 魏聰祺:《太史公「成一家之言」研究》(私立東吳大學 2001 博論,指導教授:賴明德教授),頁 235。

〔註 64〕 二人合傳,計 21 篇分別為〈管晏列傳〉、〈樗里子甘茂列傳〉、〈白起王翦列傳〉、〈孟子荀卿列傳〉、〈平原君虞卿列傳〉、〈范雎蔡澤列傳〉、〈廉頗藺相如列傳〉、〈魯仲連鄒陽列傳〉、〈屈原賈生列傳〉、〈張耳陳餘列傳〉、〈魏豹彭越列傳〉、〈韓信盧綰列傳〉、〈酈生陸賈列傳〉、〈劉敬叔孫通列傳〉、〈季布欒布列傳〉、〈袁盎晁錯列傳〉、〈張釋之馮唐列傳〉、〈扁鵲倉公列傳〉、〈魏其武安侯列傳〉、〈衛將軍驃騎列傳〉、〈汲鄭列傳〉;三人合傳則有〈孫子吳起列傳〉、〈傅靳蒯成列傳〉、〈淮南衡山列傳〉三篇;〈老子韓非列傳〉、〈樊酈滕灌列傳〉兩篇為四人合傳;合五人以上為一傳者,為〈萬石張叔列傳〉、〈仲尼弟子列傳〉二篇。見蔡信發:〈史記合傳析論〉,收於《話說史記》(臺北:萬卷樓圖書公司,1995.10),頁 29～31。

〔註 65〕 魏聰祺:《太史公「成一家之言」研究》(私立東吳大學 2001 博論,指導教授:賴明德教授),頁 237～253。

中在文采與遭遇兩個部分：

> 陳仁錫曰：屈賈俱被謗，俱工辭賦，其事迹大槩相似，故二人共傳。
> 〔註66〕
> 茅坤曰：太史公以屈賈同傳，豈徒悼志業之未遂，壽命之不長哉？
> 楚之亡也，以不聽屈原，而漢事之缺，以誼之夭，二子存亡，所係
> 何如哉！〔註67〕
> 趙恒曰：讀其詞而悲之，見所自沈淵又悲之，及觀賈生弔之之文，
> 又「心在」以彼材，游諸侯云云自令若是，又悲之。及讀服鳥賦，
> 則其意廣矣，所以爽然自失其悲也。以彼其材句重，二公同傳以材
> 相似，論屈平，及所以論賈生，嘗讀蘇長公賈誼論，其論賈生亦即
> 所以論己也。〔註68〕
> 鍾惺曰：賈生經世才，與屈原同傳以騷合耳，故諸奏疏皆略不入，
> 不能如此割捨。〔註69〕

屈原與賈誼，一為戰國楚國文豪，一是漢初洛陽才子，二人皆才學具足，故以文才做為合傳的聯繫，理當是可以成立的，因此才有「俱工辭賦」、「二公同傳以材相似」、「與屈原同傳以騷合耳」諸說。然而，《史記》載三皇五帝至漢武帝間事，其中有文采、有才學者，又豈止屈原、賈誼二人，何以太史公特將二人合傳，以文采聯繫之？顯然，類似懷才不遇的遭遇，才是二人合傳的真正理由，因此有「事迹大槩相似」、「悼志業之未遂」之評語。然而，這兩人雖同屬志業未遂，但實際上遭遇仍有差異：

> 余有丁曰：漢帝非楚王，比漢之用誼，亦不類楚之放平。平，貴戚
> 之卿，見楚將亡，不用己之言，不得已而自沈，誼以新進之士欲間
> 大臣，而更帝制，則不能自用于帝，太史公同取其文而同悲其志，
> 故列為同傳焉。〔註70〕

屈原、賈誼同樣擁有感士不遇的情感，然而屈原因為身為「楚之同姓」的貴族，因此當郢都被秦軍攻陷時，有黍離麥秀之悲，其根本原因，乃因其自身與楚國實有命運共同體的關連。而賈誼為一介布衣，受君王賞識而位及人臣，

〔註66〕凌雅隆：《史記評林》，有井範平補標，〈屈原賈生列傳〉引，頁2073。
〔註67〕凌雅隆：《史記評林》，李光縉增補，〈屈原賈生列傳〉引，頁2081。
〔註68〕凌雅隆：《史記評林》，李光縉增補，〈屈原賈生列傳〉引，頁2089～2090。
〔註69〕凌雅隆：《史記評林》，有井範平補標，〈屈原賈生列傳〉引，頁2090。
〔註70〕凌稚隆：《史記評林》，〈屈原賈生列傳〉引，頁2090。

後因理念不容於朝廷，故為長沙太傅而有不見用於世之感。因此細部區分，屈原和賈誼的「不遇」擁有不同的時空背景，因此情感必然有異，而將二人合傳，實際上取的情感，就不能視為單純的感士不遇，而是被君主疏離的落寞，其流傳於世，被後人所誦讀的辭賦，是因讒被疏後的自白，也是經世理念轉化出的謳歌。

　　大抵撰合傳者，不必其人人銖兩悉稱，但能以事聯綴之，彼此相關，能合而不能分，及為極合傳之能事。〔註 71〕《史記》合傳，屢屢見之，時代相異而合者，所在多有，如〈屈原賈生列傳〉、〈白起王翦列傳〉、〈刺客列傳〉等，知非以時序聯繫眾人之傳，而是以事相從。〈太史公自序〉曾經對於〈屈原賈生列傳〉合傳的原因自我解釋：

　　　　作辭以諷諫，連類以爭義，離騷有之。作〈屈原賈生列傳〉第二十
　　　　四。（頁 3314）

知屈原與賈誼合傳，乃圍繞著「離騷」精神而開展，連綴成文。「以詞諷諫」是指二人撰作詩賦文章進行諷喻；「連類爭義」則指連類比附來伸張正義；因此綜合「以詞諷諫」與「連類爭義」兩項特質，便能以「離騷」一詞來概括表現說，是不遇基調的具體呈現，因此鍾惺才說：「以離騷二字，指屈賈妙」。〔註 72〕

　　從結構上來看，屈原敘事以解釋，賈誼敘事以引錄，分別賦予不同的寫作任務，這樣的現象，並非指〈屈原賈誼列傳〉具有主從的關係，而是依照時代先後，先敘屈原，找出「離騷」的敘述概念，而後用賈誼的〈弔屈原賦〉，連屬前後文。楊慎曰：「太史公作〈屈原傳〉，其文便以〈離騷〉，其論作騷一節，婉雅悽愴，真得騷之趣者也」〔註 73〕，可知屈騷情懷之闡釋，既說屈原，亦論賈生，也暗合自己，故雖全篇多論屈原，少述賈誼，多引賈生，而少用屈賦，實際互為表裡，互相發用。通覽《史記》五十餘萬言，以合傳內蘊詩心者所在多有，除〈屈原賈生列傳〉外，尚有〈范雎蔡澤列傳〉見辯士之榮衰、〈韓信盧綰列傳〉知漢初建國的政治變化、〈樊酈滕灌列傳〉反映「布衣將相」的形成過程……等〔註 74〕，知合傳傳主之繫連，為列傳成篇之旨，為

〔註 71〕 金毓黻：《中國史學史》（北京：商務印書書館，1944 初版 1957 重印一版），頁 256。
〔註 72〕 凌雅隆：《史記評林》，有井範平補標，〈太史公自序〉引，頁 2885。
〔註 73〕 凌稚隆：《補標史記》，〈屈原賈生列傳〉引，頁 2014。
〔註 74〕 關於《史記》篇旨及合傳之意義，參考韓兆琦：《史記題評》（西安：陝西人

詩心內蘊之見。

除以志選人為合傳的歷史編纂法外，當所敘人物眾多，而身份統一時，則以其共通點定為列傳之名，而成類傳。〔註 75〕類傳為以類相從的模式，如〈刺客列傳〉、〈儒林列傳〉、〈循吏列傳〉、〈酷吏列傳〉、〈貨殖列傳〉等：

> 酷吏十人，行多相類，而敘各不同，筆力極其變化，太史公語不多而意深厚。〔註 76〕

> 〈酷吏傳〉以類傳敘事，蓋漢世之用刑本末具見焉。意在敘事，不專主為十人傳。……贊語與列傳意義各別，列傳多深疾酷吏之詞，滿腹痛憤。贊語卻摘酷吏之長以為節取，此褒貶之互見而抑揚之并出者也。可見太史公筆法意思，真不可測。〔註 77〕

> 《史記》七十列傳，各發一義，皆有明於天人古今之數，而十類傳為最著。蓋三代之後，仕者惟循吏、酷吏、佞幸三途，其餘心力異於人者，不歸儒林，則歸游俠，歸貨殖，天下盡於此矣。其旁出者為刺客、為滑稽、為日者、為龜策，皆畸零之人。〔註 78〕

牛運震說：「意在敘事，不專主為十人傳。」，而在透過敘出十類人，建構出整體社會的面貌。類傳人物在篇中的作用，非主述其人，而是通過類傳人物的敷衍，與相類似的人事相互共鳴，又增列序論，將自己的觀點表述出來。〔註 79〕此外還有附傳之法〔註 80〕，當人事眾多，畢書勢有不能，然竟付闕如，實修史

民出版社，2000.9）。
〔註 75〕 趙翼：《廿二史箚記》卷一〈各史例目異同〉：「古書凡記事立論及解經者，皆謂之傳，非專記一人事跡也。其專記一人一傳者，則自遷始……又別立名目，以類相從。自後作史者，各就一朝所有人物傳之，固不必盡拘遷史舊名也。」（臺北：鼎文書局，1975.3），頁 6。
〔註 76〕 凌稚隆：《補標史記》，〈酷吏列傳〉引，頁 2700。
〔註 77〕 牛運震：《史記評注》卷十，楊燕起等：《史記集評》（北京：華文出版社，2005.1），頁 584。
〔註 78〕 惲敬：《大雲山房文藁初集》卷二〈讀貨殖列傳〉（臺北：文海出版社，1979）頁 241
〔註 79〕 序論是《史記》行文提綱挈領、開宗明義的方法，常用援古取重、附古擴充的方式完成，說見本文第四章第四節。
〔註 80〕 魯實先先生曾提出《史記》有附傳及附記之別，前者指附之配角有結局之交代，如〈魏公子列傳〉之侯嬴、〈淮陰侯列傳〉之蒯通；附記則是配角僅出現在傳中事件，事件結束後並未說明下落，如〈管晏列傳〉之晏子御者、〈魏公子列傳〉之朱亥等。以上觀念，聞諸張師高評口述提示。

者所不忍，故附記其名，或略附其事，〔註81〕如〈樂毅列傳〉之附樂叔、〈董仲舒傳〉之附褚大、〈孟子荀卿列傳〉之附公孫龍、〈伍子胥列傳〉之附白公等。附傳或附記其子孫，或附記其戚友，或因類而附記，或因事而附記〔註82〕，其在各篇出現的方式，有鑑於正文篇末者；散見各篇正文之中者；見於篇末及「太史公」贊語者；分散二文，以見其全者；見於正文篇首者五種〔註83〕，目的在彰顯主旨，因應體例，精簡文字，以及補述逸人〔註84〕，則附傳、類傳與合傳相同，皆是以表達史觀為主軸，透過數人的歷史敘事，比興出欲傳達的概念。則合傳、類傳、附傳、皆是結集二人物以上以為一傳，而有詳略、側重之不同，其合併之由，即是太史公詩心之所鍾。

　　章學誠《文史通義‧書教下》：「遷書紀表書傳，本左氏而略示區分，不甚拘拘於題目也。〈伯夷列傳〉，乃七十篇之序例，非專為伯夷傳也；〈屈原賈生列傳〉，所以惡絳灌之讒，其敘屈之文，非為屈氏表忠，乃弔賈誼之賦也。〈倉公〉錄其醫案，〈貨殖〉兼書物產，〈龜策〉但言卜筮，亦有因事命篇者，初不沾沾為一人具始末也。〈張耳陳餘〉，因此可以見彼耳，〈孟子荀卿〉，總括遊士著書耳。」〔註85〕，史遷根據人物在歷史所起的作用序列之，不循成法，而定於一心，有選體之詩心，有特稱之詩心，亦有合傳之詩心，知《史記》之歷史編纂，詩心內蘊，而不囿於成例，終達圓神之境。

第四節　結　論

　　《文史通義》言「六經皆史」，而錢鍾書說「史蘊詩心」，文史同源、經史同源，有其背景。「無韻之《離騷》」是對於《史記》的美譽，亦是對其文學價值的肯定，本文從文史同源義出發，討論〈離騷〉及其他文獻材料詩史同源的歷史背景，再進而探究《史記》史蘊詩心的具體呈現，共得以下幾點

〔註81〕靳德峻：《史記釋例》（上海：商務印書館，1934），頁4。
〔註82〕靳德峻：《史記釋例》（上海：商務印書館，1934），頁4～7。
〔註83〕前四種形式，見蔡信發〈史記合傳析論〉，收於《話說史記》（臺北：萬卷樓圖書公司，1995.10），頁41～47；最後「見於正文篇首者」一種，為金利湜補入，參考金利湜：《史記及其傳記文學之研究》（臺灣師範大學93博論，指導教授：賴明德教授），頁165～167。
〔註84〕蔡信發：〈史記合傳析論〉，收於《話說史記》（臺北：萬卷樓圖書公司，1995.10），頁48～49。
〔註85〕章學誠：《文史通義‧書教下》（臺北：世界書局，1964.4），頁10。

心得：

（一）漢人訓詩為志，有記憶、紀錄、懷抱三義，且六藝盡出於史官，則文史同源。故做為歷史作品的《史記》保留「志」之傳統，紀錄與抒懷兼備。

（二）司馬遷《史記》中之「離騷」一詞，非單指屈原〈離騷〉一篇，而強調其內在意涵，故魯迅所謂「史家之絕唱，無韻之《離騷》」亦非實指〈離騷〉一篇，而是其作詩言志的詩性精神。

（三）〈離騷〉以比興寄託與諷刺意涵為其文學特色，並將「詩」的旨趣，與個人際遇連結，成為個人作詩言志的表述方式，其「抒中情」的元素，與司馬遷進言被害的撰作背景結合，形成「不遇」的基調。

（四）錢基博以為《史記》乃「史書之體，而《詩》《騷》之文」，《史記》之作，內蘊詩心，對於歷史材料之選擇加工，具現詩心，以歷史編纂為例，則有選題、特稱、合傳之法，以寓其志，借述故實以成一家之言。

劉熙載《藝概》：「學《離騷》得其情者為太史公。」，劉鶚：「《離騷》為屈大夫哭泣，《史記》為太史公哭泣。」，章學誠《文史通義‧內篇‧知難》：「人知《離騷》為辭賦之祖矣，司馬遷讀之而悲其志，是賢人之知賢人也。夫不具司馬遷之志而欲知屈原之志……則幾乎罔矣。」《史記》被譽為「無韻之《離騷》」，以歷史散文來行抒情之筆。從《離騷》之旨到「無韻之離騷」之志，具體呈現了《史記》史蘊詩心風格的構成。而除本文舉例的歷史編纂外，司馬遷使用既有的歷史文獻材料，用以言志，其史蘊詩心的內涵，以豐富多元的面貌出現在《史記》的字裡行間，其史料加工的方法，包括記注之述、撰述之改與作等，如何具體操作，以取得客觀史實與個人述志的巧妙平衡，留待後續研究論述。

第三章 《史記》據事類義之記注義法

　　詩心者，為貫穿《史記》全書撰作的核心，其內涵如前章所述，為比興之旨的應用，故說必通六藝比興之旨，然後可以讀《春王正月》之書。又因為司馬遷個人境遇，而有不遇的基調。司馬遷欲透過撰寫歷史，來成就一部「究天人之際，通古今之變，成一家之言」的著作，則其如何在字裡行間化入詩心，就是他成就一家之言的關鍵。歷史的開端，就是史書的撰成，司馬氏世典史冊，司馬遷承先人志業，紬史記石室金匱之書，纂修史冊，在他之前，有著自三代以來不斷遷變的史官使命，賦予了司馬遷在史書撰寫的責任與理想。而先前史官所纂集的史料，更是成為《史記》編修過程中不可或缺的基石。

　　秦火以後，圖書雖有散佚，然自漢興至武帝，百年的文學提倡，佚書回歸朝廷，與漢初的百廢待舉大異其趣。司馬遷既任職王庭，自然可以閱讀到最豐富的前代典藏與當朝律令，加上他個人對於史書編纂的企圖心，透過各種方式蒐集資料，故〈自序〉有「百年之間，天下遺文古事靡不畢集太史公」之語，知《史記》成書的史料，豐富而多元。司馬遷纂修《史記》，目的在記往以申旨，欲記事藏往，則需透過「記注」與撰述的「改」和「作」幾種方式運用史料，以成就史蘊詩心的圓神通史。「記注」，為採錄剪裁前人所遺之史料，進行重組與整合，能取捨以藏往；撰述之「改」，是依特定的目的，改寫先前史料，以合於己用；而撰述之「作」，則是發揮歷史想像，於歷史空白處進行填補，使史書面貌與內蘊飽和圓融。本章即針對《史記》的「記注」方法進行整理，而撰述的「改易」與「撰作」，將分別於第四、五章討論。

承前所述，「記注」是透過採錄與剪裁，應用重組與整合，來表達詩心，其目的雖是述往之陳跡，應以實錄為要，然即便如此，司馬遷撰史之目的為究際天人、通變古今、成一家之言，則對於史事的敘述，已然憑藉詩心，進行挑選與剪裁，以求合於旨趣，因此，所謂藏往似智的「記注」之法，關鍵在「識」之抉擇，在「智」之呈現。司馬遷參考大量著作完成通史，其撰史態度為何？其掌握資料為何？其取捨標準為何？其引用整合資料之方法為何？本章將針對上述幾個問題進行討論，分就精神與物質面的繼承來觀察其史源，再透過《史記》引文之安排來究其義理，以探知太史公撰寫《史記》藏往似智的「記注」義法。

第一節　《史記》歷史「記注」的使命

（一）巫史同流

西方以蘭克（Leopold von Ranke，1795～1886）為首的歷史學派認為，沒有完全客觀的歷史，一切的史實都是在歷史工作者的史觀中被紀錄，歷史工作者不會是在真空的狀態下撰寫歷史，因此，所有的歷史勢必受到歷史工作者主觀的看法而被折射出來。〔註1〕此為史書編修時不可忽視的內在變因，司馬遷纂修《史記》，除欲化詩心以成一家之言的動因之外，他的纂修概念、方法，皆有史書纂集的觀念傳承。〈太史公自序〉記錄其撰寫《史記》之因，有承繼自先人的使命：

> 太史公執遷手而泣曰：「余先周室之太史也。自上世常顯功名於虞夏，典天官事。後世中衰，絕於予乎？汝復為太史，則續吾祖矣。今天子接千歲之統，封泰山，而余不得從行，是命也夫，命也夫！余死，汝必為太史；為太史，無忘吾所欲論著矣。」（〈太史公自序〉，頁3295）

先秦在孔子有教無類之前，知識掌握在少數貴族王官手中，如殷商巫祝之官、周室的士大夫等，而司馬遷雖然是西漢武帝時人，卻因出身於太史世家，而有祖上對於紀錄歷史的使命。事實上，上古學術的起源，與史官誠有密不可分的關係：

〔註1〕參考 Edwaed.H.Carr 著、王任光譯《歷史論集（What is history）》（臺北：幼獅文化出版公司，1988.12 十一版）及 John Tosh 著、趙干城、鮑世奮譯，《史學導論》（臺北：五南圖書公司，1988.10）。

民之初生，無不報本，而返始先王，因其性以導之，而尊祖敬宗之
說起。……古代所信神權多屬人鬼，尊人鬼故崇先例，崇先例故奉
法儀，載之文字，謂之法，謂之書，謂之禮，其事謂之史，職以其
法載之文字，而宣之士民者謂之太史。〔註2〕

太史之官，古已有之，其於上古，職權較今日所認知專司歷史的職官較繁複，
與神職工作的巫有關。以國立成功大學甲骨文全文影像資料庫為範圍檢索，甲
骨文「史」字共二百三十一筆，〔註3〕其中八十四筆為「某某卜史貞」之句型，
如「乙酉卜，史貞王□惟吉（5255）」、「己酉卜，史貞不雨（11771）」、「壬戌卜，
史貞今日雨（11986）」，文中之「史」，或為官名，或為人名，按甲骨文辭例，
卜下貞上，夾在其間一字，是人名，為「貞人」，貞人即是史
官，〔註4〕因此，即便所稱為人名，其職亦是史官。據陳夢家
《殷墟卜辭綜述》，卜辭中的史官官名有尹、多尹、又尹、某
尹、乍冊、卜某、多卜、工、多工、我工、史、北史、卿史、
御史、朕御史、北御史、某御史、吏、大吏、我吏、上吏、東
吏、西吏等，〔註5〕且卜辭中史官多掌管祭祀、祭祖的天官職
責，如《合集》中諸史負責祭祀的記載：

　　庚子卜史其延于……（《合集》30771）
　　辛酉卜史貞來…曾用…丁用（《合集》16060）
並且在《合集》中，尚有大量的由史負責吉凶夢幻者：
　　丁未卜史貞…夕無…（《合集》16593）
　　…卜史貞…不遘吉二月（《合集》16311）
故知商代之史，與祭司類近，兼負神職。再往前推溯

〔註2〕 劉師培：〈古學出於史官論〉，收於《劉申叔先生遺書》第三冊，（臺灣：大新
　　　　書局，1965），頁1720。

〔註3〕 根據成功大學建構之「甲骨文全文影像資料庫」檢索共二百三十一筆，此系
　　　　統乃將《甲骨文合集》41956拓片、摹片掃描輸入，分期分類，再依《殷墟甲
　　　　骨刻辭摹釋總集》、《殷墟甲骨刻辭類纂》建立指引片、摹片及關鍵詞，依次
　　　　建檔的資料為：筆次、拓片編號、指引片、摹片、資料來源、期別、釋文、
　　　　關鍵詞及分類。

〔註4〕 1932年，董作賓發表「甲骨文斷代研究例」。提出甲骨卜辭分期之十大標準，
　　　　其中「貞人說」是彥堂作〈大龜四版考釋〉時所提出：「卜下貞上，夾在其間
　　　　一字，是人名，叫他「貞人」，貞人即是史官」。

〔註5〕 陳桐生：《中國史官文化與史記》（廣東：汕頭大學出版社，1993.9），頁5。

至夏，則《呂覽・先識》亦載「夏太史令終古出其圖法，執而泣之。夏桀迷惑，暴亂愈甚。太史令終古乃出奔如商。」之事〔註6〕，則推知夏朝亦有史官。〔註7〕然夏、商史官，雖肩負神職，其執掌卻還不完全主書記事，「史」字初作以手執「中」之象。對此字初形之象意，論者所釋則各各不同，或說為簡冊，或說為射禮上所用盛算之器，或說為弓形之鑽。則王國維謂「史」為「持書之人」，內藤湖南則謂「史」字含武事之意，陳夢家以為「史」字象持兵器補獸狀，胡厚宣進而有「殷代史為武官說」。〔註8〕《說文解字》釋史為：「史，記事者也，從又持中。中，正也。」，「中」是象形之筆，史官正是秉筆以記事。許慎將「中」之形，訓解為「正」，其謬雖不明初形，然其認知史官有持正之德可知也。史官持正之德，是主書記事之後的規範，商時史官主掌綜合業務，並非主書記事之專門，今日所謂主書載筆之史，則到周代定型。而司馬遷〈報任安書〉曰：「僕之先人非有剖符丹書之功，文史星曆近乎卜祝之間」，則太史之官，淵源至古，司馬遷先人的史官任務，也不全在載筆，初兼司巫、史，卜筮記事，奠定究際天人的基礎與眼光。

（二）史載筆而立

《易・繫辭》：「上古結繩而治，後世聖人易之以書契，百官以治，萬民以察。」太史之官，於夏、商司職甚繁，近乎卜祝之間，但伴隨著時間的發展，職務漸以記事為主，其博學多識，也愈使其記事趨於精確：

> 考周之史官，若史佚辛甲之倫皆開國元老，史官地位特尊，故設官分職。視唐虞夏商為多，而其職掌又詳載於周官。……總五史之職，詳析其性質，蓋有八類：執禮一也，掌法二也，授時三也，典藏四

〔註6〕除夏太史令外，《呂覽・先識》亦云：「殷內史向摯見紂之愈亂迷惑也，於是載其圖法，出亡之周，武王大說。」這是夏商兩代已有史官的明證。詳見杜維運：《中國史學史》（臺北：三民書局，1993.11），頁41。

〔註7〕夏朝之史官，或未有其名，而太史之名，為《呂氏春秋》所定，然不能因此否定史官於夏朝時的存在事實。柳詒徵《國史要義・史原第一》：「蓋先有創作，而後人追溯而錫之職名。非當部族初興之時，已有史官也。然經籍論文字曆數之用，皆重在施政於民。則凡民眾之需要，皆恃部落酋長左右疏附者之聰明睿智以啟之，而後凡百事為乃有所率循而不紊，民之所仰，職有所專，由是官必有史。」詳見柳詒徵：《國史要義》（上海：中華書局，1948），〈史原第一〉，頁1～2。

〔註8〕閻步克：〈史官主書主法之責與官僚政治之演生〉，袁行霈主編：《國學研究》第四卷（北京：北京大學出版社，1997.8），頁2。

也，策命五也，正命六也，書事七也，考察八也。歸納於一，則曰
禮。〔註9〕

子曰：「周監於二代，郁郁乎文哉」〔註10〕，周朝因革夏商兩代之政，而制訂
了條儀的體制，周朝典章制度的完備，為文明開啟信史的時代。而史官之職，
至此與脫離原始的巫祝文化，成為專司記載歷史為主的王官。《禮記・曲禮》：
「史載筆。」，又《禮記・玉藻》亦云：「動則左史書之，言則右史書之」，則
天子之側，諸侯之旁，盟會之時，謙私之際，皆有史官，及時記載。〔註11〕
因此，史官至周，載筆已成為他主要的職責，《尚書・多士》：「唯殷先人，有
典有冊。」，周代有「作冊內史」之名，「作冊」即「史」，則周時稱「史」之
官，大部分以文辭記事為務。章太炎謂後世修史為務者，不過「史」之一端，
除了記載歷史，周代史官還被賦予掌管圖書的職責，《周禮・天官》：「史，掌
官書以贊治。」，《禮記・曲禮下》鄭玄注「官」為：「官，謂版圖文書之處也。」，
而孫詒讓《周禮正義》亦云：「凡周代文籍，並掌於史官。」，則史官掌圖書，
成為周代史官的一項工作內容。並依工作之不同，可區分為大史、內史、御
史等，諸史主書主法，擔任機要、監察、會計等職務，促成職業文官角色的
分化。〔註12〕則司馬談告知司馬遷，其司馬氏先祖為「先周室之太史也」，即
是在載筆任務、掌管圖書工作的專職史官體系。

　　載筆既為史官主要的任務，則如何載筆？應記載何事？則有共同必守之
法，曰君舉必書：

> 夏，公如齊觀社，非禮也，曹劌諫曰，不可，夫禮，所以整民也，
> 故會以訓上下之則，制財用之節，朝以正班爵之義，帥長幼之序，
> 征伐以討其不然，諸侯有王，王有巡守，以大習之，非是君不舉矣，
> 君舉必書，書而不法，後嗣何觀。〔註13〕

史官載筆，用以提醒君王之舉措，故君舉必書，藉以規範。《左傳》成書於距
今兩千多年前的周代，當時的書寫工具為毛筆與竹簡，受到工具的制約，文

〔註9〕 柳詒徵《國史要義》，〈史原第一〉（上海：中華書局，1948），頁3～5
〔註10〕 《論語・八佾篇》，朱熹：《四書章句集注》（臺北：大安出版社，1994.11），
　　　　頁87。
〔註11〕 杜維運：《中國史學史》（臺北：三民書局，1993.11），頁42～43。
〔註12〕 參考閻步克：〈史官主書主法之責與官僚政治之演生〉，袁行霈主編：《國學研
　　　　究》第四卷（北京：北京大學出版社，1997.8），頁1～37。
〔註13〕 《左傳》莊公二十三年，楊伯峻編著：《春秋左傳注》（臺北：洪葉文化，1993.5），
　　　　頁225～226。

中的「君舉必書」當不是實指，而是態度的指稱，對於君王的舉措不論適當與否，皆翔實公正的紀錄下來，不受君權脅迫，呈現了史權獨立於君權之外的企圖心，而這種將君主的言行詳實不隱的紀錄態度，是史官首要自我意識到的責任。不過，既然受到工具制約，不能的分秒記錄君王之行為，則史官載筆的範圍為何？曰德刑禮義，無國不記：

> 管仲曰：「夫合諸侯以崇德也，會而列姦，何以示後嗣，夫諸侯之會，其德刑禮義，無國不記，記姦之位，君盟替矣，作而不記，非盛德也。」〔註14〕

一國君臣之大事，他國史策亦皆書之，使得史權能夠稍微獨立於王權之外，讓史事更客觀無隱的被保留於文字當中。春秋之時，各國皆有史書，晉有《乘》，楚有《檮杌》，魯有《春秋》，史書記載的範圍不侷限於本地王庭，還包括了其他國家君主的舉措，故君主的言行，受到史權的箝制，而史權不僅僅在其統治範圍內，還包括了他國，因此，史官職責發展至此，已經從單純的記言記事職責中，產生了稟筆直書的自覺與傳統，成為王權之下監察王權的特殊職守：

> 乙丑，趙穿攻靈公於桃園。宣子未出山而復。太史書曰：「趙盾弒其君。」以示於朝。宣子曰：「不然。」對曰：「子為正卿，亡不越竟，反不討賊。非子而誰。」宣子曰：「嗚呼！我之懷矣，自詒伊慼。其我之謂矣。」孔子曰：「董狐，古之良史也，書法不隱。」〔註15〕
> 哀姜至，公使大夫、宗婦覿用幣。宗人夏父展曰：「非故也。」公曰：「君作故。」對曰：「君作而順則故之，逆則亦書其逆也。臣從有司，懼逆之書於後也，故不敢不告。」〔註16〕

董狐的稟筆直書，孔子稱為良史，也因此成為史官的典範。司馬遷在寫作〈晉世家〉時，並未遺忘這一位良史，而采《左傳》孔子語，〔註17〕用以嘉勉董

〔註14〕《左傳》僖公七年，楊伯峻編著：《春秋左傳注》（臺北：洪葉文化，1993.5），頁 318～319。

〔註15〕《左傳》宣公二年，楊伯峻編著：《春秋左傳注》（臺北：洪葉文化，1993.5），頁 662～663。

〔註16〕《國語・魯語上》，景印文淵閣四庫全書本（臺北：臺灣商務印書館，1983），頁 406～45、46。

〔註17〕〈晉世家〉載：「乙丑，盾昆弟將軍趙穿襲殺靈公於桃園而迎趙盾。趙盾素貴，得民和；靈公少，侈，民不附，故為弒易。盾復位。晉太史董狐書曰：『趙盾弒其君』，以視於朝。盾曰：『弒者趙穿，我無罪。』太史曰：『子為正卿，而

狐，並賜予他良史的桂冠。而夏父展所言「故」，即指史載筆，則將君主行為之順逆，詳實記錄，符合「君舉必書」的古制，並點名書「故」是史官職守，亦是史權對於王權的一種約束力量。《史通·曲筆》篇：「史之為用，記功司過，章善癉惡。」又《直書》篇:「史之為務，申以勸戒，樹之風聲。」史官之秉筆直書，用以提醒君主之言行，因此，有了鑒戒的實用目的，則史不絕書便成為當時歷史記載的實況，〔註18〕而醞釀出以實錄為本的史官文化氛圍。

　　（三）「義」被竊取與道之合德

　　司馬遷撰寫的史記是當代史，也是古代史，上溯自〈五帝本紀〉，而到〈孝武本紀〉〔註19〕當代，時間跨度之大，為通史之祖。「君舉必書」、「無國不記」是處理近代史、當代史的觀念，若要處理一部通史，則必須藉助文獻的整理，來進行史書的撰寫：

　　　　余所謂述故事，整齊其世傳，非所謂作也，而君比之於《春秋》，謬
　　　　矣。於是論次其文。（〈太史公自序〉，頁 3299～3300）

司馬遷〈自序〉自剖其心路歷程，認為他對於前代史的整理，下的是「論次其文」的工夫，而所謂論次其文，就是按照傳世文獻記載史事之前後次序，梳理其脈絡，然後排列成編。然而，欲「論次其文」，首先必「整齊其世傳」，「整齊」者，視乎其人之學識及天才，「非所謂作」，是自謙云爾，「整齊」即史家之創作，〔註20〕反應了史識、價值判斷於其中。《史通·鑒識》云：「夫人識有通塞，毀譽以之不同，愛憎由其各異。……斯則物有恒準，而鑒無定識，欲求銓藻得中，其唯千載一遇乎？況史傳為文，淵浩廣博，學者苟不能探賾索隱，致遠鉤深，烏足以辯其利害，明其善惡？」〔註21〕，則不同史家

亡不出境，反不誅國亂，非子而誰？』孔子聞之，曰：『董狐，古之良史也，書法不隱。』」，其中，孔子嘉勉董狐語，全同於《左傳》，未有刪改，則司馬遷同意孔子語之意，其意甚明。
〔註18〕　《左傳》襄公二十九年，叔侯曰：「魯之於晉也，職貢不乏，玩好時至，公卿大夫，相繼於朝，史不絕書，府無虛月。」楊伯峻編著：《春秋左傳注》（臺北：洪葉文化，1993.5），頁 1160。
〔註19〕　今本〈孝武本紀〉乃褚先生（少孫）補，然司馬遷初作《史記》，有寫〈孝武本紀〉，如〈太史公自序〉：「漢興五世，隆在建元，外攘夷狄，內脩法度，封禪，改正朔，易服色。作〈今上本紀〉第十二。」，褚先生補者為亡佚後之補續。
〔註20〕　梁啟超：《要籍解題及其讀法》（北京：清華週刊叢書本，1925.12），頁 36～37。
〔註21〕　劉知幾著、浦起龍釋、白玉崢校點：《史通通釋》（臺北：藝文印書館，1978.4），

之材料取捨，各有不同，而取捨標準，存乎識見。又曰：「夫人、廢興、時也，窮達、命也；而書之為用，亦復如是。……適使時無識寶，世缺知音……逝將煙燼火滅，泥沈雨絕，安有歿而不朽，揚名於後世者乎？」〔註22〕則讀者閱讀，亦憑藉其識，當史家閱讀文獻材料，其身份是讀者，則首先必須憑藉鑒識，方能去取，而他當采集材料之後，開始安排纂史，敘述故實，則其身份又轉換成作者，史料的出場序，行文的安排，亦以鑒識為本，故史識當為史家處理材料的第一要件。

　　司馬遷的史識為何？〈自序〉中借與上大夫壺遂語，稱述《史記》不可比之於《春秋》，然實際上司馬遷對孔子作《春秋》之精神與筆法，有其承繼：〔註23〕〈儒林傳〉說春秋「因故史記，作《春秋》，以寓王法，其辭微而指博。（頁3115）」知司馬遷深刻體會孔子自史中取義，以微言寄託大義的概念。而〈太史公自序〉，亦曾借解釋孔子作《春秋》之旨，來論述其作《史記》之緣由：

> 上大夫壺遂曰：「昔孔子何為而作《春秋》哉？」太史公曰：「余聞董生曰：周道衰廢，孔子為魯司寇，諸侯害之，大夫壅之。孔子知言之不用，道之不行也，是非二百四十二年之中，以為天下儀表，貶天子，退諸侯，討大夫，以達王事而已矣，子曰：「我欲載之空言，不如見之於行事之深切著明也。」夫《春秋》，上明三王之道，下辨人事之紀，別嫌疑，明是非，定猶豫，善善惡惡，賢賢賤不肖，存亡國，繼絕世，補敝起廢，王道之大者也。」（〈太史公自序〉，頁3297）

《文心・史通》說：「昔者夫子閔王道之缺，傷斯文之墜，靜居以歎鳳，臨衢而泣麟，於是就太師以正〈雅〉、〈頌〉，因魯史以修《春秋》，舉得失以表黜陟，徵存亡以標勸戒；褒見一字，貴踰軒冕；貶在片言，誅深斧鉞。」孔子作《春秋》，欲透過歷史興衰，以明是非，定褒貶，以成就王者之大道。司馬遷師法孔子，認為「《春秋》者，禮義之大宗也。夫禮禁未然之前，法施已然之後；法之所為用者易見，而禮之所為禁者難知」，掌史官、作《史記》，亦

頁118

〔註22〕 劉知幾著、浦起龍釋、白玉崢校點：《史通通釋》（臺北：藝文印書館，1978.4），頁190。

〔註23〕 《史記》對《春秋》的承繼，可參考以下著作：張高評師：《春秋書法與左傳學史》（臺北：五南圖書公司，2002.1）、胡艷惠：《《史記》之《春秋》書法研究》（國立成功大學2005碩士論文，指導教授：張高評老師）。

欲以歷史的古今之變，來正道立言。錢大昕曰：「太史公修《史記》以繼《春秋》，成一家言。其述作依乎經，其議論兼乎子。」〔註24〕換言之，與其載之空言的創立學說，不如用歷史敘事，來寄託褒貶，讓史實自明，則孔子修《春秋》，自歷史敘事中取出義理，而司馬遷私淑孔子，典範《春秋》，亦強調纂史之義，而有《春秋》書法、史家筆法。「義」在歷史記載中的功能被標舉出來，而歷史書寫除了實錄載筆的要求，更因孔子的取捨，使得義與道合德，透過歷史來進行立言的論述，此亦為司馬遷欲以寫作《史記》來成就一家之言的史源根據，詳見第二章。當然，孔子這種「我欲載之空言，不如見之於行事之深切著明」的述作觀，對司馬遷也有其繼承與新變，詳見第五章第一節。除此之外，〈太史公自序〉也強調、肯定了《春秋》的價值與影響：

> 故有國者，不可以不知《春秋》，前有讒而弗見，後有賊而不知。為
> 人臣者，不可以不知《春秋》，守經事而不知其宜，遭變事而不知其
> 權。為人君父而不通於《春秋》之義者，必蒙首惡之名。為人臣子
> 而不通於《春秋》之義者，必陷篡弒之誅，死罪之名。（〈太史公自
> 序〉，頁 3298）

《春秋》的作用，在於提供當代立身之借鑑，因此雖是歷史，其著眼點卻是當世。故《史記》雖為通史，卻詳今略古，三千年歷史共一百三十篇，按年代的分配來說，《史記》專記漢史者有六十二篇，並記前代及漢者十一篇。自公元前 202 年劉邦擊潰項羽滅楚之後，到《史記》成書，約一百年，這一百年的歷史，在全書數量的比重上要比過去幾個歷史時代還要多。其中還有二十九篇記載武帝本朝之事，而旁及者，亦有二十七篇。〔註25〕《文史通義‧答客問》曰言：

> 史之大原，本乎《春秋》；《春秋》之義，昭乎筆削；筆削之義，不
> 僅是具始末，文成規矩已也；以夫子「義則竊取」之旨觀之，故將
> 綱紀天人，推明大道，所以通古今之變，而成一家之言者，必有詳
> 人之所略，異人之所同，重人之所輕，而忽人之所謹。〔註26〕

〔註24〕 錢大昕：《潛研堂文集》卷 24〈史記志疑序〉，收入《嘉定錢大昕全集》（南京：江蘇古籍出版社，1997），頁 380。

〔註25〕 白壽彝：〈《史記》編寫上的特點〉，《中國史學史論集》（北京：中華書局，2001.10二版），頁 63。

〔註26〕 章學誠：《文史通義》內篇五〈答客問上〉，（臺北：世界書局，1964.4），頁106。

史書之撰寫，端看史官史識之取決，對相同範圍之年代，有載筆詳略輕重之別，故《史記》雖記載上下三千年之史歷史，因為司馬遷效法孔子取用史義之法，其揀選史料、書寫史事之時，實際是為當代立論，為詩心謳歌，故其作雖在藏往，卻能方正顯智。

（四）為義演史，史為義設

司馬遷寫作《史記》，受到孔子作《春秋》的影響甚深，然孔子之後，史官傳統還有新的元素加入，欲探究司馬遷「記注」歷史的使命，不可忽視戰國時代史官與士林文化的合流，對《史記》撰作使命造成的影響。

戰國士林文化，是指戰國時期以士林為創造主體、以平治天下為目標、以思想解放自由創造為特徵的文化思潮。〔註27〕王學出於史官，當王權被諸侯力量宰制，進入戰國時代，則原隸屬於周天子的史官，實際也走入諸侯國，與其他士人，共同成為思想界的中間思潮：

> 當周宣王時，失其守而為司馬氏。司馬氏世典周史。惠襄之間，司馬氏去周適晉。晉中軍隨會奔秦，而司馬氏入少梁。自司馬氏去周適晉，分散，或在衛，或在趙，或在秦。其在衛者，相中山。在趙者，以傳劍論顯，蒯聵其後也。在秦者名錯，與張儀爭論，於是惠王使錯將伐蜀，遂拔，因而守之。錯孫靳，事武安君白起。而少梁更名曰夏陽。靳與武安君阬趙長平軍，還而與之俱賜死杜郵，葬於華池……（〈太史公自序〉頁3285～3286）

司馬遷在〈太史公自序〉中說明其家族的遷變，同時也佐證了史官走入諸侯國的現象。史官階層擠身於士林而參與士林文化的創造，士林文化也因史官的加入，交互影響，使戰國諸子不同程度表現史的意識，並善用史事以說理，《漢書‧藝文志》著錄《春秋》類二十三家九百四十八篇，可能作於戰國者，除三傳外，還有《鄒氏傳》、《夾氏傳》、《左氏微》、《鐸氏微》、《章氏微》、《虞氏外傳》……等。有些子書也冠以「春秋」之名，如《晏子春秋》、《呂氏春秋》等。故知戰國時代文獻，雖以四庫四分法區別，或為經、或為子、或為集，皆擅長從史學角度闡發道術思想，為創造的主要形式。據瀧川資言考證《史記》採用資料，有大量的史料都是來自戰國諸子，如《呂氏春秋》、《韓非子》、《莊子》、《孟子》……等，這些子部的著作目的皆在立言，卻不約而

〔註27〕陳桐生：《中國史官文化與史記》（廣東：汕頭大學出版社，1993.9），頁72～94。

同蒐集羅列史事來說理，讓原先被孔子取出的「義」被大大強化，取得著書的主導地位，如《呂氏春秋》論部三十六篇，多連綴史事以說理。諸子為求理之闡明，有時甚至納入逸事、改寫史事來強化自己的學說，《莊子·逍遙遊》中把「堯讓天下於許由」這件史事由許由的口說出「無所用於天下」的處事哲學，又如《太平御覽》引《莊子》載孔子見老子事，未見於其他著作：

> 莊子曰：孔子見老聃，歸，三日不談。弟子問曰：「夫子見老聃，將何規哉？」孔子曰：「吾與汝處於魯之時，人用意如飛鴻者，吾走狗而逐之；用意如井魚者，吾為鈎繳以投之，吾今見龍，合而成體，散而成章，乘乎雲氣，而養乎陰陽。余口張不能嗋，舌出不能縮，又何視哉？〔註28〕

假託孔子之口，側寫老聃哲理之高妙，能增加立論的強度，《莊子·天下》說：「以卮言為曼衍，以重言為真，以寓言為廣。」卮言，不定也。曼衍，無心也。重，尊老也。寓，寄也。夫卮滿則傾，卮空則仰，故以卮器以況至言。而耆艾之談，體多真實，寄之他人，其理深廣，則鴻蒙雲將海若之徒是也，則以寓言的方式，寄託史事推廣學說，便成為運用史事的一種模式，而此種說史事為個人立言背書，在在影響了司馬遷《史記》寫作，讓《史記》為撰述之目的，而有改作之再造，形成個人標記的風格。

　　另外，戰國時尊士養士之風盛行，孟嘗君舍業厚遇，傾天下之士；平原君喜賓客，賓客蓋至者數千人；信陵君仁而下士，不敢以其富貴驕士。士以此方數千里爭往歸之，致食客三千人；春申君相楚方爭下士，招致賓客，以相傾奪，輔國持權；呂不韋招致士，厚遇之，至食客三千人……等，士的特殊地位，是司馬遷筆下大力書寫的對象〔註29〕，馮驩、毛遂、侯生、豫讓、荊軻形象躍然紙上，而其與君王的遇合關係，更與司馬遷本身感士不遇的遭遇共鳴，司馬遷〈士不遇賦〉說：「雖有形而不彰，徒有能而不陳。何窮達之易惡，信美惡之難分。時悠悠而蕩蕩，將遂屈而不伸。使公于公者彼我同兮，私于私者自相悲。」士有才而不遇，則有志難伸，與千古不遇者同悲，則此種遇合的看法，遂亦寄託史事展演，成為《史記》字裡行間的基調。

　　載筆是史官的任務，當以詳實為本。然史官的職責，若僅僅是逐字逐句、

〔註28〕李昉：《太平御覽》卷六百十七（北京：中華書局，1960.2），頁2773。
〔註29〕關於司馬遷與士文化的關連性，可參見劉軍華：《司馬遷與士文化》，陝西師範大學2005碩論，指導教授：呂培成教授。

為君主側錄事件，那麼，史官只需要完成起居注冊〔註 30〕的簡報，而不必撰成史書，而中國也不會有史學。史官任務是一系列演化流變的過程，為釐析脈絡，對《史記》「記注」任務可以觀察得出明顯的縱軸線：

三代～商	西周	春秋	戰國
巫史同流 →	史載筆而立 →	「義」被竊取與道之合德 →	為義演史，史為義設

推史之本原，旨在綱紀天人，推明大道，因此不論是述古事、敘當代，目的在闡明義旨。撰史既以明旨為要，則不同主筆之人，對於相同的歷史事件，當有相異的識見。有相異的識見，則有相異的筆削取捨，有相異的歷史側重，有相異的記錄詳略。承前所述，司馬遷纂修《史記》，有一脈相承的史官使命，其行使史權的實錄使命，匯入詩心，成為史遷撰史的動能與責任，又師法《春秋》，竊取其義，形成鑑識歷史之眼目，加上為義演史的士林文化風格加入，提示了撰述歷史、改作文學之思維，而用以整齊世傳，論次其文，而為《史記》。

第二節　藏往似智：《史記》纂集史料的範圍

　　《史記》上溯五帝，下迄天漢，上下三千年，通而述之。其涵蓋年代既遠，則非憑藉前人之成果而不能自成。〈太史公自序〉有言：「卒三歲而遷為太史令，紬史記石室金匱之書」秦火之後，圖籍散亂，司馬遷因為太史令，〔註 31〕故欲撰成通史，能掌握之典籍材料，較一般人豐富。《史記》材料之來源，大體可分為文籍、遊涉、交游三類，〔註 32〕又以文籍為主要史料之來源。在此基礎上，司馬遷透過大量閱讀，而後整齊其世傳，於是論次其文。故欲求《史記》藏往似智之作法，必先知其成書，欲知其成書，必先考其所採群書，比對而後歸納出方法。

〔註 30〕　起居注是官名，起居注官記載帝王言行的檔冊，就叫做起居注冊，是一種類似日記體的史料。其體例起源很早，周代已設左史、右史之職，漢武帝有禁中起居注，唐代有創業起居注。清康熙十年（1671）在太和門西廊設起居注館，起居注官以日講官兼攝，屬翰林院。
〔註 31〕　太史令於漢代為掌宗廟禮儀的太常屬官。孫文良：《中國官制史》（臺北：文津出版社，1993.7），頁 47。
〔註 32〕　瀧川資言〈史記資材〉，收入，瀧川資言：《史記會注考證》（高雄：麗文圖書公司，1997.1），頁 1363～1368。

　　非當代史如何做到君舉必書？非藉助文獻不能自成。章實齋云：「盈天地間，凡涉著作之林，皆是史學。」〔註33〕，實齋所謂史學，實指史料。最早討論《史記》採用資料者，為《漢書‧司馬遷傳》：

　　　　司馬遷據《左氏》、《國語》，採《世本》、《戰國策》，述《楚漢春秋》，
　　　　接其事，迄於天漢。

班固挫其精要者而言之，指出《史記》參考之材料，集中在《左氏》、《國語》、《世本》、《戰國策》、《楚漢春秋》等五種書，王鳴盛以為「朵之之慎」，並引司馬貞說，補充說明太史公代為史官，親掌圖籍，採年曆、譜諜情形。〔註34〕然史公所資，不止於此，除《漢書》所言五種書外，還有數十種典籍，歷來研究者多有探討。

　　司馬遷於《史記》當中，曾屢次明示其史料來源，羅根澤〈從《史記》本書考《史記》本原〉一文，將這類文字摘錄下來，並分為採之書冊、聞之人言、觀之目睹三種，其中，第一類書中「明言而顯示者」為可確知《史記》所採用者，計三十三種，分別為《尚書》、《春秋》、《國語》、〈夏小正〉、《詩》、《春秋歷譜諜》、《孟子》、《秦記》、《史記》、《太公兵法》、《管子》、《司馬穰苴兵法》、《孫臏兵法》、《吳起兵法》、《弟子籍》、《論語》、《商君書》、屈原賦、賈誼文、《新語》、司馬相如賦、《功令》、《禹本紀》、《王子兵法》、《秦楚之際》、《列封》、《春秋古文》、《世家言》、《伯夷傳》、《禮官書》、《高祖侯功臣》、《太初元論》、《或言》。〔註35〕司馬遷或言「予觀」，或說「吾讀」、或稱「余讀」，皆為太史公寫作時自己說明得來的材料來源。而據瀧川資言考據，司馬遷用

〔註33〕章學誠：《章氏遺書》第九卷〈報孫淵如書〉（臺北：漢聲出版社，1973.1），頁193。

〔註34〕王鳴盛《蛾術篇》卷九〈司馬遷所援據之書〉：「然司馬貞補《史記》，〈自序〉云，太史公代為史官，親掌圖籍。今觀〈三代世表〉敘首則云：『余讀牒記』，又云『稽其歷譜諜』，〈十二諸侯年表〉敘首則云『太史公讀《春秋歷譜諜》』，又云『歷人取其年月，譜諜獨記世諡』。《索隱》曰：『劉杳云：『《三代系表》旁行邪上，並效《周譜》。譜起周代，〈藝文志〉有《古帝王譜》，又自古《春秋》學者，有年曆、譜諜之說，杜預作《春秋長曆》及《公子譜》，蓋因於舊說，故太史公得讀。』』」。王鳴盛：《蛾術篇》卷九（臺北：信誼書局，1976.7），頁369。

〔註35〕羅根澤〈從史記本書考史記本原〉，原載於1930年國立北平圖書館館刊四卷二號，收入《史記論文集》（臺北：木鐸出版社，1975），頁43～54，其引文備徵見附表一。

書有七十七種，潘重規亦同意該說，錄入〈史記導論〉一文當中。〔註36〕

　　然而，《史記》中的傳主亦多有作品傳世，這些作品司馬遷當是得知而後才記載下來，如〈老子韓非列傳〉言老子「老子迺著書上下篇，言道德之意五千餘言而去」，則司馬遷知老子曾著《老子》，此書當應亦見於太史公，又如〈信陵君列傳〉有「諸侯之客進兵法，公子皆名之，故世俗稱《魏公子兵法》」，則司馬遷其時當聞見《魏公子兵法》，而《史記‧孔子世家》載「子思作《中庸》」，為《漢書‧藝文志》記《子思子》一十三篇，則太史公於漢時應亦見過此書。〔註37〕學者便根據《史記》文中此類曾提及的傳主著書補入，得有八十一種，增加了〈五帝德〉、〈帝繫姓〉、《諜記》、《歷譜諜》、《左氏春秋》、《鐸氏微》、《虞氏春秋》、《呂氏春秋》、《荀子》、《公孫固子》、《韓非子》、《歷譜五德》、《春秋繁露》……等項目。〔註38〕而張大可〈論《史記》取材〉在此基礎上，增補書目以臻完備，以四分法歸類，並一一標示其存、殘、佚之書況，最後得六經及其經解書二十三種，諸子百家及方技書五十三種，歷史地理及漢室檔案二十三種，及文學書七種，共計一百零六種，目前存者三

〔註36〕　瀧川資言之考證，詳見瀧川資言〈史記資材〉，收入，瀧川資言：《史記會注考證》（高雄：麗文圖書公司，1997.1），頁1363～1368；潘重規〈史記導論〉，則收入《史記論文集》（臺北：木鐸出版社，1975），頁11～19。

〔註37〕　《漢書‧藝文志》記有《子思子》一十三篇，該書雖已亡佚，然湖北荊州郭店1號楚墓中發現之「郭店楚簡」中，有〈魯穆公問子思〉一篇，簡共存八枚。竹簡兩端均修削成梯形，簡常二六‧四釐米。編線兩道，編線間距為九‧六釐米。郭店楚墓為東周楚國貴族墓穴，學者以為該篇乃《子思子》殘簡。詳見：荊門市博物館：《郭店楚墓竹簡》（北京：文物出版社，1998.5）頁141，及駢宇騫、段書安編著：《本世紀以來出土簡帛概述》（臺北：萬卷樓圖書出版公司，1999.4），頁115。

〔註38〕　盧南橋〈司馬遷及其歷史編纂學〉一文，增加篇目，分別為：〈五帝德〉、〈帝繫姓〉、《諜記》、《歷譜諜》、《終始五德之傳》、《五帝繫諜》、《尚書集世》、《書序》、《左氏春秋》、《鐸氏微》、《虞氏春秋》、《呂氏春秋》、《荀子》、《公孫固子》、《韓非子》、《歷譜五德》、《春秋繁露》、《禮記》、《星法》、《周官》、《終始五德之運》、《王制》、《札書》、《易》、《中庸》、《晏子春秋》、《老子》、《莊子》、《申子》、《老萊子》、《司馬穰苴兵法》、《孫武子兵法》、《孝經》、《主運》、《慎子》、《環淵子》、《接子》、《田駢子》、《騶奭子》、《公孫龍子》、《劇子》、《李悝書》、《尸子》、《長盧子》、《吁子》、《墨子》、《淳于子》、《魏公子兵法》、〈樂毅報燕王書〉、宋玉賦、唐勒賦、景差賦、蒯通《長短說》、《酈生書》、《春秋雜說》、《韓詩內傳》、《韓詩外傳》、《儀禮》、《春秋公羊傳》、《春秋穀梁傳》、《山海經》、《周書》，詳見盧南橋〈論司馬遷及其歷史編纂學〉，載於《司馬遷與史記》（中華書局1957版），見附表一。

十九種，佚者五十八種，佚者九種。〔註39〕可知太史公作《史記》時，採書甚豐，其於〈自序〉中所說「百年之間，天下遺文靡不畢聚於太史公」之語，實非溢美之詞。而金德建則分別考校引書本原，提出關於太史公所見書與今能見者之差異，如：〈秦始皇本紀〉贊引賈誼〈過秦論〉即是《新書》；史遷所稱《論言弟子籍》及《論語弟子問》，均系指《論語》；史遷所見之《刪通書》即《戰國策》……等，〔註40〕提供資料比對思考的方向，而魏聰祺的《史記引經考》，則根據《史記會注考證》，針對經部的《詩》、《書》、《禮》、《易》、《春秋》、《左傳》、《公羊》、《論語》，做了考證的功夫。上述諸家統計，皆以太史公明言而顯示者為基礎，自三十三種至一百零六種，則有補入傳主著書及書名鑑定的差異，於是在前人之基礎上，從其廣者而錄之，而加以考據，後出轉精。

然而，司馬遷雖多次提及其所見之書，卻未曾一一言明其參考章節及參考方式，如：

> 太史公讀《列封》，至便侯，曰：有以也夫！長沙王者，著《令甲》，稱其忠焉。(〈惠景間侯者年表序〉，頁977)
>
> 吾讀管氏山高牧民乘馬輕重九府。(〈管晏列傳〉，頁2136)
>
> 及見賈生弔之，又怪屈原以彼其材，游諸侯，何國不容，而自令若是。讀〈鵬鳥賦〉，同死生，輕去就，又爽然自失矣。(〈屈原賈生列傳〉，頁2503)

〔註39〕 張大可〈論《史記》取材〉，原載於《甘肅社會科學》1983年5期，收入甘肅人民出版社1985年出版之《史記研究》論文集，華文出版社2001年再版收於《史記研究集成》。其篇中附表統計存者37、佚者57、殘者8種，實誤，具表中所載書目重新加總，應為三十九種，佚者五十八種，佚者九種。

〔註40〕 金德建提出意見豐富，如：司馬遷所見《左氏春秋》與《春秋國語》均出左丘明作，且似尚並合，末嘗如後世離析為二書；〈秦始皇本紀〉贊引賈誼〈過秦論〉即是《新書》；《諜記》乃總名，包括五第三代歷譜，而《春秋歷譜諜》乃其一，即《世本》；〈十二諸侯年表記〉提到的「上大夫董仲舒推《春秋》義」疑為董氏著書，初無書名，同〈儒林傳〉說〈災異之記〉；史遷所稱《論言弟子籍》及《論語弟子問》，均系指《論語》；史遷所見之《刪通書》即《戰國策》；〈酈生陸賈列傳〉中說：「余讀陸生《新語》書十二篇」史遷所見，實指《楚漢春秋》，今本《新語》為偽物；《漢禮儀》《漢志》已不著錄，書早亡；《禹本紀》別有一書，非《史記》之〈夏本紀〉，今亡；《鬼谷子》有〈揣摩〉篇，或以《鬼谷子》即《漢志》所錄《蘇子》三十一篇……等，金德建《司馬遷所見書考》(上海：上海人民出版社，1963)，出處詳見附表一

余讀陸生《新語》著書十二篇。(〈酈生陸賈列傳〉，頁 2705)

從上引文得知，司馬遷每於文中，尤其是「太史公曰」處說明參考資料，卻不曾說明所引資料用於篇中哪段記載，並在其在觀書、讀書之後，如何將史料轉化成《史記》之記載，故欲探求《史記》與其參考史料文本之關係，勢必得回歸到篇章的字裡行間，借鑑史學界的考證基礎，進行資料比對。瀧川龜太郎《史記會注考證》於史文之下，每以「采」字考證其出處，如〈五帝本紀〉首起：「黃帝者，少典之子，姓公孫，名曰軒轅。生而神靈，弱而能言，幼而徇齊，長而敦敏，成而聰明。」，瀧川資言即按語曰：

> 采《大戴禮・五帝德》。孔子曰：「黃帝，少典之子也，曰軒轅。生而神靈，弱而能言，幼而慧齊，長而敦敏，成而聰明。」

又如〈伍子胥列傳〉載「始伍員與申包胥為交，員之亡也，謂包胥曰：『我必覆楚。』包胥曰：『我必存之。』。」，則《史記會注考證》則標記為：

> 采定四年《左傳》：初，伍員與申包胥友。其亡也，謂申包胥曰：「我必復楚國。」申包胥曰：「勉之，子能復之，我必能興之。」

筆者即以《史記會注考證》之考證成果為基礎，參考諸家補輯，建構《史記》采書條目，如附表二，再依其材料處理方法之不同，分群討論之，主要集中在《詩》、《尚書》、《禮》、《左傳》、《國語》、《論語》、《孟子》、《戰國策》、《呂氏春秋》、《韓非子》、《說苑》幾種書，試圖透過采書與《史記》之間文字的差異，觀察史公透過文字的保留與改作，蘊藉詩心，以史述志的立言成果。

此外，既欲透過比對文本來證成《史記》撰史的取捨與改作，則司馬遷采書之版本似乎也就成了必須面對的問題。司馬遷之采書標準，前輩學者已經大量討論，〔註 41〕在此不再贅述。於此僅要強調的是司馬遷之采書，並不存在今古文經之區別，亦同其所見書之標準，應該兼容並包，從其廣者而錄之。《漢書・儒林傳》曰：「司馬遷亦從安國問故，遷書載〈堯典〉、〈洪範〉、

〔註41〕 魏聰祺《史記引經考》(私立東吳大學 1991 碩士論文，指導教授：賴明德)則認為其史料去取標準為：擇雅、著有關天下存亡者、錄軼事、世多有者不錄。而張大可〈論《史記》取材〉一文認為司馬遷取捨材料之標準為：「考信於六藝，折中於夫子」、「擇其言尤雅者，總之不離古文者近是」、「紀異而說不書，所有怪物，余不敢言之也」、「非天下所以存亡，故不著，至於世傳其書者，論其軼事」、「信以傳信，疑以傳疑，故兩言之」、「厥協六經異傳，整齊百家雜語」等六項，詳見《史記研究集成》第 11 卷 (北京：華文出版社，2001 年再版)，頁 438～445。

〈微子〉、〈金縢〉諸篇，多古文說。」〔註 42〕司馬遷亦於《史記》當中，八次提到古文，則司馬遷所采用的史料版本，究竟是今文經還是古文經？

1. 〈五帝本紀〉：「總之不離古文者近是。」
2. 〈三代世表〉：「余讀《牒記》，黃帝以來皆有年數，稽其《歷譜牒》、《終始五德之傳》，古文咸不同，乖異。」
3. 〈十二諸侯年表〉：「於是譜十二諸侯，自共和迄孔子，表見《春秋》、《國語》，學者所譏盛衰大指著於篇，為成學治古文者要刪焉。」
4. 〈封禪書〉：「群儒既已不能辨明封禪事，又牽拘於《詩》、《書》古文而不能騁。」
5. 〈吳太伯世家〉：「余讀《春秋》古文。」
6. 〈仲尼弟子列傳〉：「則論言弟子籍，出孔氏古文近是。」
7. 〈太史公自序〉：「年十歲則誦古文。」
8. 〈太史公自序〉：「秦撥去古文。」。

司馬遷所見之古文，非狹義指稱今古文經之爭中的古文經群書，而當為未被隸定的古代經傳，〔註43〕因此，司馬遷〈自序〉所謂「年十歲則誦古文」，目的在於學習閱讀古文獻文字的方法，而非古文經學派的內容思想。古文經的來源有孔壁出土古文經、河間獻王所獻古文經、民間所獻古文經、張蒼所獻古文經、秦王朝傳下來的古文經傳、孔氏世傳古文經等幾種途徑，〔註44〕司馬遷既紬史記石室金匱之書，則能閱讀到這些古籍的可能性自然不在話下，既以言明「天下遺文靡不畢聚於太史公」，則又何必預設學術流派之別，而剔除部分可能徵引之史料？更何況除文獻之外，司馬遷還走訪名山大川，考之耆老，兼採謠諺，這些史料又豈有版本的設限？而仔細觀察本節所述采書百種，則會發現今古文經，無所不包，故應回歸到今日所能見之諸類文獻，以《史記》為核心，加以比對其成文的采用，探求其旨，方能貼近太史公成一家之言之詩心。

〔註42〕《漢書·儒林傳》，班固撰、王先謙補注：《漢書補注》（臺北：藝文印書館，1972），頁 1549。
〔註43〕詳見陳桐生：《史記與今古文經學》（西安：陝西人民教育出版社，1995.7），頁 10～23。
〔註44〕同前上註。

第三節　據事以類義，援古以證今

　　《史記》既以述往事、知來者為寫作目標，則述往事的記述方式，則涵蓋了知來的目的，故對往事之取捨詳略，取決於其對於當下的警策，及對知來的啟發。《史記》既為史書，記注以藏往乃為固有之義務，對歷史之陳跡，徵引大量文獻資料以藏往，按照史識來安排材料位置，則能彰顯其義。《文心雕龍・事類》曰：「事類者，蓋文章之外，據事以類義，援古以證今者也」，《易・大畜》象辭亦云：「天在山中，大畜。君子以多識前言往行，以畜其德。」嚴格來說，《史記》徵引大量文獻以成文，或為全錄、或為摘引、或為刪去，皆是運用史識以再造的過程，因此，文獻之採用儘管是全數引用，但因經過司馬遷之材料安排，亦可視為撰述文學之一環，而非單純的全文鈔錄。

　　史文當中，有時因表達事件之需要，將傳主作品全文引入，其目的除保存文獻外，還兼具其他功能，並可體見史料剪裁與安排。本節將針對《史記》中，一些引用文獻來彰顯旨趣的部分進行探討，以掌握太史公據事之義、藏往之智。根據其引文與旨趣關係之間的表現手法，分為「基調之共鳴」與「諷諫之代言」兩類，前者如〈屈賈生列傳〉、〈老子韓非列傳〉、〈魯仲連鄒陽列傳〉、〈樂毅列傳〉，後者則以〈扁鵲倉公列傳〉、〈司馬相如列傳〉、〈秦始皇本紀〉、〈平津侯主父列傳〉為代表。應當注意的是，所謂基調乃是貫穿全書的意識，因此，此二者不能全然二分，有時二者兼有，僅比重之不同，而呈現出旨趣傾向。而觀察司馬遷的引文方法，除觀察其取，亦要比較其去，方能從記載的留白處，體察司馬遷的微意，而造成詩心的懸想。

　　（一）抒情之共鳴

　　「借他人酒杯，澆自我胸中之塊壘」，借別人之口，共鳴自己胸中之抱負、看法的寫作筆法，是《史記》引文的一大特色，知司馬遷對引文之安排，獨具匠心。有時，還能寄託己身遭遇之感，讓原本成於他人之手的文獻，透過引文的方法，印下個人的標記，如〈屈原賈生列傳〉引屈原之〈懷沙〉、〈漁父〉、賈誼之〈弔屈原賦〉、〈鵬鳥賦〉，〈老子韓非列傳〉引韓非〈說難〉，〈魯仲連鄒陽列傳〉的魯仲連〈遣燕將書〉、鄒陽〈獄中上梁王書〉，〈樂毅列傳〉引樂毅〈報燕王書〉即為此例。

　　《史記》既被稱為「無韻之《離騷》」，則《史》、《騷》之間，當有多處共鳴，前章以針對此問題進行討論，而以「詩心內蘊」作為二者之共同點。

而這樣的旨趣，亦體現在引文當中，〈屈原賈生列傳〉中，司馬遷論屈原引〈懷沙〉，論賈誼則取〈弔屈原賦〉、〈鵬鳥賦〉二賦，取決之間，非以作品優劣為去取考量，而主要以其於全篇中之作用考慮之。〈太史公自序〉言此篇撰作之旨趣為「作辭以諷諫，連類以爭義，〈離騷〉有之」，則之其乃以屈騷情懷作為主軸，進行史事的鋪寫，因此〈屈原賈生列傳〉中之引文，必是懷繞此核心來進行揀選，最後以〈懷沙〉、〈弔屈原賦〉、〈鵬鳥賦〉表現之。屈原存世之作品甚多，以今本《楚辭》而言，共有〈離騷〉、〈九歌〉、〈天問〉、〈九章〉、〈遠遊〉、〈卜居〉、〈漁父〉等 25 篇，何以獨厚〈九章〉中之〈哀郢〉一文？吳齊賢曰：「原賦甚多，而獨載〈漁父〉、〈懷沙〉二篇者，〈漁父〉則其出處之節，〈懷沙〉則其絕命之詞也」〔註45〕，又馮觀曰：「屈子〈懷沙〉，特九章之一耳，史遷作史，獨採此篇，蓋以煩音促節至此而愈深耳，其曰知死不可讓兮，願勿愛兮，伸其志之決，而辭之悲也。」〔註46〕，知司馬遷選用引文，既考慮歷史的因素，亦有文學的條件。〈懷沙〉既是屈原情懷的濃縮，也因注重聲韻的文學表現，得到司馬遷的青睞。而相較於屈原，論賈誼引〈弔屈原賦〉、〈鵬鳥賦〉文，更是引起廣泛的討論：

> 鍾惺曰：賈生經世才，與屈原同，傳以騷合耳。故諸奏疏皆略不入，不能如此割捨。〔註47〕

> 徐孚遠曰：此傳不載《新書》中語，因與屈平同傳，不及政事之篇也。〔註48〕

> 何良俊曰：太史公以賈誼與屈原同傳，故但載其〈弔屈原文〉與〈鵬鳥〉二篇而已。然誼所上政事書，先儒稱其通達國體，以為終漢之世，其言皆見施用；其所論貯積與鑄錢諸事，皆大有關于政理，是何可以不傳？班固取入漢書傳中，最是。或者太史公未及整齊漢事故，但取其似屈原者附入耳。〔註49〕

上述評論，焦點在於此傳不載《新書》，而只載文學作品〈弔屈原文〉與〈鵬鳥〉二篇，似乎與賈誼通達國體的政治貢獻不相符合。論者不約而同的認此現象源於與屈原合傳，故僅以騷合，不及政事之篇，故從〈哀郢〉到〈弔

〔註45〕 凌雅隆：《史記評林》，有井範平補標，〈屈原賈生列傳〉引，頁 2080。
〔註46〕 凌雅隆：《史記評林》，李光縉增補，〈屈原賈生列傳〉引，頁 2080～2081。
〔註47〕 凌雅隆：《史記評林》，有井範平補標，〈屈原賈生列傳〉引，頁 2090。
〔註48〕 凌雅隆：《史記評林》，有井範平補標，〈屈原賈生列傳〉引，頁 2089。
〔註49〕 凌稚隆：《補標史記》，〈屈原賈生列傳〉引，頁 2090。

屈原文〉與〈鵬鳥〉，可凸顯出「離騷」之意涵所在，而不被橫生枝節。然而，承前所述，〈屈原賈誼列傳〉雖是合傳形式，卻不存在主從關係，且若以資鑑當代為目的之《春秋》寫作，同樣的懷才不遇，則與司馬遷共時的賈誼，作為借題發揮的重要性，更大過於戰國時代的屈原。就此著眼，則本篇是賈誼的本傳，若因欲符合「離騷」之精神而捨棄傳主賈誼經世長才的政理奏疏，似乎有本末倒置的疑慮，關於賈誼政論「不錄」之取捨，王治皞曾經嘗試為此解釋：

> 屈、賈以忠義博雅之人，俱逢時得主後遭貶斥，不得已而以虛文自
> 見，此其志有足悲者。……（賈生）史第序其類屈者著之，故僅錄
> 二賦，而〈治安策〉不載，蓋傷〈治安〉之不及身施行之。〔註50〕

因為不及施行，而故意略而不談，留白以帶出賈生之不遇時、不被見用於世，而讓後世讀者若能留意，便能體見司馬遷引文安排的微旨。

「李耳無為自化，清淨自正；韓非揣事情，循勢理。作〈老子韓非列傳〉第三。」〔註51〕，司馬遷將老子、莊子、申不害、韓非聚類合傳，有其獨到的看法。「老子所貴道，虛無，因應變化於無為，故著書辭，稱微妙難識」，老子言說道之微妙難懂，是以言難盡意，司馬遷未引其著作說明；「莊子散道德，放論，要亦歸之自然」，既說莊子其放論滔滔，暢所欲言，卻僅用「作〈漁父〉、〈盜跖〉〈胠篋〉，以詆訿孔子之徒，以明老子之術。〈畏累虛〉〈亢桑子〉之屬，皆空語無事實」言之，一筆帶過，未就其辯才無礙的作品文章收入《史記》；「申子卑卑，施之於名實」，言語與實意之間，見到申不害的發憤自勉，而《史記》僅說「著書二篇，號曰《申子》」，未見引文；而「韓子引繩墨，切事情，明是非，其極慘礉少恩」，在是非與言語之間，雖然韓非能夠巧妙離析，卻流於用法嚴苛，缺少恩德，而最後未能自脫，著眼點亦在於言語與事實的合一性說明，並引其〈說難〉的大量文字，知司馬遷全篇雖言老莊申韓，實際上有其偏愛，並以〈說難〉統貫言、意的關係，而將言語的討論收束於道德的判斷，故說「皆原於道德之意，而老子深遠矣」。

後來的《史記》研究者針對此〈說難〉的被引用原因，亦嘗試詮釋：

> ……至〈說難〉一篇，指事類情，窮形盡變，摘發深遠極矣。而筆

〔註50〕 王治皞：《史記榷參》卷之中，楊燕起等：《史記集評》（北京：華文出版社，2005.1），頁512。

〔註51〕 〈太史公自序〉，頁3313。

力縱橫奇宕，尤不可方物。史公附載傳中，另作奇觀。〔註52〕

王世貞曰：夫子沒微言眇，申韓之徒，切名實〈孤憤〉、〈說難〉諸篇，

極人巧奪天致靡揣幻變百出而不亂以文發吏術亦甚難哉！〔註53〕

〈老子韓非列傳〉詳引韓非〈說難〉一篇，而不引其〈孤憤〉、〈五蠹〉等其他諸篇，則司馬遷以「然韓非知說之難，為〈說難〉書甚具，終死於秦，不能自脫」及「余獨悲韓子為說難而不能自脫」來說明引書原因。論者以「敘事處少，獨述非之〈說難〉一篇可覽。」〔註54〕，「凡兩言不能自脫，蓋譏非之取禍也，子長言外有無限垂戒之意」〔註55〕稱之，則知史遷於引文之中，具體借用他人之口，訴說個人之志，透過史料的取用，體現詩心。

與此類似的還有〈魯仲連鄒陽列傳〉，太史公曰：「魯連其指意雖不合大義，然余多其在布衣之位，蕩然肆志，不詘於諸侯，談說於當世，折卿相之權。鄒陽辭雖不遜，然其比物連類，有足悲者，亦可謂抗直不撓矣，吾是以附之列傳焉。」知其被司馬遷選擇立傳的原因雖合於記戰國縱橫之詞，卻更因二人之人格與風格，被司馬遷所重視。該篇主要引用魯仲連〈遺燕將書〉與鄒陽〈獄中上梁王書〉。前者為魯仲連慷慨論理，解圍邯鄲之代表作，後者則是鄒陽抗直不撓，上書梁王以辨奸述志的作品，茅坤、曾國藩曾分別對二者被合傳、二文被引用進行比較批評：

仲連高節，似非鄒陽可擬。上梁王書，亦拉雜無精義，子長特以書中所稱，有與己身相感觸者遂錄存之。〔註56〕

鄒陽本不足傳，太史公特愛其書之文詞頗足觀覽，故采入為傳。然予首尾按之，并只言斷簡，而其旨多嗚咽，故愛之易也。〔註57〕

魯仲連能設詭說，遺書燕將，解患於圍城，其書造成歷史事件之局面，則當有被青史記錄之重要性，董份曰：「戰國時文辭如〈遺燕將書〉，當在第一時為人排難解紛，此仲連一生學術。」〔註58〕，故〈魯仲連鄒陽列傳〉引〈遺

〔註52〕 高嶙：《史記鈔》卷三〈老子韓非列傳〉，楊燕起等，《史記集評》（北京：華文出版社，2005.1），頁468。

〔註53〕 凌稚隆：《史記評林》，〈老子韓非列傳〉引，頁1744。

〔註54〕 凌稚隆：《史記評林》，〈老子韓非列傳〉引茅坤，頁1743。

〔註55〕 凌雅隆：《史記評林》，有井範平補標，〈老子韓非列傳〉引陳仁錫，頁1743～1744。

〔註56〕 曾國藩：《求闕齋讀書錄》卷三（臺北：廣文書局，1969.1），頁6。

〔註57〕 凌雅隆：《史記評林》，〈魯仲連鄒陽列傳〉引，頁2063。

〔註58〕 凌雅隆：《史記評林》，〈魯仲連鄒陽列傳〉引，頁2059～2060。

燕將書〉，是記魯仲連傳重要的史料，不能忽略。然後來研究者認為，鄒陽的歷史重要性及文筆不如魯仲連，卻被一視同仁的併為合傳、且亦收入引文，則知太史公特愛其書。茅坤說「太史公特愛其書之文詞頗足觀覽」，其指非就詞藻華美而言，乃就其言之有物來說。〈上梁王獄中書〉說：「忠無不報，信不見疑」，又說：「女無美惡，入宮見妒；士無賢不肖，入朝見嫉」，闡明忠臣進諫，人主納諫的道理，這點與與司馬遷個人際遇合調，若〈獄中書〉的道理能明，自己又安能因李陵事而被辱？故此段引文是太史公欲紀錄歷史之側重，司馬遷強調的是鄒陽能「輕爵祿，樂肆志」〔註59〕的心志，故不能忽略或刪減之。因此，〈魯仲連鄒陽列傳〉亦符合了借鑑歷史以諷諫當代的撰作意圖，讀其傳除觀察魯仲連之縱橫之詞外，更應推敲鄒陽〈獄中書〉之論情論理，而得太史公之情於字裡行間。

　　上述〈屈原賈生列傳〉、〈老子韓非列傳〉、〈魯仲連鄒陽列傳〉三篇，皆以合傳形式出現，但從其引文之選用，可推得司馬遷撰作之旨，並清楚該篇側重之傳主分別為賈誼、韓非及鄒陽，而屈原、老子、莊子、申子及魯仲連，皆是與之相關或相似之歷史人物，故合而記之。〔註60〕換言之，司馬遷運用據事類義之方法，將賈誼、韓非、鄒陽等人所代表的「義」給提煉出來，而暗合自己的志向，發當代之慨嘆，故雖用引文以藏往，卻運用其識見來選文，故能藏往似智。

　　這種共鳴，出自太史公個人際遇的引文方法，還見於〈樂毅列傳〉。〈樂毅列傳〉以〈報燕王書〉為正文，以蹤跡移徙為章法，備敘其家世遷流靡定之跡，與其入燕去燕兩大節目，取書辭作正文，〔註61〕則〈樂毅列傳〉之寫

〔註59〕 〈太史公自序〉，頁3314。
〔註60〕 屈賈合傳可參見本文第二章第三節；〈老子韓非列傳〉及〈魯仲連鄒陽列傳〉合傳的原則，韓兆琦曰：「司馬遷通過本篇（〈老子韓非列傳〉）闡述了道家和法家的淵源關係，曲折地反映了漢初道家被實用主義與老子被『神話化』的必然聯繫，並對韓非的不幸遭遇寄予了極大的同情。」，並引李景星《史記論文》語，說明魯仲連鄒陽合傳，在於：「魯仲連、鄒陽二傳絕無連貫，只為魯仲連有聊城一書，鄒陽有獄中一書，詞氣瑰麗，足以相比，遂合為一傳，觀贊詞可知。」，詳見韓兆琦：《史記題評》（西安：陝西人民出版社，2000.9），頁228、287。
〔註61〕 湯諧《史記半解‧樂毅列傳》：「一篇以報燕書為正文，以蹤跡移徙為章法。看其前敘仕燕謀齊，約趙破齊，皆綜括不詳，或反略於書，只似為書辭作案者；而於書之前先略敘燕王書以引之，書之後又略敘燕王與樂間書以襯之，此所謂以書辭為正文也。……然此是何故？只緣毅始自魏入燕，君臣魚水，

作，目的在於引出樂毅之〈報燕王書〉。司馬遷采《戰國策·燕策》、《新序·雜事》，錄入〈報燕王書〉全文，通篇稱「先王」者十五次，闡述君臣交際相處之理，而曰：「察能而授官者，成功之君也；論行而結交者，立名之士」、「賢聖之君，功立而不廢，故著於《春秋》，蚤知之士，名成而不毀，故稱於後世」、「恐侍御者之親左右之說，不察疏遠之行」，正與太史公感士不遇的慨嘆共鳴，因此說司馬遷傳敘樂毅，其目的是在引出〈報燕王書〉一文，換言之司馬遷詳敘樂毅入燕始末，其實是在為〈報燕王書〉張本，〔註62〕因此連綴前後文來觀察〈報燕王書〉之引文，能得其情，故太史公曰：「始齊之蒯通及主父偃讀樂毅之〈報燕王書〉，未嘗不廢書而泣也。」蒯通、主父偃之泣，所為者不為燕齊間事，而為〈報燕王書〉中論及的君臣遇合之情：

> 樂毅〈報君書〉善矣，惠王書亦自委曲懇至足以飾前非而動眾志。
> 〔註63〕

> 此書可以見燕昭王樂毅君臣相與之際。〔註64〕

太史公引樂毅之〈報燕王書〉，在凸顯君臣相與之分際，而能藉以感自我之身世，司馬遷〈報任安書〉說：「所以隱忍苟活，函糞土之中而不辭者，恨私心有所不盡，鄙沒世而文采不表於後」，故透過引文藉以抒懷，發憤以成篇。

（二）諷諫之代言

《詩·大序》：「上以風化下，下以風刺上，主文而譎諫，言之者無罪，聞之者足以戒，故曰風」，班固說《史記》「不虛美，不隱惡，故謂之實錄」，司馬遷善序歷史之事理，將個人抱負寄託於其中，除抒感士不遇情，亦有經世之寄託，故說「今已虧形為掃除之隸，在闒茸之中，乃欲卬首信眉，論列是非，不亦輕朝廷，羞當世之士（〈報任安書〉）」，故引用選用，有時寓以諷諫，而引之以代言。

〈扁鵲倉公列傳〉集錄醫案以成篇，然篇中引用大量之醫案內容，歷來

用成大功，而卒以後嗣見疑，寸衷莫白，不終於燕，為可悲嘆。史公故特取書辭作正文，而因備敘其家世遷流靡定之跡，與其入燕去燕兩大節目，後先縈繞，以深致感悼，為無限煙波，而章法之所由生也。嗚呼，微矣！」，楊燕起等：《史記集評》（北京：華文出版社，2005.1），頁502。
〔註62〕凌稚隆曰：「太史公詳敘樂毅入燕始末，蓋為毅他日遺燕惠王書張本。」，凌稚隆：《史記評林》，〈樂毅列傳〉引，頁2019。
〔註63〕凌稚隆：《史記評林》，〈樂毅列傳〉引楊慎說，頁2022。
〔註64〕凌稚隆：《史記評林》，〈樂毅列傳〉引樓昉說，頁2022。

論者有認為引用太過，略覺繁瑣，〔註65〕其實亦有太史公的認同於其中。對於收錄內容的數量，論者有兩種不同的意見，其一，太史公僅揀選精要者為為例，作為太倉公醫療成就之代表，而今日所見的大量引文，為後人之補入，如董份曰：「述臣意對問太詳，恐非太史公筆法，然又非褚先生所能意者，漢史氏且藏其本而褚對錄之耳。」〔註66〕，其二，認為太史公集眾醫方成篇，有其深意：

> 章法茂美，所不必言，而藥論丹經方言俗語，入手皆成雅馴，觀者第覺古奧，則神骨有仙凡之別，是以鉛汞砂石盡化黃金也。然其句法字法，剪裁鍛鍊變換錯綜處，便是金針按度，讀者勿徒作絕技觀。人之疾病亦多症矣。〈倉公傳〉醫案二十四條，而其成於酒色者凡十焉，死於酒色不治者十之五焉。……史公敘傳至此，其亦欲人知所戒也夫！〔註67〕

湯諧所言，可視為〈扁鵲倉公列傳〉的知音，湯諧分析數量來觀察司馬遷的引用方法，而發現二十四條醫案中，戒酒色者過半，因此司馬遷錄醫案以成文，目的是引以為戒。其實，司馬遷寫〈扁鵲倉公列傳〉，仍不離因才被謗的不遇基調，太史公曰：「女無美惡，居宮見妒；士無賢不肖，入朝見疑。故扁鵲以其伎見殃，倉公乃匿跡自隱而當刑。緹縈通尺牘，父得以後寧。故老子曰：夫兵者，不祥之器，豈謂扁鵲等邪？若倉公者，可謂近之矣。」，司馬遷廣錄倉公醫案，除湯諧說有引以為戒的功能外，亦見倉公之高才與能力，而更能彰顯「匿跡自隱而當刑」的無奈世態。

〈司馬相如列傳〉是運用諷諫代言方法最顯著的一篇。該篇集司馬相如之〈上林賦〉、〈斥唐蒙檄〉、〈使楚文〉、〈勸獵書〉、〈哀二世賦〉、〈大人賦〉、〈封禪書〉等以成文，為以文傳人之法，〔註68〕後世作家列傳、學者列傳，

〔註65〕 李治曰：「史筆不當如此，正當云：意所對凡數十調，皆詣旨，可謂後人法，則足矣，自不必廣錄而備書之。史，經之亞也，煩猥則不足以傳久。且事之有可簡者，猶須簡之，況言乎？其有文賦篇翰之富贍者，亦當載其目而略其辭，唯其切於天下國家之大利害者，如董仲舒之〈三策〉，賈誼〈政事書〉、〈過秦論〉之比，文雖多，亦不可以不盡錄也。」楊燕起等：《史記集評》（北京：華文出版社，2005.1），頁151。

〔註66〕 凌稚隆：《史記評林》，〈扁鵲倉公列傳〉引，頁2403。

〔註67〕 湯諧：《史記半解·扁鵲倉公列傳》，楊燕起等：《史記集評》（北京：華文出版社，2005.1），頁550。

〔註68〕 章學誠《文史通義》內篇一〈詩教下〉：「漢廷之賦，實非茍作；長篇錄入於

都從中蛻化而來。茅坤曰：

> 太史公序次相如，特愛其文賦而已。予覽之，多為硉礪奇崛，然騷
> 之再變矣。特〈檄蜀父老〉與〈諫獵書〉絕佳。〔註69〕

司馬遷對於相如作品之偏好，從其收錄篇幅之大可見一斑，茅坤之語，指出
相如賦為騷之變體，然楚騷繼承了《詩經》一系而來的比興寄託、諷諫之旨，
這點觀察正是提示了司馬遷特愛相如賦的真正原因：

> 《史記》載司馬相如文獨多，非貪其美於文，為其切時事而合於風
> 諫之義也。……〈子虛〉、〈上林〉，風當時之苑囿也；〈喻巴蜀檄〉
> 難父老，風開塞也；〈大人賦〉，風好仙也；〈封禪書〉，風誇功也，
> 從長楊獵而陳諫書，過宜春宮而〈哀二世〉。文必指事，文備而事著
> 矣，故並載之。〔註70〕

蔣彤分就〈司馬相如列傳〉所引篇章，討論其諷諫之旨，則分別得風苑囿、
風好仙、風誇功等思想內涵，認為相如賦被大量引用，在於其「文必指事」，
因此載錄之。司馬遷與司馬相如同為漢武帝朝臣，二人面對國君相同的政策
與作為，皆有欲不得不發之中情，司馬遷以史說理，而相如則以文指事，故
司馬遷記相如傳，不必以古為鏡的竊取其義，而僅需排列文賦而自得諷諫之
理，史公明言「推天子諸侯之苑囿，歸之節儉以諷諫」，又云：「乃著書，籍
以蜀父老為辭，而己詰難之，以諷天子」，則知司馬遷清楚認識到相如賦之取
法《詩》、《騷》，諷諫君上，而用引文的形式存其義〔註71〕，〈自序〉說：「子

全傳，足見其人之極思，殆與賈疏董策為用不同，而同主於以文傳人也。章
學誠：《文史通義》（臺北：世界書局，1964.4），頁 16～17。

〔註69〕凌稚隆：《史記評林》，〈司馬相如列傳〉引，頁 2588。

〔註70〕蔣彤：《丹棱文鈔》卷二〈書司馬相如傳後〉，楊燕起等：《史記集評》（北京：
華文出版社，2005.1），頁 572。

〔註71〕夏炯曰：史公皆紀實事，不尚文詞。惟〈司馬相如列傳〉備載〈子虛〉、〈上
林〉、〈難蜀父老〉、〈宜春〉等作。然史公明言「推天子諸侯之苑囿，歸之節
儉以諷諫」；又云「乃著書，籍以蜀父老為辭，而己詰難之，以諷天子」；又
云「相如奏賦以哀二世行失」；其末復云「相如雖多虛詞濫說，然其要歸引之
節儉，此與《詩》之風諫何異」。知史公之意猶是聖人存十五國風之意也。（夏
炯《夏仲子集》卷三〈讀史記〉），楊燕起等：《史記集評》（北京：華文出版
社，2005.1），頁 157。〈司馬相如列傳〉之作，並非為文學家立傳，其引賦，
不在保留其文學價值，而在其諷刺的作用性，詳見 Martin Kern：〈The
"Biography of Sima Xiangru" and the Question of Fu in Sima Qian's Shiji〉，
《Journal of the American Oriental Society》no.123.2，p303～316，2003。

虛之事，大人賦說，靡麗多誇，然其指風諫，歸於無為。」太史公亦曰：「《春秋》推見至隱，《易》本隱之以顯，〈大雅〉言王公大人而德逮黎庶，〈小雅〉譏小己之得失，其流及上。所以言雖外殊，其合德一也。相如雖多虛辭濫說，然其要歸，引之節儉，此與《詩》之風諫何異？」〔註72〕，則知司馬遷引用相如賦，不因其藻麗之華美詞采，而在其比興諷諫之文心。

　　〈屈原賈生列傳〉雖末見賈誼經國之論，然《史記》並未完全捨棄賈誼的治世之語，而於〈秦始皇本紀〉取其〈過秦論〉以代贊，亦合史書寫作互見之法。〔註73〕《史記·秦始皇本紀》引入賈誼〈過秦論〉作為史評：

> 太史公曰：秦之先伯翳，嘗有勳於唐虞之際，受土賜姓。及殷夏之間微散。至周之衰，秦興，邑於西垂。自繆公以來，稍蠶食諸侯，竟成始皇。始皇自以為功過五帝，地廣三王，而羞與之俸。善哉乎！賈生推言之也！曰：秦并兼諸侯山東三十餘郡，繕津關，據險塞，修甲兵而守之……（〈秦始皇本紀〉，頁276）

《史記》用「太史公曰」作為個人發言的空間，或於前，或於後，用以書寫壯遊心得寓褒貶寄感慨、論得失輕成敗、傳史料明取捨，〔註74〕為司馬遷發表歷史評論的空間，然而，〈秦始皇本紀〉卻選擇將這發言機會讓給了賈誼，尤其漢因於秦後，對於前朝敗亡之分析應是本朝借鑑之重點，而太史公取賈誼〈過秦論〉以代贊，足見司馬遷對於賈誼之分析的重視與認同，因此引〈過

〔註72〕 〈太史公自序〉，頁3073。

〔註73〕 太史公曰：「秦之先伯翳，嘗有勳於唐虞之際，受土賜姓。及殷夏之間微散。至周之衰，秦興，邑於西垂。自繆公以來，稍蠶食諸侯，竟成始皇。始皇自以為功過五帝，地廣三王，而羞與之俸。善哉乎賈生推言之也！曰：『秦并兼諸侯山東三十餘郡，繕津關，據險塞，修甲兵而守……（引過秦論）』」，詳見〈秦始皇本紀〉；又，陳涉世家載：「褚先生曰：『地形險阻，所以為固也；兵革刑法，所以為治也·猶未足恃也·夫先王以仁義為本，而以固塞文法為枝葉，豈不然哉！吾聞賈生之稱曰：『秦孝公據殽函之固，擁雍州之地，君臣固守，以窺周室。有席卷天下，包舉宇內，囊括四海之意，并吞八荒之心·……（引過秦論）』」」，《集解》徐廣曰：「一作『太史公』。」駰案：班固奏事云：「太史遷取賈誼〈過秦〉上下篇以為〈秦始皇本紀〉、〈陳涉世家〉下贊文」，然則言「褚先生」者，非也。《索隱》徐廣與裴駰據所見別本及班彪奏事，皆云合作「太史公」。今據此是褚先生述史記，加此贊首地形險阻數句，然後始稱賈生之言，因即改太史公之目，而自題己位號也·已下義並已見始皇之本紀訖。詳見〈陳涉世家〉。

〔註74〕 詳見林珊湘〈《史記》「太史公曰」之義法研究〉，（國立成功大學2003碩士論文，指導教授：張高評老師）。

秦論〉來總結〈秦始皇本紀〉。

後代的《史記》研究者也注意到這個現象，認為司馬遷略微裁換字眼，而以〈過秦論〉為己代言：

王維禎曰：太史公總斷用賈誼〈過秦論〉全文，但字眼略為裁換耳。
〔註 75〕

司馬遷對於賈誼〈過秦論〉略微裁換的字眼為何？今本〈過秦論〉分上、中、下三篇，比較司馬遷〈秦始皇本紀〉所引與今本〈過秦論〉，版本字詞之小異先略而不談，則最主要的分別是次序前後錯置的問題。事實上，今本〈秦始皇本紀〉所引之〈過秦論〉，其實是兩個階段的收入，其一，是司馬遷所做，為今本〈過秦論〉下篇論秦王子嬰的內容，起自「秦并兼諸侯」，迄於「是以君子為國，觀之上古，驗之當世，參以人事，察盛衰之理，審權勢之宜，去就有序，變化有時」；其二，後來史學家增補上篇、中篇，將全本〈過秦論〉史公未引的部分加入，而有今日所見與賈誼〈過秦論〉文序顛倒的問題。瀧川資言的《史記會注考證》也曾引中井積德語說明：「太史公所引賈論止於社稷安矣，其下蓋後人之附益」，《索隱》亦有按語：

按賈誼〈過秦論〉以孝公已下為上篇，秦並兼諸侯山東三十餘郡為下篇，鄒誕生云：太史公刪賈誼〈過秦論〉著此論，富其義而省其辭，褚先生續增，既已混殽，而世俗小智，不唯刪省之旨，合寫本論於此，故不同也，今頗亦不可分別。

司馬遷撰作之初，僅引用賈誼〈過秦論〉下篇，今本〈秦始皇本紀〉太史公曰引賈誼〈過秦論〉全文，實為後人增補之面貌。而為什麼司馬遷選擇僅引下篇為論，而不全引呢？〈過秦論〉下篇首起「秦并兼諸侯山東三十餘郡，繕津關，據險塞，修甲兵而守之」，終於「君子為國，觀之上古，驗之當世，參以人事，察盛衰之理，審權勢之宜，去就有序，變化有時，故曠日長久，而社稷安矣。」，先敘秦王子嬰繼承皇位，沒有認識到秦始皇與秦二世錯誤所在，沒有採取有效的救敗措施，導致秦王朝的徹底滅亡。再總結上、中、下篇，指出三主失道，內無輔，外無親，天下已亂，姦上不聞，勸諫當代應借鑑歷史經驗教訓，察盛衰之理，審權勢之宜，去就有序，變化因時，以求長治久安。〔註 76〕故司馬遷剪裁〈過秦論下〉以代贊，既濃縮秦始皇、二世、

〔註 75〕 凌稚隆：《史記評林》，〈秦始皇本紀〉引，頁 228。
〔註 76〕 參考林家驪注譯、陳滿銘校閱：《新譯賈長沙集》（臺北：三民書局，1994.7），

子嬰三主失道於一篇，又能提出資鑑之勸諫當代之效果。王鏊曰：「賈誼〈過秦論〉其言極古，與先秦相上下但其三篇大意如一，不甚變化，且詞亦有重襲者，意生偶作未及刪定耳。」〔註77〕〈過秦論上〉以秦王朝之興到統一到滅亡之過程為線索，批評秦始皇統一後仁義不施，因此一夫作難而七廟墮。〈過秦論中〉批評秦二世雖富有天下，身不免於戮殺，在於無正傾之術。皆局部片面的批評秦代一朝天子之弊，未若〈過秦論下〉之總結三主之非，故引〈過秦論下〉作為〈秦始皇本紀〉之史評，比引出上、中、下全文來得精要獨到，而能收總結秦速亡的歷史經驗，以作為漢王朝建立制度，鞏固統治借鑒的目的。

　　事實上，《史記》除了在〈秦始皇本紀〉中曾引〈過秦論〉代言外，在〈陳涉世家〉亦引賈誼之〈過秦論〉以評斷：

> 褚先生曰：地形險阻，所以為固也；兵革刑法，所以為治也。猶未足恃也。夫先王以仁義為本，而以固塞文法為枝葉，豈不然哉！吾聞賈生之稱曰：秦孝公據殽函之固，擁雍州之地，君臣固守，以窺周室。……然後以六合為家，殽函為宮。一夫作難而七廟墮，身死人手，為天下笑者，何也？仁義不施，而攻守之勢異也。（〈過秦論〉，頁1961～1962）

〈陳涉世家〉雖言「褚先生曰」，然班固奏事云：「太史遷取賈誼〈過秦〉上、下篇，以為〈秦始皇本紀〉、〈陳涉世家〉下贊文」〔註78〕，知東漢時已知〈陳涉世家〉之載「褚先生曰」，乃史文傳鈔之訛誤，實出自太史公筆，故引賈生之言，乃司馬遷之史識。〈陳涉世家〉所引之賈誼之〈過秦論〉為今本上篇，與〈秦始皇本紀〉所引不同。〈過秦論上〉以秦王朝之興到統一到滅亡之過程為線索，批評秦始皇統一後仁義不施，因此一夫作難而王朝崩毀。〈自序〉言〈陳涉世家〉之作，旨乃申論為政失道與匹夫發跡的關係〔註79〕，故雖傳記陳涉，實透過陳涉與秦王朝覆亡之關係，規勸為政者當以道治天下，與賈誼〈過秦論上〉強調的施行仁義呼應，故以〈過秦論上〉評價陳涉之興起，能

〈過秦論下〉題解，頁149。
〔註77〕　凌稚隆：《史記評林》，〈秦始皇本紀〉引，頁228。
〔註78〕　瀧川資言：《史記會注考證》（高雄：麗文圖書公司，1997.1），頁753。
〔註79〕　〈自序〉：「「桀紂失其道而湯武作，周失其道而《春秋》作。秦失其政，而陳涉發跡，諸侯作難，風起雲蒸，卒亡秦族。天下之端，自涉發難。作〈陳涉世家〉第十八。」，頁3310～3311。

得諷諫君主道治天下之旨，足見史公引文選用之眼光獨具。

《史記》用引文以諷諫，除可見司馬遷別具眼目之史識，有時，引文之安排與鋪陳，有其微意，而彰顯詩心。如〈秦始皇本紀〉，除因賈誼〈過秦論下〉之評論與己意合，故引之以代贊之外，該篇還引用大量的刻石來記秦始皇兼併天下後之大事：

> 二十八年，始皇東行郡縣，上鄒嶧山。立石，與魯諸儒生議，刻石頌秦德，議封禪望祭山川之事。乃遂上泰山，立石，封，祠祀。……其辭曰：皇帝臨位，作制明法，臣下修飭……。〈秦始皇本紀〉，頁242～243）

> （二十八年）留三月。乃徙黔首三萬戶琅邪臺下，復十二歲。作琅邪臺，立石刻，頌秦德，明得意。曰：維二十八年，皇帝作始，端平法度，萬物之紀，以明人事，合同父子……〈秦始皇本紀〉，頁244～245）

> 二十九年，始皇東游。至陽武博狼沙中，為盜所驚。求弗得，乃令天下大索十日。登之罘，刻石。其辭曰：維二十九年，時在中春，陽和方起……（秦始皇本紀〉，頁249）

> 其東觀曰：維二十九年，皇帝春游，覽省遠方……〈秦始皇本紀〉，頁250）

> 三十二年，始皇之碣石，使燕人盧生求羨門，高誓。刻碣石門。壞城郭，決通堤防。其辭曰：遂興師旅，誅戮無道，為逆滅息，武殄暴逆，文復無罪……〈秦始皇本紀〉，頁251～252）

> （三十七年）十一月，行至雲夢，望祀虞舜於九疑山。浮江下，觀籍柯，渡海渚。過丹陽，至錢唐。臨浙江，水波惡，乃西百二十里從狹中渡。上會稽，祭大禹，望於南海，而立石刻頌秦德。其文曰：皇帝休烈，平一宇內，德惠修長……〈秦始皇本紀〉，頁260～261）

〈秦始皇本紀〉採逐年記事之形式，在其兼併六國之後，除求仙、焚書、坑儒事外，未見秦始皇具體治國之策略，僅見其沈溺於統一之成就，巡遊天下，每每立石以自矜，因此太史公將刻石內容逐年紀錄，頌辭碑文以彰其愚，使後世讀者觀之，能推得粉飾太平文字背後的民心所向，凌約言曰：「敘立石頌德凡六書，見秦皇驕矜之極也。」〔註80〕，〈秦始皇本紀〉逐年記事，將秦統

〔註80〕凌稚隆：《史記評林》，〈秦始皇本紀〉引，頁218。

一天下後之碑文，一一轉載，刻意忽略統一度量衡此種有意國計民生的政績〔註81〕，而僅以史料之羅列，彰顯秦帝之自負，並集中呈現封禪、求仙事，雖寫秦皇，實諷漢武〔註82〕，結合太史公曰引賈生之〈過秦論下〉，則知其其目的在規諫漢武帝，以秦始皇為誡，物耽溺於事功，而不能變化因時，道治天下。

〈平津侯主父偃列傳〉之〈諫伐匈奴書〉，亦是用引文選用以留白，而讓讀者推敲其義以資鑑。主父偃，齊臨菑人。游齊、燕、趙、中山，皆莫能厚遇，為客甚困。孝武時，西入關見衛將軍。衛將軍數言上，上不召。資用乏，留久，諸公賓客多厭之，乃上書闕下，得見武帝，太史公斟酌字詞，載：

> 所言九事，其八事為律令，一事諫伐匈奴。其辭曰：……（〈平津侯主父偃列傳〉，頁 2953～2954）

茅坤曰：「惜乎八事不及傳而伐匈奴一事，千載來絕議。」〔註83〕，茅坤對於司馬遷捨去主父偃所奏其餘八事之不載，感到可惜，然將捨去八事與所保留之引文比對，則知太史公著眼於諫伐匈奴一事，而律令之奏，非關篇旨，故能略而不談。又比對《漢書》，知〈主父偃列傳〉附傳引入之嚴安疏，其實刪去前面制度防淫一段，專以諫伐匈奴為義，與刪去主父偃其餘八律令的意思相同，讓諫伐匈奴之意見得到凸顯，為己代言。主父偃與司馬相如一樣，和司馬遷同朝為官，因此對伐匈奴的意見，用主父偃語為己代言，將意見說出。而主父偃名敗身誅的遭遇，更與司馬遷感受到的世態炎涼相同，故王維楨於〈主父偃列傳〉「主父偃當路，諸公皆譽之。及名敗身誅，士爭言其惡，悲夫」的原文，評點下「此太史公有感之言，暗指李陵事也」〔註84〕之按語。

故《史記》透過引文謄錄的方法，保存前人著作，雖看似全文照抄，然引文之選用與否，端看史官一心之抉擇。因此，史官之史識與所欲表達之詩心，仍可在引文的取捨剪裁中體現。司馬遷將不遇的情感融入引文選用，讓歷史人物之論著得到新的活化，又用詩心取決文獻，將己身隱於史料之後，

〔註81〕 秦代權量為秦始皇 26 年詔書，刻於秦代權量上，文云：「廿六年皇帝盡并兼天下諸侯，黔首大安立號為皇帝。乃詔丞相狀、綰，法度量，則步壹，歉（嫌）疑者皆明壹之。」共四十字，除權量外，並見於秦度、秦釜等器，皆為廿六年同時所頒定。《史記》獨不載，僅言「度衡石丈尺。車同軌，書同文字。」數字。陳直：《史記新證》（臺北：學海出版社，1980.9），頁 21。

〔註82〕 鶴間和幸：〈司馬遷の時代と始皇帝──秦始皇本紀編纂の歷史背景〉，《東洋學報》第 77 卷第 1.2 號，頁 1～32，平成 7 年 10 月（1995.10）。

〔註83〕 凌稚隆：《史記評林》，〈平津侯主父列傳〉引，頁 2540。

〔註84〕 凌稚隆：《史記評林》，〈平津侯主父列傳〉引，頁 2551。

讓歷史發聲，以諷諫君上，以資鑑當代。因此，《史記》引文據事以類義，援古以證今，蘊入詩心於記注藏往，而成就就一家之言。

第四節 結 論

《文史通義・書教下》：「夫智以藏往，神以知來，記注欲往事之不忘，撰述欲來者之興起，故記注藏往似智，撰述知來擬神也。」《史記》以詩心貫穿全書，而自謂「述故事，整齊其世傳，非所謂作也」，因此「記注」乃是透過文獻之採錄與剪裁，應用重組與整合材料，在字裡行間化入詩心，成就一家之言。本章根據精神與物質二層面，爬梳司馬遷撰作《史記》對文獻史料的態度與使用情形，並根據其僅以剪裁、甚少更動，以引文形式引入《史記》之篇幅加以討論，而得以下幾點心得：

（一）司馬遷對「記注」歷史之態度，有使命，其源出於不斷遷變之史官制度，及其文化內蘊：巫史同流能究際天人、史載筆而立有獨立史權、「義」被竊取與道合德、而以立言為主的，為「義」演史。而讓司馬遷對於史料處理更加靈活運用，豐富其內涵。

（二）《史記》對實際文獻之採書畢集天下遺文，包含今、古文經，其書目以後來的四分法分類，囊括經、史、子、集，文史學界有豐碩之成果，足堪借鑑。並可透過考證資料，用以比對司馬遷撰史之記注、撰述筆法，而探求司馬遷改作文獻之旨趣。

（三）引文實際也是改作文獻的一環，雖以「記注」為寫作態度，實際卻運用史識，化入詩心，剪裁取捨，據事類義以昭明義理。故《史記》引文之旨趣，大體可得兩種特徵：其一，與司馬遷不遇之情共鳴，如〈屈賈生列傳〉、〈老子韓非列傳〉、〈魯仲連鄒陽列傳〉、〈樂毅列傳〉；其二，為太史公經世抱負代言，以諷諫王上，資鑑當代，如後者以〈扁鵲倉公列傳〉、〈司馬相如列傳〉、〈秦始皇本紀〉、〈平津侯主父列傳〉。引文與抒情共鳴、借代言以諷諫二種旨趣，非以二分，為側重不同，有時兼有二者，呈現出深刻的史公用意。

（四）觀察司馬遷引文方法，除取之以存意，有時亦捨去以留白：〈屈原賈生列傳〉於賈誼本傳略去策論，以嘆不遇；〈平津侯主父列傳〉捨去律令，並附入嚴安疏，刪去制度防淫一段，皆專以凸顯諫伐匈奴之主張，故懸想留白，能察司馬遷的微意，而探得其義理。

　　司馬遷結集天下遺文，以識為眼目，據事類義，剪裁取捨，引之以張理，舍之以顯義，故於史料運用，能記注以藏往，方以顯智，並貫穿詩心，寓入諷諫，與基調共鳴，而能呼應撰述以知來，成就圓神的一家之言。

第四章 《史記》撰述之改易義法

　　「義法」一詞，首見於〈十二諸侯年表序〉，太史公以之論孔子《春秋》：「約其辭文，去其煩重，以致義法。」則知史載筆，有春秋書法、史家筆法、文章作法。孔子修《春秋》，其義則丘竊取之，司馬遷纂《史記》，私淑孔子，典範《春秋》。司馬遷掌管國家圖籍，欲成就一家之言，纂修上下三千年的《史記》，面對滿屋子金匱石室的遺文，該從何下筆？應是根據史識，先立其大，折衷於夫子，考信於六藝，選擇需要的材料，然後加以安排史料恰當的位置，等材料備妥，再貫穿材料，下筆刪改補強。前已說明，《史記》取材甚豐，然許多材料因為朝代遞嬗而有所散佚，如《史記》取材甚多的《世本》、《楚漢春秋》……等，我們無法一覽全部史料，將其與《史記》一一比對，僅能就其存書，盡力考證，以窺其輪廓。在此材料制約下，也就無法一一還原《史記》一百三十篇文章，每一篇原始史料排列的原貌。

　　然而，在一些存書較齊全的篇章中，我們仍可以看出端倪來，如〈蘇秦列傳〉，通篇多取《戰國策》，將其中文字與今本《戰國策》交互對照，則得其依序連綴〈秦策·蘇秦始將連橫〉、〈燕策·蘇秦將為從北說燕文侯〉、〈趙策·蘇秦從燕之趙始合從〉、〈韓策·蘇秦為楚合從說韓王〉、〈魏策·蘇子為趙合從說魏王〉、〈齊策·蘇秦為趙合從說齊宣王〉、〈楚策·蘇秦為趙合從說楚威王〉、〈秦策·蘇秦始將連橫〉、〈燕策·燕文公時〉、〈燕策·人有惡蘇秦於燕王者〉、〈燕策·蘇秦死其弟蘇代欲繼之〉、〈燕策·初蘇秦弟厲因燕質子而求見齊王〉、〈燕策·齊伐宋宋急〉、〈燕策·秦召燕王〉而成篇的章法面貌。然而，司馬遷雖連綴《策》文以成篇，卻非僅是連接上下文，全文照抄，而

有所刪改增補。而此連綴史料加以改寫的寫作流程，可類推到其他篇章，將其他目前可得之史料與《史》文對應，得其改作之義法。

古人著述，如何選取材料和組織材料，稱之為書法，亦謂之凡例、義例。可永雪《史記文學成就論說》指出《史記》之作法有二：一為歷史編纂，一為文學再造〔註1〕，並依年代先後舉例《史記》再創作的幾個突出例子，仍有留下可供全面開發的空間；張大可〈論《史記》取材〉一文亦稱司馬遷合協六經異傳和統一百家雜語以成一家之言，主要貫通方法有剪裁摘要、增文補史、訓釋古文、鎔鑄改寫四種，〔註2〕綱舉目張，將《史記》與原始材料的關係分類，而能啟發思考執行之策略；魏聰祺《史記引經考》則分就引《詩經》、《尚書》、《易經》、《大戴禮》、《禮記》、《春秋》、《左傳》、《公羊》、《論語》，參考張大可的分類，作引經方式的說明，可謂是對張氏分類作引經部分的舉隅。然而，司馬遷參考天下遺文，纂修《史記》，其目的在藉史成就一家之言，而有詩心內蘊的統攝，因此，在討論《史記》與原始材料間之改作現象時，應建構在其改作內容與詩心之間的關係，扣合篇旨來談。則《史記》改作史料，也為展演史事，表述詩心而來。《史記》既以前人史料為底本，非皆用引文抄錄，則改易當有其法，故《史記》撰述之改，去除史學範圍的考據工夫，則文章作法、文學價值自見。

《史記》述往事以知來者，有司馬遷成一家之言的目的，則其於往事之記載，非以賅備無遺為要，而是以提煉歷史資鑑之元素為旨。故在此原則下，司馬遷對於歷史事件之記載，就與前人史料側重有所區別。本章即針對此點，強調史遷撰作旨趣與改寫史料的關係進行爬梳，以得其融歷史解釋於敘事之義，呈顯詩心基調之法。而其運用歷史想像，填補空白的撰作補缺方法，於

〔註 1〕 作者對原有史料素材的加工改寫，就其性質來講，實際分屬兩種不同的範圍：一類純屬歷史編纂；一類同時還進行了文學再創作。歷史編纂著重於史實的鑑別、史料的排比組織，主要下的是「屬辭比事」的功夫，雖然在敘事中間也有自己明確的觀點和態度，但此外並不再附加什麼；而文學再創作則不然，除掉歷史編纂所要作的一切他都要作外，還要把史料素材的客體和作者的主體融合為一，在史料素材當中，融注進作者自己的人生體驗、生活體驗和主體情思──在這當中，就含蘊和概括進了更多、更廣泛的社會生活的內容。詳見可永雪：《史記文學成就論說》（呼和浩特：內蒙古教育出版社，2001.5），頁 368～369。

〔註 2〕 張大可：〈論《史記》取材〉，收入《史記文獻與編纂學研究》（北京：華文出版社，2005.1），頁 445～440。

下章再述。

第一節　《史記》改易史料的面向

　　司馬遷蒐集天下遺文，並耗悠長歲月尋訪故里，拜訪耆老，進行史料蒐集的工作。待史料蒐集翔實之後，就要消化史料、下筆改作了。其下筆之步驟為何？為討論其撰述之改易義法的核心。司馬遷為他寫作《史記》步驟留下的文字甚少，僅有「余并論次，擇其言尤雅者」（〈五帝本紀〉）、「論次其文」（〈太史公自序〉）等寥寥數語，簡單概括他重視史料之秩序安排外，並未多加著墨。然而若試圖重建司馬遷當時的歷史時空，面對滿屋子的書冊資料，以及傳聞筆記，首先進行的步驟當是同源史料〔註3〕的歸類，而對異源史料進行比對。同源史料的比較是消極性的，應積極尋找異源史料，以進行比較，內容之異同，富啟發性，史實真相，往往於異同間流露出來。〔註4〕

　　在異源史料的敘述間，考據、校讎史實，挑選出較為貼切，並合於己用〔註5〕的文字，然後進行前後文的排列，最後再改寫、連接、補白，作「論次其文」的動作。在排列好史料的出場的次序之後，便要進行連接史料與改寫、刪節、增補，以求文字合於己用，而對於無法直接化用行文當中的文字，便取其意，整段重寫如〈吳太伯世家〉寫夫差將死之言，司馬遷即根據《國語·吳語》，取其意異其文，作「吾悔不用子胥之言，自令陷此。（頁1475）」，〔註6〕加化語氣的強度。而對於史料的空白處，補以歷史想像，從事再造，追求史文的生動與內蘊。本章將針對如何將原始史料透過小幅度的改寫，轉化成《史記》之文的方法，梳理文本，將先對於改寫的面向，分為：考據、詞章、義理三部分討論，觀察司馬遷史料改作原因的側重，再觀察其改動文

〔註3〕　一種史料，其作者相同，或出處相同，或所根據傳聞相同，皆為同源史料，同源史料應維持相當的和諧。杜維運：《史學方法論》（臺北：三民書局，1985.3增訂版），頁88。

〔註4〕　杜維運：《史學方法論》（臺北：三民書局，1985.3增訂版），頁94。

〔註5〕　史料的價值有高低，但沒有毫無價值的史料，史料的價值，隨時代而轉變，亦隨史學家而轉變。故司馬遷史料之取捨，有其個人意志與時代價值觀的影響。參考杜維運：《史學方法論》（臺北：三民書局，1985.3增訂版），頁143。

〔註6〕　《國語·吳語》：夫差將死，使人說使人說於子胥曰：「使死者無知，則已矣；若其有知，吾何面目以見員也！」遂自殺。《國語》，景印文淵閣四庫全書本（臺北：臺灣商務印書館，1983），頁406～177。

字與篇旨主題的關係，管窺其詩心內蘊於字裡行間的具體呈顯。

（一）為考據而改

　　《史記》會通文史，雖以因事言理為目的，其性質終歸為史書，揚雄《法言》譽之為「實錄」。〔註 7〕考核史事真偽，是史書撰寫基本的要求。司馬遷采集天下百種遺文，或為經書，如《詩經》、《尚書》，或為史書，如《戰國策》、《國語》，或為子書，如《論語》、《莊子》，或為別集，如賈誼文、相如賦，種類多樣，不限於史書，各書作者非皆有史官背景，故所記未必信史，何況戰國諸子為義演史，各原始史料作者不為追求歷史真相寫作，則對史料中虛妄、荒誕的紀錄，當辨正而刪去。

　　《戰國策·齊策》載孟嘗君將入秦，其文曰：

　　　孟嘗君將入秦，止者千數而弗聽。蘇秦欲止之，孟嘗曰：「人事者，吾已盡知之矣；吾所未聞者，獨鬼事耳。」蘇秦曰：「⋯⋯。」孟嘗君乃止。〔註 8〕

蘇秦生平，未有客孟嘗君事，何以有諫止之說？〈孟嘗君列傳〉雖采《戰國策·齊策》，司馬遷卻考據史實，徵信他說，改易此段為：

　　　孟嘗君將入秦，賓客莫欲其行，諫，不聽。蘇代謂曰：「⋯⋯」孟嘗君乃止。（〈孟嘗君列傳〉，頁 2354）

蘇代，為蘇秦族弟，初事燕王噲，後又與孟嘗君同事齊愍王，與孟嘗君算是同朝為官，互有交游，則知《戰國策·齊策》文中「蘇秦」，乃「蘇代」之誤。故知《史記》采經摭傳，對史料有所考證，而有因考據而改易之文。司馬遷對於三千年史事的考訂，雖偶有因年代久遠、史料湮沒的失誤，卻瑕不掩瑜，多符合史實。長沙馬王堆三號漢墓出土的帛書中，有《戰國縱橫家書》，全書二十七篇，一萬七千多字。其中十一篇的內容見於今本《戰國策》和《史記》，文字也大體相同，另外十六篇則為佚書。比較《戰國縱橫家書》、《史記》與《戰國策》，會發現司馬遷在採用《戰國策》資料時，是經過考據功夫的，如〈趙世家〉載趙左師觸龍說趙太后事，《戰國策·趙策四》作「讋」，據出土的漢馬王堆帛書

〔註 7〕 揚雄：《法言·重黎》：「或問『周官』。曰：『立事。』，『左氏』。曰：『品藻。』，『太史遷』。曰：『實錄。』。」揚雄：《法言》，四庫備要本（臺北：臺灣中華書局，1983），卷十，頁9。

〔註 8〕 《戰國策》卷十〈齊策·孟嘗君將入秦〉，景印文淵閣四庫全書本（臺北：臺灣商務印書館，1983），頁 406～308。

的《戰國縱橫家書》考校，《戰國策》乃「龍言」連寫之誤，《史記》更正為「觸龍」。〔註9〕又如〈趙世家〉載蘇厲獻趙惠王事，《戰國策·趙策一》作「蘇秦」，亦可根據出土帛書證明當從《史記》作蘇厲為是。〔註10〕

刪去不合理處，是追求信史的治史態度，比對《史記》與所采史料，常有因為考據而去除虛妄的史料處理。如〈五帝本紀〉引〈五帝德〉說：

> 高辛生而神靈，自言其名。普施利物，不於其身。聰以知遠，明以察微。順天之義，知民之急。仁而威，惠而信，脩身而天下服。取地之財而節用之，撫教萬民而利誨之，歷日月而迎送之，明鬼神而敬事之。其色郁郁，其德嶷嶷。其動也時，其服也士。帝嚳溉執中而遍天下，日月所照，風雨所至，莫不從服。（〈五帝本紀〉，頁13～14）

〈五帝德〉原文作：

> 宰我曰：「請問帝嚳。」孔子曰：「元囂之孫，蟜極之子也，曰高辛。生而神靈，自言其名；博施利物，不於其身；聰以知遠，明以察微；順天之義，知民之急；仁而威，惠而信，修身而天下服。取地之財而節用之，撫教萬民而利誨之，歷日月而迎送之，明鬼神而敬事之。其色郁郁，其德嶷嶷，其動也時，其服也士。春夏乘龍，秋冬乘馬，黃黼黻衣，執中而獲天下；日月所照，風雨所至，莫不從順。」〔註11〕

比對上下文本，則從「生而神靈」到「其服也士」一大段，除少數一兩用字不同，其餘內容、語序大致相同，而〈五帝德〉「其服也士」下接「春夏乘龍，

〔註9〕 〈趙左師觸龍說趙太后詞〉一篇，為馬王堆出土《戰國縱橫家書》第十八篇。見馬雍：〈帛書《別本戰國策》各篇的年代與歷史背景〉，《文物》1975.4，頁37。《戰國縱橫家書》釋文可參見〈馬王堆漢墓出土帛書《戰國策》釋文〉一文，馬王堆漢墓帛書整理小組：〈馬王堆漢墓出土帛書《戰國策》釋文〉，《文物》1975.4，頁14～26

〔註10〕 《戰國綜縱橫家書》第二十一篇〈蘇厲獻趙惠王書〉，其文見《戰國策·趙策一》及《史記·趙世家》，文字頗有出入。帛書末題作者姓名，《戰國策》作蘇秦，《史記》作蘇厲。《史記》列於趙惠王十六年，即秦昭王24年，齊襄王元年，相當於公元前283年。據書中所云，此時燕已盡得齊之河南，與《史記》所列年代的形勢相符。惟此時齊湣王已出亡，蘇秦先死，故此書作者不得為蘇秦，當從《史記》作蘇厲為是。馬雍：〈帛書《別本戰國策》各篇的年代與歷史背景〉，《文物》1975.4，頁38。

〔註11〕 戴德：《大戴禮記》卷七〈五帝德〉，四部叢刊初編本（臺北：臺灣商務印書館，1967），頁35。

秋冬乘馬，黃黼黻衣，執中而獲天下」，《史記‧五帝本紀》改成「帝嚳溉執中而遍天下」，刪掉「春夏乘龍，秋冬乘馬，黃黼黻衣」三句，則知司馬遷認為原文「乘龍」的事蹟，屬於神話的範圍，不符合歷史真實，因而刪除遍巡天下坐騎的紀錄，改成「執中而遍天下」述之。而「黃黼黻衣」則是由於並非敘事重點，因而略去。去虛妄之改寫亦見於〈黃帝本紀〉一段，將所引〈五帝德〉之「黃帝黼黻衣，大帶黼裳，乘龍辰雲」刪去。

　　《戰國策》是記錄戰國策士事蹟之作，有時為強調策士之言行，亦偶有誇張的紀錄，如〈刺客列傳〉：「於是襄子大義之，乃使使持衣與豫讓。豫讓拔劍三躍而擊之，曰：『吾可以下報智伯矣！』遂伏劍自殺。」〔註12〕一段，司馬貞《史記索隱》載：「《戰國策》：衣盡出血，襄子迴車，車輪未周而亡。此不言衣出血者，太史公恐涉怪妄，故略之耳。」〔註13〕，今本《戰國策》無此文，然司馬貞時卻有該文，則知司馬遷寫作《史記》，曾進行史料辨正的功夫，刪去了虛妄之史料，使歷史敘事更加合理，而符合信史的目標。

　　比對異源史料，是整理史料的唯一方法，而異源史料的來源，有時是刻意為之的史學著作，有時，是旁汲其他的子部、集部著作。〔註14〕《史記》采異源史料，進行比對，選擇去取，而存信史，若有不能考據者，就兩存保留，以表慎重。〔註15〕或遇到未有可靠史料佐證，僅有傳聞者，則采用闕文傳疑之法，亦顯史公考證之謹慎。〔註16〕但更多時候，司馬遷以兼采之法，

〔註12〕　〈刺客列傳〉，頁 2521。
〔註13〕　瀧川資言：《史記會注考證》（高雄：麗文圖書公司，1997.1），頁 999～12。
〔註14〕　參考傅斯年：〈史料略論〉，《傅斯年全集》第二冊（臺北：聯經出版社，1980），頁 5～62。
〔註15〕　靳德峻《史記釋例》：「史實徵實，而於兩說之疑而不能決者，則兩存之，蓋其慎也。史公書內，此例頗多。」並舉〈殷本紀〉、〈周本紀〉崇侯虎之譖，文各不同；〈酈生陸賈列傳〉沛公召酈生或酈生謁沛公之不同；〈殷本紀〉、〈宋世家〉比干死箕子奴次序不同等，以明史公兩存之例。詳見靳德峻《史記釋例》（上海：商務印書館，1934），頁 2～4。
〔註16〕　靳德峻《史記釋例》曰：「〈三代世表序〉：『孔子因史文次《春秋》，紀元年，正時日月，蓋其詳哉。至於序《尚書》則略，無年月；或頗有，然多闕，不可錄。故疑則傳疑，蓋其慎也。』是史公闕文傳疑之法，亦有所授受也。」並舉〈楚世家〉：「其後中微，或在中國，或在蠻夷，弗能紀其世。」、〈荊燕世家〉：「荊王劉賈者，諸劉，不知其所屬初起時。」、〈韓信盧綰列傳〉：「陳豨者，宛朐人也，不知始所以得從。」、〈越王句踐世家〉：「越王勾踐，其先禹之苗裔，而夏后帝少康之庶子也。封於會稽，以奉守禹之祀。文身斷髮，披草萊而邑焉。」等例，說明闕文傳疑之法。詳見靳德峻《史記釋例》（上海：

使敘事完整。司馬遷采集天下遺文百種，孫德謙稱之為「博采」，〔註17〕各個時代，皆有多種異源史料：周以前，采《尚書》、《詩經》、《大戴禮記》，以及《左傳》、《國語》和諸子書的記載；春秋時代，多用三傳，兼看諸子；戰國時期則以《戰國策》為本，並兼取其他子、史，如《呂覽》、《韓非子》、《新序》等。而司馬遷善用異源史料交相比對，相互增補的特性，讓歷史敘事能夠更完整，或為春秋三傳與《國語》間的互相參照，如〈齊太公世家〉，桓公攻魯欲殺管仲事〔註18〕，雜采莊公九年《左傳》、《國語‧齊語》；〈鄭世家〉鄭襄公肉袒擊羊以迎楚王事，〔註19〕采宣公十二年《左傳》及《公羊傳》。或為經、子、史兼采，如〈吳太伯世家〉，太伯、仲雍讓國事，兼采僖公五年《左傳》、《周禮》、《論語‧泰伯》、《論語‧微子》。〔註20〕或為經、子兼看，如〈五帝本紀〉百姓思堯事，見於《尚書‧舜典》及《孟子‧萬章》。〔註21〕其他各篇皆多有兼采之法，從表二的引書統計中可知，除一些原始材料已亡佚，無法比對的篇章外，《史記》百三十篇，沒有一篇是單一來源者，換言之，以今日能夠比對的史料而言，《史記》各篇皆采用二種以上的文本史料而成，如〈周

商務印書館，1934），頁37。

〔註17〕　孫德謙：《太史公書義法》（臺北：臺灣中華書局，1969.1），頁104。

〔註18〕　〈齊太公世家〉：「桓公之立，發兵攻魯，心欲殺管仲。鮑叔牙曰：「臣幸得從君，君竟以立。君之尊，臣無以增君。君將治齊，即高傒與叔牙足也。君且欲霸王，非管夷吾不可。夷吾所居國國重，不可失也。」於是桓公從之。乃詳為召管仲欲甘心，實欲用之。管仲知之，故請往。鮑叔牙迎受管仲，及堂阜而脫桎梏，齋祓而見桓公。桓公厚禮以為大夫，任政。（頁1486）。

〔註19〕　〈鄭世家〉：八年，楚莊王以鄭與晉盟，來伐，圍鄭三月，鄭以城降楚。楚王入自皇門，鄭襄公肉袒擊羊以迎，曰……鄭反助楚，大破晉軍於河上。（頁1768）。

〔註20〕　〈吳太伯世家〉：吳太伯，太伯弟仲雍，皆周太王之子，而王季歷之兄也。季歷賢，而有聖子昌，太王欲立季歷以及昌，於是太伯、仲雍二人乃奔荊蠻，文身斷髮，示不可用，以避季歷。（頁1445）。《左傳》僖五年云：大伯虞仲，大王之昭也，大伯不從，是以不祀。哀七年云：大伯端委以治《周禮》，仲雍嗣之，斷髮紋身，贏以為飾。《論語‧泰伯》：子曰：秦伯共可謂至德也已矣，三以天下讓，民無得而稱焉。《論語‧微子》：虞仲夷逸，隱居放言，身中清，廢中權。

〔註21〕　〈五帝本紀〉：「堯辟位凡二十八年而崩。百姓悲哀，如喪父母。三年，四方莫舉樂，以思堯。（30）」，本《尚書‧舜典》：二十有八載，帝乃徂落，百姓如喪考妣，三載，四海遏密八音；《孟子‧萬章》：孟子曰：「否。此非君子之言，齊東野人之語也。堯老而舜攝也。堯典曰：『二十有八載，放勳乃徂落，百姓如喪考妣，三年，四海遏密八音。』孔子曰：『天無二日，民無二王。』舜既為天子矣，又帥天下諸侯以為堯三年喪，是二天子矣。」

本紀〉周紀穆王以前，多采《詩》、《書》、《逸周書》，穆王以後，多采《國語》、《左傳》；威烈王以後，多采《戰國策》。〈秦本紀〉以《秦記》為經，以《左傳》、《國語》為緯，比諸吳、齊、魯、晉諸世家。故知司馬遷據異源史料，依考據原則改易文本，多用兼采之法，比較歸納，增補史事，讓敘事完備。

　　司馬遷兼采史料，其選材標準，考信於六藝，折衷於夫子，亦有因愛奇而選文，〔註22〕將軼事綴入正史，使人物形象飽滿，情節生動。如〈晉世家〉於重耳投壁盟子犯後，添入介子推一段議論：

　　　　龍欲上天，五蛇為輔。（〈晉世家〉，頁1662）

〈晉世家〉春秋時事，多采《左傳》，然《左》文末有介子推語，而補入一段。〔註23〕軼事往往不可考，然太史公多采入《史》文，而加以附會之，與史家載筆的實錄精神似有違背。然而，由於這類的兼采的方式，往往能補原文獻人物、情節描述之不足，因此，因「愛奇」將軼事附會入《史》文之中，可以使筆下事件的情節、人物的個性更加完整：

　　　　桓公弟佗，其母蔡女，故蔡人為佗殺五父及桓公太子免而立佗。（〈陳杞世家〉，頁1576）

　　　　隨人為之周，請尊楚；王室不聽，還報楚。（〈楚世家〉，頁1695）

　　　　殺平原君用事者九人。（〈廉頗藺相如傳〉，頁2444）

〈陳杞世家〉合〈左傳〉、〈公羊傳〉二說，而繁為之詞以附益之，《左傳》桓公五年載：「春，正月，甲戌，己丑。陳侯鮑卒，再赴也。於是陳亂，文公子佗殺太子免而代之，公疾病而亂作，國人分散，故再赴。」〔註24〕，是〈公羊〉以補〈左氏〉之不足，將人物關係交代的更清楚。〈楚世家〉寫楚向周室請尊之事，郭松燾以為不合理：「案隨、楚皆居江、漢之間，不與中國盟會，

〔註22〕　如〈管晏列傳〉論贊語：「吾讀管氏〈牧民〉、〈山高〉、〈乘馬〉、〈輕重〉、〈九府〉，及《晏子春秋》，詳哉其言之也。既見其著書，欲觀其行事，故次其傳。至其書，世多有之，是以不論，論其軼事。」知司馬遷不論世多有的事蹟，而論其軼事。（2136）」。其愛奇標準，不僅見於選材，選題合傳，意見其奇趣，如〈范雎蔡澤列傳〉因聯兩傳為一事、〈廉頗藺相如傳〉，因合同時仕趙之兩人為一傳，皆史公因事生文，不主故常，所以能發其奇而博其趣也。詳見郭松燾：《史記札記》（臺北：成偉出版社，1975.9），頁282。本文郭松燾《史記札記》例證，為張高評師讀書筆記心得。
〔註23〕　郭松燾：《史記札記》（臺北：成偉出版社，1975.9），〈晉世家〉案語，頁184。
〔註24〕　《左傳》桓公五年，楊伯峻編著：《春秋左傳注》（臺北：洪葉文化，1993.5），頁104。

楚武王兼併諸國，而楚始彊大，漸通中國盟會，無緣更假隨以通於周室，楚於是時已僭王矣，何假於周以尊其號哉？此亦史公好奇之過也。」〔註25〕，〈楚世家〉載武王三十五年事，採〈左傳〉、〈國語〉文，而此段記載，瀧川資言並未考出出處，亦未見於諸家補輯，不知史公所本，然據郭松燾的說法，則楚向周室請尊楚之事，於時序不合，則史公因愛奇，而綴入尊楚一事，將楚國的國勢，作了一個消長的說明。而〈廉頗藺相如傳〉趙奢寫殺平原君用事者九人，則下案語以為：「平原君趙公子，趙奢一田部吏耳，何遽殺用事者九人？此由史公好奇，取諸傳聞之詞而甚言之」〔註26〕，則因愛奇而將文獻綴入，取用傳聞，讓歷史敘事完整。

　　為考據而改易史料，基本還是按照信史的理想進行修正，對於虛妄不合理的史事加以刪除，對異源史料進行挑選，比較歸納。同時，又在信史的基礎上，根據愛奇的取材標準，兼采修訂，使敘事完備。

　　（二）為詞章而改

　　有時，司馬遷綴取舊文，也有為釐清敘事而改易文詞，如〈周本紀〉采〈東周策·東周與西周戰〉一段：

　　　　東周與西周戰，韓救西周。^或為東周謂韓王曰：「西周^者，故天子之國^也，多名器重寶。^王案兵而^毋勿出，可以德東周，^而西周之寶^{必可以}盡矣。」（〈周本紀〉，頁163）

上為《史》文，下為《策》文，排列比對二者，則知司馬遷補入「或、王、而、必、以」五字，刪去「者、也」二字。置入「或」、「王」字，是為原句「為東周謂韓王」、「案兵而勿出」補入主詞，讓句子完整；省去「者、也」虛字，增加轉折詞「而」，及「必」、「以」二字，則為轉換語氣而改。

　　又如〈張儀列傳〉，采〈齊策一·張儀為秦連橫〉一文，最後齊王被張儀說服，而有賂秦之舉：

　　　　齊王曰：「齊僻陋，隱居_{託於}東海之上，未嘗聞社稷之長利。<sup>今大客幸而教之，請奉社稷以事秦。」^{乃許張儀}_{獻魚鹽之地三百於秦也}。（〈張儀列傳〉，頁2295）

上為《史》文，下為《策》文。《策》文原有：「今大客幸而教之，請奉社稷以事秦」之語，齊王語不若前述張儀遊說趙王事，趙王自謙受教，其間有國

〔註25〕郭松燾〈楚世家〉（臺北：成偉出版社，1975.9），頁185～186。
〔註26〕郭松燾〈廉頗藺相如列傳〉（臺北：成偉出版社，1975.9），頁282。

情之分析，〔註27〕而齊王僅稱受教，並無其他重要內容，故而刪去。《史》文並將「獻魚鹽之地」改成「乃許張儀地」，與前後文「於是楚王已得張儀，而重出黔中地與秦，欲許之」、「韓王聽儀計」、「趙王許張儀」、「燕王聽儀」統一，並更能彰顯張儀遊說之功，而符合〈張儀列傳〉記辯士明說、左右政局之旨。

欲觀察《史記》因詞章而改寫史料之脈絡，可從二個方向思考。首先，以《史記》各體側重而言，則《史記》分本紀、世家、列傳、表、書五體，各體史料雖然相同，然體製側重各異，而有史料改寫方式亦各自有別。梁啟超說：

> 其本紀以事繫年，取則於《春秋》。其八書詳紀政制，蛻形於《尚書》。
> 其十表稽牒作譜，印範於《世本》。其世家、列傳，既宗雅記，亦采
> 瑣語，則《國語》之遺規也。〔註28〕

任公所言，乃就其各體效法之範式而言，以為世家、列傳本之《國語》遺規，則以實際七十列傳之行文方式觀察，當為《左傳》、《國語》、《國策》之遺風。釐清各體範式之不同，則知各體側重亦有所異：本紀、世家欲以觀一國、一系之盛衰，故先立其大者，而體見古今之變，列傳則記一人或一類人之流風餘韻，則敘事往往揀選代表事件，渲染成篇。則本紀、世家如攝影之遠鏡，欲以見其廣，列傳猶如攝影之特寫，欲以察其微，則改易史料詳略自各具面目。

其次，以采用史料之形式、體製觀察，《史記》采先秦百種史料以成書，各書體例不一，形式有別，《尚書》志記策命誥誓，有其言雅馴，有上古遺風；《詩經》記事以韻語有神話遺意；《春秋》編年記事，寄寓褒貶，用字尚簡；《左傳》以事解經，富贍難蹤；《公羊》、《穀梁》解說經意，傳義微言；《國語》、《國策》國別分類，記史以言；諸子史為義設，以史立說。《史記》融合百家而為一，斷不能全襲各家行文，而有百種風格，當易為一體，以利敘事行文之用，靳德峻以「引書多非原文」形容之〔註29〕，認為此種原因，一為

〔註27〕〈張儀列傳〉：趙王曰：「先王之時，奉陽君專權擅勢，蔽欺先王，獨擅綰事，寡人居屬師傅，不與國謀計。先王弃羣臣，寡人年幼，奉祀之日新，心固竊疑焉，以為一從不事秦，非國之長利也。乃且願變心易慮，割地謝前過以事秦。方將約車趨行，適聞使者之明詔。」，頁2297。

〔註28〕梁啟超：《中國歷史研究法》（上海：上海古籍出版社，1997.12），頁15。

〔註29〕靳德俊認為古人引書，多任意增改，史公修史，此例尤多，而引書多有竄易：之因，一為行文之便，不得不然，二則傳聞各異，不能無所修正。詳見靳德峻：《史記釋例》「引書多非原文例」，（上海：商務印書館，1934），頁20。

行文之便，不得不然，二則傳聞各異，不能無所修正。而《史記》上下千年，史料使用的語言也有遷變，故對上古史料之采用，語言當有所變翻，而又根據散文、韻語之不同，分對譯與變體〔註30〕二者，前者如翻譯《尚書》，後者則是變體《詩經》，而語言相近之材料，則或約或衍，評改內文，故筆者於《史記》改寫史料之方法，先論評改史料之通則，再談變翻之例，最後在提用以評價、統說類傳，點竄陳言之借襲法。

（三）為義理而改

《史記》記春秋時事，多以三傳為底本，《公羊》、《穀梁》解說經義，《左傳》以事解經，皆為解經而來，故歷史敘事、人物對話，多有義理解說的成分。《史記》雖亦因事言理，卻聚焦於敘事始末，讓史事自明。且史識不同，對同一件歷史事件，當有不同載筆之角度，故《史記》雖采三傳，亦有因義理而改易原有文字，而呈現相異的敘事風格。〔註31〕

以《史記・衛康叔世家》改寫為例。《左傳》桓公十六年載：「初，衛宣公烝於夷姜，生急子，屬諸右公子。」，烝。上淫，指與長輩婦女通姦，《左傳》強調宗法社會倫理之褒貶，故以「烝」字譴責衛宣公之亂倫悖禮。然《史記・衛康叔世家》改寫為：「初，宣公愛夫人夷姜，夷姜生子伋，以為太子，而令右公子傅之。」，司馬遷將「烝於」改為「愛夫人」，捨去倫理的褒貶意義，用淺近的「愛夫人」取代專門用語「烝於」，讓文意明白，敘事通暢。而後宣公娶了原本要許配給太子的齊女，並聽讒欲殺太子伋。《左傳》原本的敘述為：

> 為之娶於齊而美，公取之，生壽，及朔，屬壽於左公子。夷姜縊，宣姜與公子朔構急子。公使諸齊，使盜待諸莘，將殺之，壽子告之：「使行，不可。」曰：「棄父之命，惡用子矣！有無父之國則可也。」及行，飲以酒，壽子載其旌以先，盜殺之。急子至曰：「我之求也，此何罪？請殺我乎。」又殺之。（《左傳》桓公十六年，頁146）

司馬遷則將重點放在宣公、太子伋與公子壽三人之間，父子孝道的衝突與兄弟情義的動人處，將上文敷衍改寫為：

〔註30〕本文所稱之變體，郭紹虞《學文示例》稱為易體。

〔註31〕關於《史記》采春秋內外傳之法，可參見魏聰祺：《史記引經考》（私立東吳大學1991碩士論文，指導教授：賴明德），及顧立三：《司馬遷撰寫史記采用左傳的研究》（臺北：正中書局，1980.10）二作。

> 右公子為太子取齊女，未入室，而宣公見所欲為太子婦者好，說而
> 自取之，更為太子取他女。宣公得齊女，生子壽、子朔，令左公子
> 傅之。太子伋母死，宣公正夫人與朔共讒惡太子伋。宣公自以其奪
> 太子妻也，心惡太子，欲廢之。及聞其惡，大怒，乃使太子伋於齊
> 而令盜遮界上殺之，與太子白旄，而告界盜見持白旄者殺之。且行，
> 子朔之兄壽，太子異母弟也，知朔之惡太子而君欲殺之，乃謂太子
> 曰：「界盜見太子白旄，即殺太子，太子可毋行。」太子曰：「逆父
> 命求生，不可。」遂行。壽見太子不止，乃盜其白旄而先馳至界。
> 界盜見其驗，即殺之。壽已死，而太子伋又至，謂盜曰：「所當殺乃
> 我也。」盜并殺太子伋，以報宣公。（〈衛康叔世家〉，頁 1593）

加入宣公對太子「自以其奪太子妻也，心惡太子，欲廢之」的心結說明，加
強衝突點，並補入「與太子白旄，而告界盜見持白旄者殺之」的細節描寫，
讓暗殺過程更加的精緻，為「壽子載其旄以先，盜殺之」的結果埋下伏筆。
司馬遷對於《左傳》中公子壽與太子伋的對話也有所改寫，《左傳》作：「棄
父之命，惡用子矣！有無父之國則可也。」，原文使用了三句話，來說明太子
伋的選擇，而司馬遷則改寫為「逆父命求生，不可。」，簡單扼要的點出太子
伋的堅持，在於不肯違逆父親宣公的理由，使其情更為動人。而最後太子伋
對於其弟公子壽代死之後，對暗殺者的對話，亦經改寫：

> 《左傳》：「我之求也，此何罪？請殺我乎。」
>
> 《史記》：「所當殺乃我也。」

《史記》用字簡潔，將太子伋的意思簡單扼要的用一句「所當殺乃我也」表
達，隨即從容赴死，留下鮮明的意象。改動者還有「夷姜縊」變成「太子伋
母死」，「子朔之兄壽，太子異母弟也，知朔之惡太子而君欲殺之」皆是改動
稱謂說法，而使人物關係更清楚，敘事條理更清晰。

> 太史公曰：余讀《世家》言，至於宣公之太子以婦見誅，弟壽爭死
> 以相讓，此與晉太子申生不敢明驪姬之過同，俱惡傷父之志。然卒
> 死亡，何其悲也！或父子相殺，兄弟相滅，亦獨何哉？（〈衛康叔世
> 家〉，頁 1605）

宣公與太子母夷姜「烝」的關係，在整個事件中，無關緊要，略去無損於宣
公、太子伋、公子壽三人後來事件的演繹，故剪去枝節，略而不提，強化「惡
傷父之志」之愚孝，及兄弟「爭死以相讓」的風骨，而得其情。

司馬遷改寫史料原有之義理，演繹史事始末，因事言理，其歷史解釋之置放，有夾行、寓論斷於敘事之中者（說見第五章），亦有在舊說基礎上，點竄陳言而申論成文者，為借襲之法，又因使用方式之不同，可分為「援古取重」、「附古擴充」二類。

第二節　《史記》改易方法舉例（一）

《史記》采集百家之書，匯歸為一，根據詩心，改寫成通史作品，即在前人基礎上，加以增刪，而有美文。章學誠《文史通義・答問》說：

> 或曰：「前人之文不能盡善，後人從而點竄以示法，亦可為之歟？」
> 答曰：「難言之矣。著述改竄前人，其意別有所主，故無傷也；論文
> 改竄前人，文心不同，亦如人面，未可以己所見遽謂前人也。〔註32〕

古人襲前人之文，不同作者有不同之意，意各有所主，因此改動原文之後，變成現出不同的文心面貌。史文更是如此，史官各有其才、學、識、德四長，對於相同的歷史事件，有不同的看待角度，因此記錄各有側重。《史記》評改史料，有約、衍二目，前者以刪定減省文字為主，又分統一書法、減省贅述二種；後者則以增補敷衍史料為主，除兼采史料以求史事完備外，有語氣增補，敘事敷衍二種筆法，分述如後。

（一）約：刪之改之以求峻潔

約，是在文獻基礎上進行刪改，以求行文之峻潔。《黃氏日鈔》曾有一段文字，比較《史記》與後來蘇轍《古史》之改：

> 《黃氏日鈔》言蘇子由改《史記》多有不當。如〈樗里子傳〉，《史
> 記》曰：「母，韓女也。樗里子滑稽多智。」《古史》曰：「母，韓女
> 也。滑稽多智。」似以母為滑稽者。然則「樗里子」三字可省乎？
> 〈甘茂傳〉，《史記》曰：「甘茂，下蔡人也。事下蔡史舉，學百家之
> 說。」《古史》曰：「下蔡舉學百家之說。」似史舉自學為百家矣。
> 然則「事」之一字豈可省乎？以是知文不可以省字為工；字可省者，
> 太史公省則久矣。〔註33〕

〔註32〕章學誠：《文史通義》（臺北：世界書局，1964.4），頁110。
〔註33〕顧炎武：《日知錄》卷十九〈文章繁簡〉（臺北：臺灣商務印書館，1956.4 臺
　　　初版），第四冊，頁19。

太史公用字之省練，才高如子由，也不能在《史記》行文基礎上，找出能改一字的空間。用一字千金來形容司馬遷《史記》五十餘萬言，雖有誇張，卻亦可知太史公用筆之慎，柳宗元以「峻潔」稱之，即說他行文用字之凝鍊：

> 清人惲敬說：「古今之文，越天成越有法度，如《史記》，千古以為疏闊，而柳子厚獨以「潔」許之。今獨伯夷、屈原等傳，重疊拉雜，及刪其一字一句，則其意不全，可見古人所得矣。(〈與舒白香〉)〔註34〕

《史記》文章寫得樸素凝煉，乾淨俐落，沒有東枝西蔓之病。《史記》在前人基礎上，編纂史事，有所刪修，而能善循事理，申論其意，則觀察《史記》以約評改史料，為《史記》改易筆法關鍵處，也是《史記》改寫史料最多見之法。

1、統一書法

《春秋》敘事，往往一人而名字謚號迭出，學者病其紛錯難記，《史記》改易其繁雜之名稱，統一書法，以謚號代替人名，則敘事不因名號的抽換，而產生讀史之困擾，如《春秋》僖公三十二年經文「冬，十有二月己卯，晉侯重耳卒。」，《史記》於〈十二諸侯年表〉列晉文公九年事為「文公薨」，及〈周本紀〉襄王二十四年、〈秦本紀〉穆公三十二年、〈齊太公世家〉昭侯六年、〈管蔡世家〉曹共公二十五年、〈衛康叔世家〉成公七年、〈宋微子世家〉成公九年、〈晉世家〉文公九年都改為「晉文公卒」。〔註35〕「重耳」是名，而「文公」是謚號，司馬遷統一用晉文公稱之，則讀者便可一目了然，明白其所指乃同一人，而不會產生誤讀。又如《春秋》昭公七年經文「冬，十有一月癸未，季孫宿卒。」，「季孫」是氏，「宿」是名，《史記》於〈十二諸侯年表〉及〈魯周公世家〉魯昭公七年事，都改為「季武子卒」，用謚號「武子」代替。

除了統一姓名指稱外，有時，《史記》則是將史料中的人稱代詞，改易為人名，確認所指：

> 齊侯使管夷吾平戎于王，使隰朋平戎于晉，王以上卿之禮饗管仲。(僖公十二年《左傳》)〔註36〕

〔註34〕轉引自張新科、俞樟華：《史記研究史》(北京：華文出版社，2005.1)，頁105。
〔註35〕據魏聰祺：《史記引經考》(私立東吳大學1991碩士論文，指導教授：賴明德)頁273整理。
〔註36〕楊伯峻編著：《春秋左傳注》(臺北：洪葉文化，1993.5)，頁341。

齊桓公使管仲平戎于周，使隰朋平戎于晉。王以上卿禮管仲。（〈周本紀〉頁152）

《史記》改《左傳》之齊侯為桓公，亦是以諡號稱人之法，而上段引文，還可之司馬遷將《左》文中的「戎于王」，改易為「戎于周」，則知《左傳》因傳《春秋》宗周，故以周為正宗，稱周為王，但《史記》上下千年，並不刻意宗周，為求敘事指稱之清楚，而直接以「周」改「王」，讓敘事簡明，避免文意不清。又如《左傳》哀公十一年載：「越子率其眾以朝焉。王及列士，皆有饋賂，吳人皆喜。」，《史》文作：「越王句踐率其眾以朝吳，厚獻遺之，吳王喜。」，〔註37〕改「越子」為「越王句踐」，而易原文朝吳的指稱代詞「焉」字，而作「吳」，讓吳越人物關係釐清，而下半段則將原文「王及列士，皆有饋賂，吳人皆喜」，改寫成「厚獻遺之，吳王喜」，把吳受賄而喜之情集中在吳王身上，讓吳王輕敵的自負，越發凸顯，而後才有伍子胥進諫之事。還有〈周本紀〉引《戰國策》文，載雍氏之役，韓徵甲與粟於東周，原文僅以「周」稱之，而《史》文則改易為「東周」〔註38〕，使年代清晰，而不易混淆，故知統一名號，目的在標明人物，而簡明敘事，讓事件始末之述，不因人稱而產生誤讀。

除了為求簡化的統一書法外，《史記》偶有依時序定稱謂之法：

趙翼曰：《史記・高祖本紀》，先總敘高祖一段，及述騎初起事，則稱劉季，得沛後稱沛公，王漢後稱漢王，即帝位後則稱上。後代諸史官皆因之，其實此法本於舜典，未即位以前稱舜，即位之後，分命九官，即稱帝曰。〔註39〕

稱劉邦為「劉季」，以示平民起兵；復次稱「沛公」，起兵後眾所立；稱「漢王」，是王漢後，項羽所封；即位後則稱上，則知司馬遷有依時序、以職位為稱謂的匠心。然除〈高祖本紀〉外，有時名號不一〔註40〕，卻難以依時定稱之法解釋之，如：

〔註37〕〈吳太伯世家〉，頁1472。

〔註38〕《戰國策・西周策》：「雍氏之役，韓徵甲與粟於周。周君患之，告蘇代。」，〈周本紀〉則易為：「楚圍雍氏，韓徵甲與粟於東周，東周君恐，召蘇代而告之。（163）」。《戰國策・西周策》，景印文淵閣四庫全書本（臺北：臺灣商務印書館，1983），頁406～251。

〔註39〕瀧川資言：《史記會注考證》（高雄：麗文圖書公司，1997.1），頁154

〔註40〕吳福助：《史漢關係》（臺北：文史哲出版社，1987.2新一版），頁61～62。

獨籍所殺漢軍數百人，項王身亦被十餘創。〈項羽本紀〉（336）

三月中，呂后袚，還過軹道，見物如蒼犬，據高后掖，忽弗復見。
卜之，云趙王如意為祟。高后遂病掖傷。〈呂太后本紀〉（405）

「籍」為項羽之名，而「項王」是項羽之封號，而呂后、高后亦指一人，則一句之中，用二稱指一人，既難以看出依時定稱的義例，亦似違背統一名號之原則，然以篇章傳主年代觀察，則知司馬遷采三傳、《戰國策》史料，曾刻意整理傳主名稱，避免原始史料的繁複混淆，而《史記》詳今略古，於近代史、當代史，司馬遷著力纂修，有依時定稱之法，如〈高祖本紀〉，亦有時名、號、尊號等交錯使用，似以為近當代史，其時末遠，其後人猶在，讀者不當有混淆之慮，故交疊使用，而求行文之美。故統一書法、依時定稱並存於《史記》，筆法當非自相矛盾，而應是通史跨度千年，傳載史事有古今之別所致。

2、刪繁就簡

司馬遷采古今天下遺文百種，改寫成一集，刪省史料，勢在必然。史料之刪省，則憑司馬遷之史識，而見其歷史敘事之側重，可察其因事理之詩心。如〈田單列傳〉采《戰國策》而成，司馬遷多采奇計復國之事，而其他田單事或略去，或附傳錄入〔註 41〕，知司馬遷聚焦於田單活用兵法、復國存齊，而給予「兵以正合，以奇勝。善之者，出奇無窮」、「田單用即墨破走騎劫，遂存齊社稷」之評價。〔註 42〕又《史記‧十二諸侯年表》采《春秋》戰事記載，用以說明史事發生，而對於細節，如人物、軍隊、戰爭過程全部略而不談，如文公三年「晉陽處父帥師伐楚救江」，改成「晉伐我」；襄公十七年「齊高厚帥師伐我北鄙」，改為「齊伐我北鄙」；成公三年「三月春，王正月，公會晉侯、宋公、衛侯、曹伯伐鄭」，易為「會晉、宋、衛、曹伐鄭」；春秋定公七年「齊人執衛行人北宮結以侵衛」，省略為齊景公四十五年的「侵衛」、衛靈公二十二年的「侵我」等，〔註 43〕僅紀錄下結果，而刪省細節，取其大者。

（1）簡省對話

《左傳》雖記錄史事，仍為解經而設，《國語》載西周末年至春秋時期各

〔註 41〕 詳見可永雪：《史記文學成就論說》（呼和浩特：內蒙古教育出版社，2001.5），頁 392～393。

〔註 42〕 〈田單列傳〉論贊，頁 2456；〈太史公自序〉，頁 3314。

〔註 43〕 參考魏聰祺：《史記引經考》（私立東吳大學 1991 碩士論文，指導教授：賴明德），頁 276～277。

國貴族言論以型塑物，記載國別史事，《國策》記戰國時代策士長短說，皆對歷史人物言論有所強調。而《史記》載史通變古今，本紀記一國之大事，世家記一宗之大事，則欲透過記傳，而能察盛衰之理，因此，個別人物的言論在本紀、世家中，便可取其義、略其詞，將重點放在史事變化之大勢，而非記言。如〈周本紀〉采《國語‧周語》，寫宣王欲普查太原人口，仲山甫諫止之事：

> 宣王既亡南國之師，乃料民於太原。仲山甫諫曰：「民不可料也。」
> 宣王不聽，卒料民。（〈周本紀〉，頁 145）

《國語‧周語》在「民不可料也」下，有「夫古者不料民而知其少多」一段解說民不可料，共一百四十七字的論述，〔註44〕然儘管仲山甫持論如何有理，宣王卻依然故我，則仲山甫不可料民的解釋，對周朝大勢便起不了任何作用，因此司馬遷將之全部刪去，僅留下「民不可料」的立場，紀錄史實，保留結果。同樣的作法，並不限於《左傳》、《國語》，包括《尚書》，司馬遷也時揀其大意而省文節錄之，如〈魯周公世家〉：

> 「陳爾甲冑，無敢不善。無敢傷牿。馬牛其風，臣妾逋逃，勿敢越逐，敬復之。無敢寇攘，踰牆垣。魯人三郊三隧，峙爾芻茭、糗糧、楨榦，無敢不逮。我甲戌築而征徐戎，無敢不及，有大刑。」作此〈肸誓〉。（〈魯周公世家〉，頁 1524）

> 嗟！人無譁，聽命！徂茲淮夷徐戎並興，善敹乃甲冑，敿乃干，無敢不弔。備乃弓矢，鍛乃戈矛，礪乃鋒刃，<u>無敢不善</u>。今惟淫舍牿牛馬，杜乃擭，敜乃阱，<u>無敢傷牿</u>。牿之傷，汝則有常刑。<u>馬牛其風，臣妾逋逃，勿敢越逐</u>；祇復之，我商賚汝。乃越逐不復，汝則有常刑。<u>無敢寇攘</u>：踰垣牆，竊馬牛，誘臣妾，汝則有常刑。甲戌，我惟<u>征徐戎</u>。峙乃<u>糗糧，無敢不逮</u>，汝則有大刑。<u>魯人三郊三遂</u>，

〔註44〕《國語‧周語》：宣王既喪南國之師，乃料民於太原。仲山父諫曰：「民不可料也！夫古者不料民而知其少多，司民協孤終，司商協民姓，司徒協旅，司寇協姦，牧協職，工協革，場協入，廩協出，是則少多、死生、出入、往來者皆可知也。於是乎又審之以事，王治農於籍，蒐于農隙，耨穫亦於籍，獮於既烝，狩於畢時，是皆習民數者也，又何料焉？不謂其少而大料之，是示少而惡事也。臨政示少，諸侯避之。治民惡事，無以賦令。且無故而料民，天之所惡也，害於政而妨於後嗣也。」王卒料之，及幽王乃廢滅。《國語》，景印文淵閣四庫全書本（臺北：臺灣商務印書館，1983），頁 406～10。

峙乃楨榦；甲戌，我惟築。無敢不供；汝則有無餘刑，非殺。魯人
三郊三遂，峙乃芻茭，無敢不多，汝則有大刑。（《尚書・周書・費
誓》〔註45〕）

〈魯周公世家〉引文節錄《書・費誓》，文中標線者，為《史》文保留的部分，
可分為兩部分來看：上半部自「嗟！人無譁」到「竊馬牛，誘臣妾」，《史》
文選錄文中重要的部分，而省去意思類近的句子，如「踰垣牆」、「竊馬牛」、
「誘臣妾」三事，其實皆是寇攘之事，而用「踰垣牆」舉例即可，不必三事
皆引；下半部司馬遷則是根據文意，拆開原本的語序，重組排列，將糗糧、
楨榦、芻茭並列，省去原文排比的句式，減省篇幅卻存其意。又如〈燕召公
世家〉：

周公乃稱「湯時有伊尹，假于皇天；在太戊時，則有若伊陟、臣扈，
假于上帝，巫咸治王家；在祖乙時，則有若巫賢；在武丁時，則有
若甘般：率維茲有陳，保乂有殷」。（〈燕召公世家〉，頁1549）

則采《尚書・周書・君奭》文：

公曰：「君奭，我聞在昔，成湯既受命，時則有若伊尹，格于皇天。
在太甲，時則有若保衡。在太戊，時則有若伊陟、臣扈，格于上帝。
巫咸，乂王家。在祖乙，時則有若巫賢。在武丁，時則有若甘盤。
率惟茲有陳，保乂有殷。」（《尚書・周書・君奭》〔註46〕）

歷舉名臣言之，而省去太甲有保衡一段，不影響整體文意。因此知司馬遷刪
省史料，實為摘要剪裁之法，為擇取菁華之筆，文字雖有刪省，但字句少有
改易，所以精蘊盡得而不失原文風貌。其他摘取原文重要章節者如〈晉世家〉
「周作〈晉文侯命〉王若曰」一段，刪改《尚書・文侯之命》，僅取頭尾，刪
去中間約一百三十字；〈五帝本紀〉「五月，南巡狩；八月，西巡狩；十一月，
北巡狩；皆如初」一段，刪省《尚書・舜典》：「五月南巡守，至于南岳，如
岱禮，八月西巡守，至于西岳，如初。十有一月朔巡守，至于北岳，如西禮。」
文；〈夏本紀〉「惟漫游是好，毋水行舟」九字，則是刪省《尚書・皋陶謨》：
「惟慢遊是好，傲虐是作，罔晝夜額額，罔水行舟。」而來；〈宋微子世家〉：

〔註45〕 《尚書》卷13〈費誓〉，四部叢刊初編本（臺北：臺灣商務印書館，1967），
頁87。
〔註46〕 《尚書》卷13〈君奭〉，四部叢刊初編本（臺北：臺灣商務印書館，1967），
頁67。

「天篤下菑亡殷國，乃毋畏畏，不用老長。今殷民乃陋淫神祇之祀」，乃刪減《尚書‧微子》文而成。〔註47〕

　　刪省之法用於列傳，則多用以刪去人物對話中，類似的論述，避免繁複，集中表述。如〈刺客列傳〉豫讓言：

　　　　豫讓曰：「臣事范、中行氏，范、中行氏皆眾人遇我，我故眾人報之。至於智伯，國士遇我，我故國士報之。」（〈刺客列傳〉，頁2521）

豫讓之語，采自《呂覽‧不侵》，原文為：

　　　　豫讓曰：『我將告子其故。范氏、中行氏，我寒而不我衣，我饑而不我食，而時使我與千人共其養，是眾人畜我也。夫眾人畜我者，我亦眾人事之。至於智氏則不然，出則乘我以車，入則足我以養，眾人廣朝，而必加禮於吾所，是國士畜我也。夫國士畜我者，我亦國士事之。』〔註48〕

「寒而不我衣，我饑而不我食，而時使我與千人共其養」，是解釋說明「眾人畜我」事，故「眾人畜我」是統稱，則可指稱全部，相同的，「出則乘我以車，入則足我以養，眾人廣朝，而必加禮於吾所」，也是「國士畜我」的說明，因此僅用眾人、國士相對，就可以感受待遇之差別，即便未舉例說明，讀者亦聯想而得，並且將「畜」、「事」改易為「遇」、「報」，用字更為精準，且符合司馬遷強調遇合之基調。

　　除了去蕪存菁，省去重複類似的句子，亦有省去原文對話的比喻、引用成說文字，如〈齊太公世家〉載齊桓公伐楚，楚王興師問罪，僖公四年《左傳》原文為：

　　　　楚子使與師言曰：「君處北海，寡人處南海，唯是風馬牛不相及也。不虞君之涉吾地也，何故？」〔註49〕

《史記》改「楚子使與師言曰」為「楚成王興師問曰」，標明人物，加強衝突，而將《左傳》中，「風馬牛不相及」之無關史事發展之比喻刪去，改《左》文

〔註47〕 上引尚書例，參考魏聰祺：《史記引經考》（私立東吳大學1991碩士論文，指導教授：賴明德）頁194～196，論《史記》采《尚書》用「剪裁摘要」之法。

〔註48〕 呂不韋：《呂氏春秋》卷12〈季冬紀‧不侵〉，四部叢刊初編本（臺北：臺灣商務印書館，1967），頁70。

〔註49〕 《左傳》僖公四年，楊伯峻編著，《春秋左傳注》（臺北：洪葉文化，1993.5），頁289。

「不虞君之涉吾地也，何故？」的倒裝複句，為「何故涉吾地」〔註50〕，除原有疑問語氣外，更改成直述的單句，而增加質問的意味。又如〈吳太伯世家〉伍子胥諫滅句踐事，原文采自哀公元年《左傳》，而說：「不可，臣聞之：『樹德莫如滋，去疾莫如盡』。昔有過澆，殺斟灌以伐斟鄩⋯⋯」語，《史記》刪去「樹德莫如滋‧去疾莫如盡」的成說，而直接采原文史事的排比成文，而直接說：「昔有過氏殺斟灌以伐斟尋，滅夏后帝相⋯⋯」，刪去比喻，卻無損於意。

　　《史記》以刪省之法，刪去義理者甚多，〔註51〕其因為《史記》取材三傳甚多，三傳為解經文字，多有義理的說明夾於史事當中，而《史記》雖亦因事言理，卻是以敘事為主，且三傳所論之義理，未必合用於漢代。司馬遷根據史識，有其各人切入歷史事件的角度，亦有其個人解釋的方法（說見第五章），因此將采用史料義理的成分剔除，而保留史事敘事的原貌，使歷史解釋不受史料原始義理的束縛，而能體見其義。如〈周本紀〉說：

　　　　十三年，鄭伐滑，王使游孫、伯服請滑，鄭人囚之。鄭文公怨惠王之入不與厲公爵，又怨襄王之與衛滑，故囚伯服。王怒，將以翟伐鄭。富辰諫曰：「凡我周之東徙，晉、鄭焉依。子穨之亂，又鄭之由定，今以小怨棄之！」王不聽。（〈周本紀〉，頁153）

上段采《國語‧周語》，並補以僖公廿四年《左傳》文，《國語》原文為：

　　　　襄王十三年，鄭人伐滑。王使游孫伯請滑，鄭人執之。王怒，將以狄伐鄭。富辰諫曰：「不可。<u>古人有言曰：『兄弟讒鬩、侮人百里。』周文公之詩曰：『兄弟鬩于牆，外禦其侮。』若是則鬩乃內侮，而雖鬩不敗親也。</u>鄭在天子，兄弟也。鄭武、莊有大勳力于平、桓；我周之東遷，晉、鄭是依；子穨之亂，又鄭之緣定。今以小忿棄之，<u>是以小怨置大德也，無乃不可乎！且夫兄弟之怨，不徵於他，徵於他，利乃外矣。章怨外利，不義；棄親即狄，不祥；以怨報德，不</u>

<hr>

〔註50〕　〈齊太公世家〉：三十年春，齊桓公率諸侯伐蔡，蔡潰。遂伐楚。楚成王興師問曰：「何故涉吾地？」。（1489）。

〔註51〕　《史記》刪去義理之例，前人論述成果甚豐，如顧立三《司馬遷撰寫史記采用左傳的研究》、魏聰祺《史記引經考》等，有《史》文刪省經傳義理文字的申論及舉例。本文於《史記》刪省史料義理處，略論而不俱引。詳見魏聰祺：《史記引經考》（私立東吳大學 1991 碩士論文，指導教授：賴明德）及顧立三：《司馬遷撰寫史記采用左傳的研究》（臺北：正中書局，1980.10）二作。

仁。夫義所以生利也，祥所以事神也，仁所以保民也。不義則利不
阜，不祥則福不降，不仁則民不至。古之明王不失此三德者，故能
光有天下，而和寧百姓，令聞不忘。王其不可以棄之。」王不聽。
〔註52〕

《史記》先刪去〈周語〉裡古語及周文公之詩，是前述刪省成說之法，而後
半段「是以是以小怨置大德」至「王其不可以棄之」，是富辰對於德、怨的論
述，無關於史事本事的發展，故略而不提，僅用「今以小怨棄之！」一語，
代換一百多字的申論，雖省去論說，實際卻以從「今以小怨棄之」一語，看
出其立場，而又從「王不聽」的結果，知刪省論說，並不會影響歷史敘事，
因此可刪省義理之說明。

（2）改言為敘

《史記》刪省對話內容，可減省篇幅，不改其意，而有時更能凸顯史事
主軸，而不被冗長對話所混淆。有時，直接將對話刪去，而只取對話之意，
改寫成敘事，更能釐清事件發展面貌，如《呂覽・察微》載：

楚之邊邑曰卑梁，其處女與吳之邊邑處女桑於境上，戲而傷卑梁之
處女。卑梁人操其傷子以讓吳人，吳人應之不恭，怒殺而去之。吳
人往報之，盡屠其家。卑梁公怒，曰：『吳人焉敢攻吾邑？』舉兵反
攻之，老弱盡殺之矣。吳王夷昧聞之怒，使人舉兵侵楚之邊邑，克
夷而後去之。〔註53〕

〈吳太伯世家〉省去以邊邑長取代卑梁公，將怒語及報復的過程，用怒而相
攻形容之，而作「初，楚邊邑卑梁氏之處女與吳邊邑之女爭桑，二女家怒相
滅，兩國邊邑長聞之，怒而相攻，滅吳之邊邑。吳王怒，故遂伐楚，取兩都
而去。（頁1462）」，將《呂覽》中二女爭桑的細節，用「爭桑」二字帶過，刪
去卑梁公語，取「怒而相攻」之結果，用字更簡，而文意愈明。又如〈伍子
胥列傳〉記伍子胥將死的預言，吳王怒而將之沈江事，《史》文則亦用此法，
將《國語・吳語》中吳王語改去：

將死，曰：「以懸吾目於東門，以見越之入，吳國之亡也。」王慍曰：

〔註52〕 《國語》，景印文淵閣四庫全書本（臺北：臺灣商務印書館，1983），頁 406
～16、17。
〔註53〕 呂不韋：《呂氏春秋》卷 16〈先識覽・察微〉，四部叢刊初編本（臺北：臺灣
商務印書館，1967），頁 109。

「孤不使大夫得有見也。」乃使取申胥之尸，盛以鴟夷，而投之於
江。〔註54〕

乃告其舍人曰：「必樹吾墓上以梓，令可以為器；而抉吾眼縣吳東門
之上，以觀越寇之入滅吳也。」乃自剄死。吳王聞之大怒，乃取子
胥尸盛以鴟夷革，浮之江中。（〈伍子胥列傳〉，頁2180）

雖然刪改吳王語，而作敘事，似較淡化吳王的反應，然從伍子胥抉眼懸門之
目的，到吳王怒而沈其屍的結果，從上下文就可推知吳王聞之大怒的原因，
及將之沈江的動機。況且，〈伍子胥列傳〉傳主為伍員本人，雖與吳王互動，
仍有敘事主從之別，則刪改吳王語，記錄結果，略去對話，並無損於傳主伍
子胥的記述，因而將吳王語改對為敘。

此種以敘述取代對話的方式，常用以省略對話最後的結論語，如〈魏世
家〉唐且為魏求救於秦事，采《戰國策・魏策》，即屬此類：

秦、魏為與國。齊、楚約而欲攻魏，魏使人求救於秦，冠蓋相望，
秦救不出。魏人有唐且者，年九十餘，謂魏王曰：「老臣請出西說秦，
令兵先臣出可乎？」魏王曰：「敬諾。」遂約車而遣之。〔註55〕

齊、楚相約而攻魏，魏使人求救於秦，冠蓋相望也，而秦救不至。
魏人有唐雎者，年九十餘矣，謂魏王曰：「老臣請西說秦王，令兵先
臣出。」魏王再拜，遂約車而遣之。（〈魏世家〉，頁1855～1856）

《戰國策・魏策》寫魏王曰：「敬諾。」，是魏王應允之語，並沒有其他的意
思在其中，因此〈魏世家〉僅以「魏王再拜」取代對話，用敘事紀錄下結果，
可避免人稱不斷轉換的繁複之感。此法還見於〈五帝本紀〉改《尚書・堯典》、
《尚書・舜典》等〔註56〕皆是以敘述結果簡化對話。

以敘事代替對話，省去人稱轉換，同於刪省對話內容，皆是為求歷史敘
事脈絡清晰的改寫處理方式。《史記》因事言理，透過扼要的史事敘述來引出
理則，避免以言害意，范曄稱遷文「直而事核」，〔註57〕即言其說事皆取核心

〔註54〕《國語・吳語》，景印文淵閣四庫全書本（臺北：臺灣商務印書館，1983），
頁406～169、170。

〔註55〕《戰國策》，景印文淵閣四庫全書本（臺北：臺灣商務印書館，1983），頁406
～413。

〔註56〕〈五帝本紀〉改《尚書・堯典》：「帝曰：『欽哉。』」為「堯於是聽嶽用鯀」、
《尚書・舜典》：「帝曰：『俞咨！垂，汝共工』」，〈五帝本紀〉改作「於是以
垂為共工」。

〔註57〕范曄：〈班固列傳〉，《後漢書集解》（臺北：藝文印書館，1958），頁495。

事件論之，對於旁蕪的細節，如對話內容等，悉而剪去，為司馬遷刪省評改史料之方法。

（3）簡化敘事

簡化敘事，指從原文摘取文句，使歷史敘事明確精要，司馬遷著眼於通變古今之大事，非史事細節的描述，則《史記》約省刪改筆法，有簡化敘事之例。原始史料敘事因側重不同，而敘述詳備，太史公根據其史識，認為刪去細節說明不影響大勢發展，因而簡化細節，以簡筆記事。如〈五帝本紀〉采《國語·晉語》，載「黃帝二十五子，其得姓者十四人」，簡化原文則說明姓氏分佈狀況；〔註58〕〈五帝本紀〉寫禹「披九山，通九澤，決九河，定九州，各以其職來貢，不失厥宜。方五千里，至于荒服」〔註59〕，省去《尚書·禹貢》中禹進行工作細項與流程等。〔註60〕

簡化敘事，亦有檃括敘事、對話之大意，重新改寫的狀況，如〈項羽本紀〉，據保存在《史記正義》中《楚漢春秋》殘文，知項王垓下被圍，有美人歌，歌曰：「漢兵已略地，四方楚歌聲，大王意氣盡，賤妾何聊生。」〔註61〕，而〈項羽本紀〉，檃括其義作：

> 有美人名虞，常幸從；駿馬名騅，常騎之。於是項王乃悲歌慷慨，自為詩曰：「力拔山兮氣蓋世，時不利兮騅不逝。騅不逝兮可奈何，虞兮虞兮奈若何！」歌數闋，美人和之。（〈項羽本紀〉，頁333）

〈項羽本紀〉以「美人和之」紀錄之，而從「和」字，則得虞姬有唱和項羽

〔註58〕 《國語·晉語》：「公子欲辭，司空季子曰：「同姓為兄弟。黃帝之子二十五人，其同姓者二人而已，唯青陽與夷鼓皆為己姓。青陽，方雷氏之甥也。夷鼓，彤魚氏之甥也。其同生而異姓者，四母之子別為十二姓。凡黃帝之子，二十五宗，其得姓者十四人為十二姓。」，景印文淵閣四庫全書本（臺北：臺灣商務印書館，1983），頁406～102、103。

〔註59〕 〈五帝本紀〉，頁43。

〔註60〕 《尚書·禹貢》：「九州攸同，四隩既宅。九山刊旅，九川滌源，九澤既陂，四海會同。六府孔修，庶土交正，底慎財賦；咸則三壤成賦。中邦錫土姓，祇台德先；不距朕行。五百里甸服：百里賦納總，二百里納銍，三百里納秸服，四百里粟，五百里米。五百里侯服：百里采，二百里男邦，三百里諸侯。五百里綏服：三百里揆文教，二百里奮武衛。五百里要服：三百里夷，二百里蔡。五百里荒服：三百里蠻，二百里流。東漸于海，西被于流沙；朔南暨聲教，訖于四海。禹錫玄圭，告厥成功。」《尚書》，四部叢刊初編本，（臺北：臺灣商務印書館，1967），頁22。

〔註61〕 語見張守節《史記正義》。瀧川資言：《史記會注考證》（高雄：麗文圖書公司，1997.1），頁151～69引。

之歌，而知其事之梗概。又如〈鄭世家〉采《公羊傳》，寫楚莊王因鄭伯言，後舍三十里，而有臣諫事：

> 自郢至此，士大夫亦久勞矣。今得國舍之，何如？（〈鄭世家〉，頁1768）

《公羊傳》原文為：「南郢之與鄭，相去數千里，諸大夫死者數人，厮役扈養死者數百人。今君勝鄭而不有，無乃失民臣之力乎。」史公取其意，櫽括為〈鄭世家〉之十八字，改其辭未易其意，而櫽括簡化之。櫽括之法還見於《史記》采《尚書》，如：《尚書·西伯戡黎》：「祖伊反曰：『嗚呼！乃罪多參在上，乃能責命于天，殷之即喪，指乃功，不無戮于爾邦。』」〈殷本紀〉櫽括為「祖伊反曰：『紂不可諫矣。』」；〔註62〕《尚書·顧命》：「乃同召太保奭、芮伯、彤伯、畢公、衛侯、毛公、師氏、虎臣、百尹、御事，王曰：『嗚呼！疾大漸惟幾，病日臻。既彌留，恐不獲誓言嗣，茲予審訓命汝，昔君文王、武王，宣重光，奠麗陳教則肄，肄不違，用克達殷集大命，在後之侗，敬迓天威，嗣守文武大訓，無敢昏逾。今天降疾殆，弗興弗悟，爾尚明時朕言，用敬保元子釗，弘濟于艱難。』」，〈周本紀〉櫽括為：「乃命召公、畢公率諸侯以相太子而立之。」；〔註63〕《尚書·康王之誥》：「太保率西方諸侯，入應門左，畢公率東方諸侯，入應門右。」，〈周本紀〉櫽括為：「二公率諸侯，以太子釗見於先王廟。」〔註64〕則知櫽括之法〔註65〕，目的在擷取大意，而善敘之。

約省之法，除刪省對話、改對為敘、簡化敘事外，還有合事為一者：

> 楚威王聞莊周賢，使使厚幣迎之，許以為相。莊周笑謂楚使者曰：千金，重利；卿相，尊位也。子獨不見郊祭之犧牛乎？養食之數歲，衣以文繡，以入大廟。當是之時，雖欲為孤豚，豈可得乎？子亟去，無污我。我寧游戲污瀆之中自快，無為有國者所羈。終身不仕，以快吾志焉。（〈老子韓非列傳〉，頁2145）

〈老子韓非列傳〉寫莊子拒絕楚使，犧牛之喻出自出自《莊子·列御寇》〔註66〕、

〔註62〕〈殷本紀〉，頁108。

〔註63〕〈周本紀〉，頁134。

〔註64〕〈周本紀〉，頁134。

〔註65〕參考魏聰祺：《史記引經考》（私立東吳大學1991碩士論文，指導教授：賴明德），頁202，論史記櫽括《尚書》原文一段。

〔註66〕《莊子·列御寇》：或聘於莊子。莊子應其使曰：「子見夫犧牛乎？衣以文繡，食以芻叔，及其牽而入於大廟，為孤犢，其可得乎！」，莊子：《南華真經》卷十〈列御寇〉，四庫叢刊本初編本（臺北：臺灣商務印書館，1967），頁226。

游戲污瀆之意則出自《莊子・秋水》，〔註67〕合〈秋水〉、〈列御寇〉為一。亦有
對話補入敘事，融敘事入對話為一者：

> 客有說公子曰：「物有不可忘，或有不可不忘。夫人有德於公子，公
> 子不可忘也；公子有德於人，願公子忘之也。且矯魏王令，奪晉鄙
> 兵以救趙，於趙則有功矣，於魏則未為忠臣也。公子乃自驕而功之，
> 竊為公子不取也。」（〈魏公子列傳〉，頁 2382）

> 專諸曰：「王僚可殺也。母老子弱，而兩弟將兵伐楚，楚絕其後。方
> 今吳外困於楚，而內空無骨鯁之臣，是無如我何。」（〈刺客列傳〉，
> 頁 2517）

〈魏公子列傳〉本《戰國策・魏策》，原文唐且與信陵君一問一答，由唐且
說「物有不可忘，或有不可不忘」之理，再經信陵君提問，唐且才解說時勢，
〔註68〕《史》省去信陵君的問話，合併兩段對話唯一，語尤簡潔；〈刺客列
傳〉專諸一段，出自昭公二十七年《左傳》，《左傳》直云：「王可殺也，母
老子弱，是無若我何」。則是專諸度僚可殺，言其少援救，故云「無奈我何」。
太史公采其意，且據上文，因復加以兩弟將兵外困之辭，合二為一，讓專諸
的假設更加具有說服力，而事理愈明。

劉知幾云：「國史之美者，以敘事為工；而敘事之工者，以簡要為主。」
〔註69〕知史載筆，用字精簡為要。《史記》采摭百種文獻，記傳千年史事，因
側重不同，對史料不得不有所約省：刪省對話、改言為敘、簡化敘事之法，
皆是為釐清史事發展脈絡，而從中提煉可供資鑑當代者，故對於旁蕪的對話、

〔註67〕 《莊子・秋水》：莊子釣於濮水，楚王使大夫二人往先焉，曰：「願以境內累
　　　　矣！」莊子持竿不顧，曰：「吾聞楚有神龜，死已三千歲矣，王巾笥而藏之廟
　　　　堂之上。此龜者，寧其死為留骨而貴乎？寧其生而曳尾於塗中乎？」二大夫
　　　　曰：「寧生而曳尾塗中。」莊子曰：「往矣！吾將曳尾於塗中。」莊子：《南華
　　　　真經》卷六〈秋水〉，四庫叢刊本初編本（臺北：臺灣商務印書館，1967），
　　　　頁 127。
〔註68〕 唐且謂信陵君曰：「臣聞之曰，事有不可知者，有不可不知者；有不可忘者，
　　　　有不可不忘者。」信陵君曰：「何謂也？」對曰：「人之憎我也，不可不知也；
　　　　吾憎人也，不可得而知也。人之有德於我也，不可忘也；吾有德於人也，不
　　　　可不忘也。今君殺晉鄙，救邯鄲，破秦人，存趙國，此大德也。今趙王自郊
　　　　迎，卒然見趙王，臣願君之忘之也。」信陵君曰：「無忌謹受教。」《戰國策》，
　　　　景印文淵閣四庫全書本（臺北：臺灣商務印書館，1983），頁 406～413。
〔註69〕 劉知幾著，浦起龍釋，白玉崢點校《史通通釋》，〈敘事第二十二〉（臺北：藝
　　　　文印書館，1978.4），頁 154。

敘事，有所約省。劉大櫆《論文偶記》論《史記》曰：「子長拿捏大意，行文不妨脫略。」〔註70〕，曾國藩云：「事緒繁多，敘次明晰，柳子厚所稱太史之潔也。」〔註71〕，則知太史公著眼於大勢，側重取捨，刪繁就簡，把紛紜複雜的歷史人物和歷史事件，寫得有條不紊，清楚明瞭，則《史記》刪改史料之「約」法，讓《史》文呈現出峻潔之風格，而利於體見其旨。

（二）衍：增之訂之以求雄健

《史記》在文獻基礎上，進行刪改，是為約筆，反之，若因歷史敘事的強調與需要，則要在史料上加以增訂，而有衍筆，以求雄健。韓愈以「雄深雅健」讚美太史公筆力，雄健，就是有氣勢、有力量，即言司馬遷爬梳事理，有行文之氣勢。王若虛《滹南遺老集・史記辨惑》曾欲刪〈司馬相如列傳〉文：

> 司馬相如病甚，天子曰：「可往從悉取其書……」使所忠往，而相如已死，家無書。問其妻對曰：「長卿固未嘗有書也。時時著書，人又取去，即空居。長卿未死時，為一卷書，曰：『有使者來求書，奏之。』無他書。」其遺札書言封禪事，奏所忠。所忠奏其書，天子異之。其書曰：……」，凡用十書字，何其繁也。若云：「相如已死，其妻曰：『長卿固未嘗有書，時有所著，人又取去，且死獨遺一卷曰：『有使者來奏之。』其書乃言封禪事也，既奏，天子異焉。』」其辭云，不亦可乎？〔註72〕

王若虛認為司馬遷用十「書」字，是複雜贅述的文字，宜刪改之。然而，若從該篇太史公撰文之微旨思考，則連用十「書」字，實有其深意。〈司馬相如列傳〉引司馬相如文成篇，相如美賦固有保存之價值，然第三章已說明，司馬遷以為「相如雖多虛辭濫說，然其要歸，引之節儉，此與《詩》之風諫何異？」，故錄入該賦，作諷諫之旨。封禪之奏是司馬遷、司馬相如皆欲勸諫武帝之事，連用十「書」字引領下文，襯出遺札書言封禪事之要，而也在有書與無書之間，見出司馬遷善用文字來營造氣勢，引領旨趣的方法。《史記》文豪，改易前文時用衍筆，而有讓意義更明，故衍筆亦是改易文學之環節，而

〔註70〕 劉大櫆：《論文偶記》，《桐城吳先生諸史點勘》附錄（北京：學苑出版，2005）。

〔註71〕 曾國藩：《求闕齋讀書錄》卷三（臺北：廣文書局，1969.1），頁6。

〔註72〕 王若虛《滹南遺老集・史記辨惑》卷十五，引自郭紹虞：《學文示例》（臺北：明文書局，1986.8），頁8。

造成《史文》雄深雅健之風。

　　1、語氣增補

　　　虛字，是文章氣韻之所在，故虛字之使用，可用以增補語氣。歸有光曰：
「上古實字多，虛字少，典謨訓誥，何等簡奧，然文法自是未備。孔子時虛
字詳備。《左氏》情韻並美。至先秦更加疎縱。漢人斂之，稍歸勁質，惟子長
集其大成。」〔註73〕，《史記》常增改史料一二虛字，使文意風格與先前史料
迥異：

　　　　　新
　　　　　辛垣衍曰：「先生獨不見夫僕乎？十人而從一人者，寧力不勝^而,智不
　　　　若^邪_耶？畏之也。」魯仲連曰：「^{嗚呼！}_然　梁之比於秦若僕^邪_耶？」^新_辛垣衍
　　　　曰：「然。」（〈魯仲連鄒陽列傳〉，頁 2462）

《史記》採《戰國策・趙策・秦圍趙之邯鄲》，〔註74〕上為《史》文，下為《戰
國策・趙策》文，比對二者，知司馬遷改新垣衍「寧力不勝，智不若耶？」
語，用「而」字連接，作「寧力不勝而智不若邪？」，並列「力不勝」、「智不
若」二事，語氣迂徐而語意益明；並改魯仲連曰「然」字，為「嗚呼」，補入
感嘆詞，強化魯仲連的情緒，其改動雖僅有一二字，然行文語氣卻有不同。

　　　語氣的增補，還有為時代語而改者，如〈五帝本紀〉載嶽向堯薦用鯀治
水，語曰：「試不可用而已」，《書》原作：「試可用乃已」，則古人語急，每以
「不可」為「可」，史公改其語氣，而增「不」字，其義益明。而司馬遷增改
語氣者，並不限於虛字，更多時候，是根據文意，增加實字，而讓文意更加
清楚，而人物形象更加生動：

　　　　五月，懿公游於申池，二人浴，戲。職曰：「斷足子！」戎曰：「奪
　　　　妻者！」二人俱病此言，乃怨。謀與公游竹中，二人弒懿公車上，
　　　　棄竹中而亡去。（〈齊太公世家〉，頁 1496）

上述文字，采文公十八年《左傳》，「職曰：『斷足子！』戎曰：『奪妻者！』」
對話，原文作：

〔註73〕　劉大櫆《論文偶記》：「文貴變。上古文字初開，實字多，虛字少。典謨訓誥，
　　　　　何等簡奧，然文法要是未備。至孔子時，虛字詳備，作者神態畢出。左氏情
　　　　　韻並美，文彩照耀。至先勤戰國，更加疎縱。漢人斂之，稍歸勁質，惟子長
　　　　　集其大成。」，《桐城吳先生諸史點勘》附錄（北京：學苑出版，2005）。
〔註74〕　《戰國策・趙策・秦圍趙之邯鄲》，景印文淵閣四庫全書本（臺北：臺灣商務
　　　　　印書館，1983），頁 406〜375。。

職怒。歂曰：「人奪女妻而不怒，一抶女庸何傷？」職曰：「與刖其
父而弗能病者何如？」乃謀弒懿公。（文公十八年《左傳》）〔註75〕
《史記》改此二長句，分作「斷足子」、「奪妻者」三字短語，語氣短促，衝
突升高，並且文意更明，《史記》改動對話語氣之高明，由此可見一斑。

欲說明史實，必先著重傳人。欲傳人，必將其性情神貌，巨細畢陳，人
物之對白，為表現其特殊個性心理之最佳實證。《史記》記載人物對白極多，
逼肖傳神，令後之讀者，雖睽隔千載，猶如相與謦欬於古人之側也。〔註 76〕
有時，一字之增補，可以讓語意更加豐富，而對話表情越發鮮明。舉〈樗里
子甘茂列傳〉為例，本《國策·秦策·文信侯欲攻趙以廣河間》：

文信侯叱去曰：「去！我身自請行之而不肯，女焉汝安能行之也！」（〈樗里子甘茂
列傳〉，頁 2319）

《史》文把「去」字從原文中抽出，放入呂不韋話中，變成喝叱語，把呂不
韋心煩意亂的情緒，及對羅甘自不量力行為的不滿表達出來。〔註 77〕其所增
改者，雖一二字，但其對話語境卻更加生動，人物形象也透過對話，更加靈
動。再舉〈刺客列傳〉為例：

豫讓拔劍三躍而，呼天擊之，曰：「吾而可以下報知伯矣。」遂伏劍自殺而死。
死之日，趙國志之士聞之，皆為涕泣。（〈刺客列傳〉，頁 2521）

豫讓事出自《戰國策·趙策·晉畢陽之孫豫襄》，上為《史》文，下為《策》
文，以「而」代換「呼天」，動作一氣呵成；補「下」字為「下報」，用「自
殺」取代「而死」，增加豫讓必死之決心；用「志士」改易「之士」，拉抬豫
讓行誼，強調其志之可貴。添補改動字少，而行為流暢，行文增加細膩度，
更顯精緻。

司馬遷改動文字內容，投射歷史想像，增補語氣，如〈刺客列傳〉載：「豫
讓遁逃山中，曰：『嗟乎！士為知己者死，女為說己者容。今智伯知我，我必
為報讎而死，以報智伯，則吾魂魄不愧矣。』」此二十三字，《戰國策·趙策·
晉畢陽之孫豫襄》僅作「吾其報智伯之讎矣」八字，知《史》文乃有司馬遷
歷史想像的投射，《史記釋例》稱舒憤自解例，因其「撰作」成分較多，留待

〔註75〕 楊伯峻編著：《春秋左傳注》（臺北：洪葉文化，1993.5），頁 630。
〔註76〕 參考吳福助：《史漢關係》（臺北：文史哲出版社，1987.2 新一版），頁 67。
〔註77〕 可永雪：《史記文學成就論說》（呼和浩特：內蒙古教育出版社，2001.5），頁
394～395。

下章再行爬梳。

2、敘事敷衍

《史記》因與採用史料之作者史識有別,故各有其側重,對於原文鉅細靡遺的敘述,有隳括簡化的評改方法,反之,對原有敘事不足處,司馬遷也有增加文字,加以敷衍以求敘事條理清晰。以〈管蔡世家〉為例:

> 初,哀侯娶陳,息侯亦娶陳。息夫人將歸,過蔡,蔡侯不敬。息侯
> 怒,請楚文王:「來伐我,我求救於蔡,蔡必來,楚因擊之,可以有
> 功。」楚文王從之,虜蔡哀侯以歸。(〈管蔡世家〉,頁 1566)

此段采莊公十年《左傳》文,[註78] 原文寫:「息媯將歸,過蔡,蔡侯曰:『吾姨也。』止而見之,弗賓」,《史》文隳括其意,改成「息夫人將歸,過蔡,蔡侯不敬」,是簡明敘事的改易方法。而因蔡侯的不敬,息侯怒與楚王謀蔡,《左傳》原文寫:「伐我,吾求救於蔡而伐之」,僅載息侯的提議,而《史記》根據文意,詳細說明此舉的目的與細節,敷衍陳述之,使息侯之謀更顯縝密,轉折更為清晰。又如〈刺客列傳〉載公子光語專諸,亦見此法:

> 公子光謂專諸曰:「此時不可失,不求何獲!且光真王嗣,當立,季
> 子雖來,不吾廢也。」(〈刺客列傳〉,頁 2517)

該文出自昭二十七年《左傳》,原文為:「吳公子光曰:『此時也,弗可失也。』」,無「且光真王嗣,當立,季子雖來,不吾廢也」語,而司馬遷根據上文的史實,將局勢分析補入對話之中,則讓公子光機不可失的判斷,增加了說明與根據。因此,敘事敷衍,可以補充對話之不足處,將對話語境、時勢分析等置入其中,讓歷史敘事條理更明。其他如〈魯周公世家〉宣王欲立戲為太子,仲山父諫言語,亦屬此類。

應當注意的是,簡化敘事和敷衍對話之改寫,可以並存於一篇,形成一段之中,分別有衍、約二種改寫方法的面貌,如〈伍子胥列傳〉寫申包胥走秦告急事,即用二法改寫定公四年《左傳》:

> 及昭王在隨,申包胥如秦乞師,曰:「吳為封豕、長蛇,以荐食上國,
> 虐始於楚。寡君失守社稷,越在草莽,使下臣告急,曰:『夷德無厭,

〔註78〕 莊公十年《左傳》文:「蔡哀侯娶于陳,息侯亦娶焉。息媯將歸,過蔡。蔡侯曰:『吾姨也。』止而見之,弗賓。息侯聞之,怒,使謂楚文王曰:『伐我,吾求救於蔡而伐之。』楚子從之。秋九月,楚敗蔡師于莘,以蔡侯獻舞歸。」楊伯峻編著:《春秋左傳注》(臺北:洪葉文化,1993.5),頁 184。

若鄰於君。疆場之患也。逮吳之未定，君其取分焉。若楚之遂亡，君之土也。若以君靈撫之，世以事君。』」秦伯使辭焉，曰：「寡人聞命矣。子姑就館，將圖而告。」對曰：「寡君越在草莽，未獲所伏，下臣何敢即安？」立，依於庭牆而哭，日夜不絕聲，勺飲不入口七日。秦哀公為之賦〈無衣〉。九頓首而坐，秦師乃出。（定公四年《左傳》）〔註79〕

於是申包胥走秦告急，求救於秦。秦不許。包胥立於秦廷，晝夜哭，七日七夜不絕其聲。秦哀公憐之，曰：「楚雖無道，有臣若是，可無存乎！」乃遣車五百乘救楚擊吳。（〈伍子胥列傳〉，頁 2177）

申包胥走秦告急，其言如何，不影響秦哀公不助援軍之事，因此以「約」法刪省申包胥對話，而後因其七日哭，哀公為之動容而出兵事，是申包胥走秦太史公側重處，則改變《左》文中「勺飲不入口」、「秦哀公為之賦無衣」之細節，改敘事為對話，用「衍」法為秦哀公發聲，聚焦於「有臣若是」，知太史公筆力著意之處。知一篇之中，可因強調事件點之不同，同時使用「約」、「衍」的評改方法，目的在讓敘事集中，讓因事見理，其理亦明。

相同史事，在不同篇章中，因篇旨目的不同，而此詳彼略，對於原始史料的刪省程度，也有所區別。如《戰國策・燕策》燕王欲攻趙，諮詢栗腹進攻可否一事，原文作：

燕王喜使栗腹以百金為趙孝成王壽，酒三日，反報曰：「趙民其壯者皆死於長平，其孤未壯，可伐也。」王乃召昌國君樂間而問曰：「何如？」對曰：「趙，四達之國也，其民皆習於兵，不可與戰。」王曰：「吾以倍攻之，可乎？」曰：「不可。」曰：「以三，可乎？」曰：「不可。」王大怒。左右皆以為趙可伐，遽起六十萬以攻趙。〔註80〕

〈燕策〉為透過燕王不斷提問，樂間反覆拒絕，說明伐趙之不可，強調識見之明。此事分見於〈燕召公世家〉、〈趙世家〉、〈樂毅列傳〉，將原文分錄如下：

燕王命相栗腹約歡趙，以五百金為趙王酒。還報燕王曰：「趙王壯者皆死長平，其孤未壯，可伐也。」王召昌國君樂間問之。對曰：「趙四戰之國，其民習兵，不可伐。」王曰：「吾以五而伐一。」對曰：

〔註79〕 楊伯峻編著：《春秋左傳注》（臺北：洪葉文化，1993.5），頁 1548。
〔註80〕 《戰國策》，景印文淵閣四庫全書本（臺北：臺灣商務印書館，1983），頁 406～453。

「不可。」燕王怒，群臣皆以為可。卒起二軍，車二千乘，栗腹將
而攻鄗，卿秦攻代。(〈燕召公世家〉，頁 1559)

燕王令丞相栗腹約驩，以五百金為趙王酒，還歸，報燕王曰：「趙氏
壯者皆死長平，其孤未壯，可伐也。」王召昌國君樂閒而問之。對
曰：「趙，四戰之國也，其民習兵，伐之不可。」王曰：「吾以眾伐
寡，二而伐一，可乎？」對曰：「不可。」王曰：「吾即以五而伐一，
可乎？」對曰：「不可。」燕王大怒。群臣皆以為可。燕卒起二軍，
車二千乘，栗腹將而攻鄗，卿秦將而攻代。廉頗為趙將，破殺栗腹，
虜卿秦、樂閒。(〈趙世家〉，頁 1828)

燕王喜用其相栗腹之計，欲攻趙，而問昌國君樂閒。樂閒曰：「趙，
四戰之國也，其民習兵，伐之不可。」燕王不聽，遂伐趙。趙使廉
頗擊之，大破栗腹之軍於鄗，禽栗腹、樂乘。樂乘者，樂閒之宗也。
於是樂閒奔趙，趙遂圍燕。(〈樂毅列傳〉，頁 2435)

上引三篇，〈趙世家〉載之最詳，而〈樂毅列傳〉最略，〈燕召公世家〉、〈趙
世家〉是世家體，目的在查一宗之盛衰，[註81] 故分析二國局勢，通過局勢
分析，來見盛衰之跡，而〈樂毅列傳〉主記樂毅事，以樂閒附入，樂閒諫伐
趙事，僅是促使樂閒奔趙的原因，其諫燕王之內容，一來既可參考互見二世
家，二來非該傳之立文主軸，因而可以用「約」筆，從而略去。因篇旨不同，
而對相同史源卻使用不同詳略評改者，還有吳王闔廬死時對夫差之遺訓，分
見〈吳太伯世家〉、〈伍子胥列傳〉；曹沫劫桓公事，一見於〈齊太公世家〉，
再見於〈魯周公世家〉，三見於〈管晏列傳〉，四見於〈魯仲連鄒陽列傳〉，五
見於〈刺客列傳〉，亦屬此例。

《文心‧指瑕》：「若夫立文之道，惟字與義，字以訓正，義以理宣。」
司馬遷采集遺文，善循事理，用「約」筆著眼於大事，用「衍」筆強化敘事，
目的皆在使敘事明朗，事之脈絡越清晰，則因事言理的理亦明，王治皞曰：「太

[註81] 〈燕召公世家〉論贊曰：「召公奭可謂仁矣，甘棠且思之，況其人乎？燕外迫
蠻貊，內措齊，晉，崎嶇彊國之間，最為弱小，幾滅者數矣。然社稷血食者
八九百歲，於姬姓獨後亡，豈非召公之烈耶？」頁 1561～1562〈趙世家〉論
贊：「太史公曰：吾聞馮王孫曰：趙王遷，其母倡也，嬖於悼襄王。悼襄王廢
適子嘉而立遷。遷素無行，信讒，故誅其良將李牧，用郭開。豈不謬哉！秦
既虜遷，趙之亡大夫共立嘉為王。王代六歲，秦進兵破嘉，遂滅趙以為郡。」
（1833）。

史公文雖變幻,卻將一二字句作眼,領清竅,客意旁入而不離其宗。《左》、《國》古質其氣促,子長乃演作一二百字一句,更不可斷,有以遷為史之狂,其狂不可及乎?」〔註82〕司馬遷敘事,常常是有詳有略,而論者也針對此改易結果,有所批評,如陳騤《文則》曾談到《史記》對《論語》的改易,舉《論語・先進》:「南容三復白圭。」與《史記・仲尼弟子列傳》:「三復白圭之玷。」為例,認為《史記》文辭雖然詳備,但卻將文章蘊藉的意味都說盡了,沒有耐人尋味餘地,又比較《論語・顏淵》:「在邦必達,在家必達。」與〈仲尼弟子列傳〉:「在邦及家必達。」,以為詞句雖然簡約,但意思卻不周密。〔註83〕可知《史記》改易原典的約、衍筆法,與原典有不同的側重,而各有優劣。胡應麟云:「然則史固貴繁耶?曰簡哉而繁有當也。」〔註84〕,則《史記》改易史料,或「約」或「衍」,敘事行文融峻潔、雄健風格為一,展演事理,能彰顯其義。

第三節　《史記》改易方法舉例(二)

上古之文,用字精簡,實受書寫工具制約,故上古文字多掌於官家,如《尚書》之策命告誓,《詩經》之採詩獻詩,皆出自於王官,而至春秋、戰國以後,書寫工具漸漸進步,王權旁落,晉之《乘》、楚之《檮杌》、魯之《春秋》,諸侯皆能修史,甚至以一人之力,能作書寫之事,如孔子《春秋》、《左傳》及諸子著作成書,私人著述漸興。而書寫工具的進步,亦與語言發展同步,以漢語演變的規律觀察,則有虛字增加,單詞變複詞的趨勢,而從《論語》、《孟子》、《荀子》三書觀察,著書立言也從語錄體,變成對話體,再變為議論文,正好可以看出先秦文學滋乳的脈絡。綜合因工具改變之書寫方法,及語言滋乳繁多二者,知司馬遷撰修通史,採上古史料,需進行語言變翻的工作。

變翻一詞,指文獻的譯述,古今語間的轉換為對譯,文類之間的跨界則名之為易體。〔註85〕〈殷本紀贊〉曰:「余以頌次契之事,自成湯以來,采於

〔註82〕王治皞:《史記榷參・讀史總論》,楊燕起等:《史記集評》(北京:華文出版社,2005.1),頁175~176。

〔註83〕蔡宗陽:《陳騤文則新論》(臺北:文史哲出版社,1993.3),頁166~168。

〔註84〕胡應麟:《少室山房筆叢》卷十三(臺北:世界書局,1963.4),頁171。

〔註85〕郭紹虞:《學文事例》(臺北:明文書局,1986.8),頁1。

《詩》、《書》。(頁109)」《史記》的改寫的變翻筆法,乃針對上古史料而來,與評改筆法的通則相比,有其針對性:對譯古今語,主要是對《尚書》的譯述,而易體文類,則集中表現在《詩經》的采文當中。

(一) 對　譯

　　《史記》採上古之書,時間跨度千年以上,對於文獻文字,需以今語出之,故有對譯之工作。《史記》的對譯工作,主要體現在《尚書》的援用之中。《尚書》性質頗似檔案,又似文選,但使非出杜撰,錄存古代策命告誓之原文。〔註86〕《尚書》文分今古,有伏生口傳、經晁錯隸定之今文經,還有孔安國、魯恭王本,乃就來源及書寫字體而言,非以語言區分。司馬遷修史採《尚書》文,兼采古今。《尚書》以誥命之記言為主,與《史》文以敘事行文有別,則又實有增刪改易,如前引〈魯周公世家〉節錄《書·費誓》、〈燕召公世家〉采《尚書·周書·君奭》文、〈晉世家〉刪改《尚書·文侯之命》、〈夏本紀〉截取《尚書·皋陶謨》、〈宋微子世家〉刪省《尚書·微子》文而成。而《尚書》其言古雅簡潔,與《史》文古今語不同,故當就《尚書》進行譯述。

　　司馬遷對《尚書》的譯述,可分為文字的訓詁、文句的譯述兩個層次說明。以訓詁文字代原文,本為古人引書之通例,如《尚書》「克明俊德」,大學引作「峻德」;「禹拜昌言」,《孟子·公孫丑》作「善言」,蓋古人引書所重者義也。《史記》變翻《尚書》之文,首先也從字句的訓詁上著手,而又可分為「意同字代經」、「義近字為訓」、「音同義近為訓」三類。〔註87〕王觀國曰:

　　　大率司馬遷好異而惡與人同,觀《史記》用《尚書》、《戰國策》、《國
　　　語》、《世本》、《左氏傳》之文,多改其正文。改績用為功用,改厥田
　　　為其田,改肆覲為遂見,改宵中為夜中,改咨四岳為嗟四岳,改協和
　　　為合和,改方命為負命,改九載為九歲,改格奸為至奸,改慎徽為慎

〔註86〕 梁啟超:有一種近於史類之書,其名曰「書」,或曰「志」,或曰「記」。今六經中之《尚書》即屬此類。觀春秋戰國時人語常引《夏志》、《商志》、《周志》,或《周書》、《周記》等文,可知也。此等書蓋錄存古代策命告誓之原文,性質頗似檔案,又似文選。但使非出杜撰,自應認為最可寶之史料。詳見梁啟超:《中國歷史研究法》(上海:上海古籍出版社,1997.12),頁12~13。

〔註87〕 三分類詳見古國順:《司馬遷尚書學》(私立中國文化大學1985博論,指導教授:胡自逢),頁71~81。

和，改烈風為暴風，改克從為能從，改浚川為決川，改恤哉為靜哉，
改四海為四方，改熙帝為美堯，改不遜為不訓，改冑子為稚子，改維
清為維靜，改天工為天事，改底績為致功，改降丘為下丘，改納錫為
入賜，改孔修為甚修，改夙夜為早夜，改申命為重命，改汝翼為汝甫，
改敕天為陟天，改率作為率為，改宅土為居土，如此類甚多。……子
長但知好異，而不知反有害於義也。（王觀國《學林》卷一）〔註88〕

王觀國以好奇、好異的角度批評司馬遷改文的方法，因此認為改易文辭，有
害於義。實際上，若以訓詁的角度重新觀察上述例子，則可知司馬遷乃以訓
詁方式，改寫原文，因此文詞有所改易。並從王觀國語，可知司馬遷以訓詁
文字改易史料，並不限於《尚書》，包括《戰國策》、《國語》、《左傳》，皆有
以司馬遷語法進行改易者。靳德峻《史記釋例》「引書多非原文例」有「引書
多用訓詁字代之」、「引書多用音同音近字代之」〔註89〕，即說此類。而以全
本《史記》之訓解改易史料觀之，仍以《尚書》為多，當是《尚書》文字較
古，需較多訓解文字的置換之故。

　　若僅置換詞彙，仍不能清楚表達文意，則可對史料作全句、全段的譯述。
譯述貴能釋其意，不是逐字逐句的翻譯，文字方面，應有近代文體的自然，
也應當保留一些原文的色彩。將原文可留詞句留下，再以近代的筆調，自然
的重述出來，將可使譯述工作，臻於完美。〔註90〕如《尚書·堯典》載：

　　帝曰：「疇咨，若時登庸。」放齊曰：「胤子朱啟明。」帝曰：「吁！
　　囂訟可乎？」帝曰……　〔註91〕

《史記·五帝本紀》譯述為：

　　堯曰：「誰可順此事？」放齊曰：「嗣子丹朱開明。」堯曰：「吁！頑
　　凶，不用。」堯又曰……（〈五帝本紀〉，頁20）

「疇咨」猶言「誰哉」，此以「誰」釋「疇」；《爾雅·釋言》「順」可用以釋
「若」；「此」釋「時」，則從《廣雅·釋詁》而知。則《尚書·堯典》的「疇
咨，若時登庸？」，即可翻譯「誰哉，順此？」，《書疏》說：「此言誰能咸熙
庶績，順是事者，將登用之。」，則「登庸」有登用、錄用之意。則司馬遷依

〔註88〕 王觀國：《學林》卷一〈介雞〉（臺北：新文豐出版社，1984.6），頁13。
〔註89〕 靳德峻：《史記釋例》「引書多非原文例」，（上海：中華書局，1948），頁20。
〔註90〕 杜維運：《史學方法論》（臺北：三民書局，1985.3 增訂版），頁266。
〔註91〕 《尚書》卷一〈堯典〉，四部叢刊初編本（臺北：臺灣商務印書館，1967），
　　　　頁7。

其文意，翻譯成「誰可順此事？」，又將「帝」改為「堯」，標明指稱，知司馬遷譯述非逐字翻譯，而取其意。而《尚書・堯典》接著紀錄放齊的回答，說「胤子朱啟明」，《國語・周語》說：「胤也者，子孫蕃育之謂也。」，知「胤」有子孫世代相承繼之意，漢時以「嗣」代「胤」，如《漢書・高后紀》：「世世勿絕，嗣子各襲其功位」。而「啟」可訓作「開」，則〈五帝本紀〉「嗣子丹朱開明」，即是《尚書》中「胤子朱啟明」之譯述，並改「嚚訟可乎」語氣，作「頑凶，不用」。而《尚書》又續接「帝曰」的對話，司馬遷在對話前補上「又」字，乃以意補足，非僅是按照原文翻譯而已。

還有〈五帝本紀〉采《尚書・堯典》，寫堯欲禪位，諮詢人選事：

> 堯曰：「嗟！四嶽：朕在位七十載，汝能庸命，踐朕位？」嶽應曰：「鄙德忝帝位。」堯曰：「悉舉貴戚及疏遠隱匿者。」眾皆言於堯曰：「有矜在民間，曰虞舜。」堯曰：「然，朕聞之。其何如？」嶽曰：「盲者子。父頑，母嚚，弟傲，能和以孝，烝烝治，不至姦。」堯曰：「吾其試哉。」（〈五帝本紀〉，頁21）

> 帝曰：「咨四岳：朕在位七十載，汝能庸命，巽朕位？」岳曰：「否德，忝帝位。」曰：「明明揚側陋。」師錫帝曰：「有鰥在下，曰虞舜。」帝曰：「俞，予聞，如何？」岳曰：「瞽子。父頑、母嚚、象傲，克諧以孝，烝烝乂，不格姦。」帝曰：「我其試哉。」〔註92〕

此處亦改「帝」為「堯」，標明指稱；「巽」，通「遜」，《史》文改為「踐」，表登、升意，則指禪位而王，意更明確；〈堯典〉「明明揚側陋」一句，司馬遷則取其意，直接改寫成「悉舉貴戚及疏遠隱匿者」；「矜」通「鰥」，皆指老而無妻的之人；並將原文「父頑、母嚚、象傲」，改成「父頑，母嚚，弟傲」，將「象」改作「弟」，配合「父」、「母」，言親屬關係而不說其名，使類疊工整，文意暢明。

又如〈殷本紀〉譯述《尚書・湯誓》一段，其辭曰：

> 湯曰：「格女眾庶，來，女悉聽朕言。匪台小子敢行舉亂，有夏多罪，予維聞女眾言，夏氏有罪。予畏上帝，不敢不正。今夏多罪，天命殛之。今女有眾，女曰『我君不恤我眾，舍我嗇事而割政』……」
> （〈殷本紀〉，頁95）

〔註92〕 《尚書》卷一〈堯典〉，四部叢刊初編本（臺北：臺灣商務印書館，1967），頁7～8。

《尚書・湯誓》原文則是：

> 王曰：「格爾眾庶，悉聽朕言。非台小子，敢行稱亂，有夏多罪，天
> 命殛之，今爾有。汝曰：『我后不恤我，舍我穡事，而割正夏。』予
> 惟聞汝言，夏氏有罪，予畏上帝，不敢不正⋯⋯」〔註93〕

比對二者，可知司馬遷除語言古今不同，如「非台」通假「匪台」、「稱亂」改作「舉亂」等，進行翻譯外，還整新排列語序，合併相近的文句，如「有夏多罪，天命殛之」「夏氏有罪，予畏上帝」兩句，整合為《史》文中，「夏氏有罪。予畏上帝，不敢不正。今夏多罪，天命殛之」連貫的句子，使文氣暢通、讓句式整齊。並且變更語氣，讓原本《尚書・湯誓》文飾的「格爾庶，悉聽朕言」，補入口語的「來」，成為〈殷本紀〉中「格女眾庶，來，女悉聽朕言」句，語氣更加活潑，而湯的形象更為生動。知司馬遷譯述古文，非僅就字詞今譯，還通盤考慮史料內容，調整語序，還原歷史時空，增補修改其中的語氣，重建歷史。

大體而言，《史記》譯述《尚書》之文，先從訓詁文字、抽換詞換入手，而對譯整段文字，則不拘泥於《尚書》原本的語序、語氣，而就《史》文所需，進行改寫，如〈魯周公世家〉採《尚書・金縢》寫武王有疾，補入「周公入賀」一詞；〔註94〕〈夏本紀〉堯求能治水者，兼采《尚書・舜典》、《尚書・皋陶謨》，譯為一段；〈殷本紀〉寫盤庚渡河南，復居成湯之故居事，則取《尚書・盤庚》及其序，同而譯之等。邵保和曰：「《史記》述五帝三王時事，無不取信《尚書》，宜皆本於古文者也。然取遷書而讀之，凡所引〈堯典〉、〈禹貢〉、〈洪範〉、〈微子〉、〈金縢〉諸篇，文有增損，字有通假，義有補綴，或且隨筆竄易，而成己一家言。」〔註95〕，則《史記》對譯，除通假古今外，還根據意義、敘事進行修改，非僅作全文翻譯，因此能改寫得當，行文自然，納入《史記》五十餘萬言中，而無語體之代溝。

（二）變　體

《史記》資材，包括詩歌、散文各體，有時，要向詩歌取材，而有文類

〔註93〕 《尚書》卷四〈湯誓〉，四部叢刊初編本（臺北：臺灣商務印書館，1967），頁26。

〔註94〕 瀧川資言：《史記會注考證》（高雄：麗文圖書公司，1997.1），頁552~6。

〔註95〕 阮元訂：《詁經精舍文集》卷十一〈策問史記載尚書孰為今文孰為古文〉，叢書集成初編本（北京：中華書局，1985），頁315。

間的譯述，是為變體。詩言志，歌詠言，《史記》傳承六藝比興之旨，內蘊詩心於《史》文當中。然而，《詩經》亦是《史記》取材之來源，則司馬遷處理《詩經》，亦有其改易之法。變體，指文類間的變翻，由於變易體製，不得不另起爐竈，所以雖近譯，實同於作。〔註96〕《詩經》為中國最早之詩歌總集，古代文字傳寫不便，有賴於詩歌韻語以便於保存記憶，梁啟超說：「邃古傳說，可謂為『不文的』之史，其『成文的』史則自詩始。」，而認為今存《詩》三百，純粹的史詩體裁者尚多篇。〔註97〕西漢分齊、魯、韓、毛四家詩，考司馬遷所傳，為魯詩一派，並有間引韓詩者。〔註98〕《史記》採《詩》作為史料底稿，尤以三代為多，然採《詩》作史，牽涉到的不僅是古語對譯成今語的問題，還必須改韻為散，易體為文。

　　〈商頌・玄鳥〉：「天命玄鳥，降而生商。」〔註99〕

　　三人行浴，見玄鳥墮其卵，簡狄取吞之，因孕生契。（〈殷本紀〉，頁91）

〈玄鳥〉詩對契的誕生，僅用有玄鳥生商的說明，屬於神話的範疇，太史公以撰修信史為目的，則此不合情理的神話，當不能採入《史》文，然考遍殷商氏族之誕生故實，除《詩經》外，並沒有其他持異之史料，則採《詩經》紀錄，成為殷商氏族誕生之說。然比較《詩經》與〈殷本紀〉，明顯發現司馬

〔註96〕　郭紹虞：《學文示例》（臺北：明文書局，1986.8），頁1。

〔註97〕　古代文字傳寫甚不便，並且并文字亦未完具，故其對於過去影事之保存，不特紀錄而恃記誦。而最便於記誦者，則韻語也。試觀老聃之談道，孔子之贊《易》，乃至秦、漢間人所造之小學書，皆最喜用韻，彼其時文化程度已極高，猶且如此，古代抑可推矣。……人類文化漸進之後，其所受之傳說日豐日賾，勢難悉記，思用簡便易誦之法以永其傳。一方面則愛美的觀念，日益發達，自然有長於文學之人，將傳說之深入人心者傳諸詩歌，以應社會之需，於是乎有史詩。是故邃古傳說，可謂為「不文的」之史，其「成文的」史則自詩始。我國史之發展，殆不能外此公例。古詩或刪或佚不盡傳於今日，但以今存之《詩經》三百篇論，其屬於純粹的史詩體裁者尚多篇。詳見梁啟超：《中國歷史研究法》（上海：上海古籍出版社，1997.12），頁9。

〔註98〕　所謂「詩序」，是指解說詩篇原由、意義、作者等之序言，今日所見之「詩序」，一般是指「毛詩序」而言，但司馬遷所傳習的是〈魯詩〉，故《史記》中提到有關詩篇的解說，應是「魯詩序」。詳見魏聰祺：《史記引經考》（私立東吳大學1991碩士論文，指導教授：賴明德），頁130～135，及清・陳喬樅《魯詩遺說考》。

〔註99〕　〈商頌・玄鳥〉，毛亨傳、鄭玄箋：《毛詩注疏》，文津閣四庫全書本（北京：商務印書館，2005），頁419～421。

遷補入想像於史料空白處,「天命玄鳥」一句容易理解,然而「降而生商」一句,卻只說明結果,而不為如何生商的過程作解釋,鳥屬飛禽,為卵生,人是靈長,為胎生,二者斷不會有直接繁衍後嗣之可能,而契雖父不詳,其母簡狄卻是有傳,則司馬遷便取鳥卵生之特性,附會出簡狄吞卵而孕,因孕而生契的過程。

　　同樣〈周本紀〉采《詩經·大雅·生民》,寫姜嫄屨巨人跡而生后稷之事,亦非直接翻譯原文,而有所補充改易:

　　　　厥初生民,時維姜嫄。生民如何?克禋克祀,以弗無子。履帝武敏歆,攸介攸止;載震載夙,載生載育,時維后稷。誕彌厥月,先生如達,不拆不副,無菑無害。以赫厥靈,上帝不寧,不康禋祀,居然生子,誕寘之隘巷,牛羊腓字之。誕寘之平林,會伐平林;誕寘之寒冰,鳥覆翼之。鳥乃去矣,后稷呱矣。實覃實訏,厥聲載路。誕實匍匐,克岐克嶷,以就口食。蓺之荏菽,荏菽旆旆,禾役穟穟,麻麥幪幪,瓜瓞唪唪。誕后稷之穡,有相之道。茀厥豐草,種之黃茂。實方實苞,實種實褎,實發實秀,實堅實好,實穎實栗,即有邰家室。〔註100〕

　　　　姜嫄出野,見巨人跡,心忻然說,欲踐之,踐之而身動如孕者。居期而生子,以為不祥,弃之隘巷,馬牛過者皆辟不踐;徙置之林中,適會山林多人,遷之;而弃渠中冰上,飛鳥以其翼覆薦之。姜嫄以為神,遂收養長之。初欲弃之,因名曰弃。弃為兒時,屹如巨人之志。其游戲,好種樹麻、菽,麻、菽美。及為成人,遂好耕農,相地之宜,宜穀者稼穡焉,民皆法則之。(〈周本紀〉,頁111~112)

比對《史》文與《詩經》,〈周本紀〉並沒有將「厥初生民,時維姜嫄,生民如何?克禋克祀,以弗無子。」五句譯述出,而直接敘述其履巨人跡因而有身之過程,故知司馬遷改《詩》為《史》,亦有所剪裁,而非逐句翻譯。司馬遷略寫誕生過程,但是對於姜嫄棄嬰,后稷屢次大難不死之事,則翔實翻譯,譯「誕寘之隘巷,牛羊腓字之」為「弃之隘巷,馬牛過者皆辟不踐」,易「誕寘之平林·會伐平林」為「徙置之林中,適會山林多人,遷之」,改「誕寘之寒冰,鳥覆翼之。」作「弃渠中冰上,飛鳥以其翼覆薦之」,皆完全參照〈大

〔註100〕　〈大雅·生民〉,毛亨傳、鄭玄箋:《毛詩注疏》,文津閣四庫全書本(北京:商務印書館,2005),頁320～326。

－106－

雅·生民〉詩之細節，而少有改動。而用「姜原以為神，遂收養長之。初欲棄之，因名曰棄」則以意補充，說明姜嫄養之而命名事，原詩未載。而後好善農事，則略取大意，以意敷衍，回歸敘事，不以翻譯為務。故知司馬遷易詩體為《史》文，體製既易，則不拘於原詩之字句，有自以為言者。

　　還有本於《詩經》，並合併詩序改易者，如〈秦本紀〉依〈秦風·黃鳥〉及其詩序為：

　　　　繆公卒，葬雍。從死者百七十七人，秦之良臣子輿氏三人名曰奄息、
　　　　仲行、鍼虎，亦在從死之中。秦人哀之，為作歌〈黃鳥〉之詩。

詩序說：「〈黃鳥〉，哀三良也。國人刺穆公以人從死，而作是詩也。」〔註101〕是成詩背景的解說，而〈秦風·黃鳥〉則說「彼蒼者天·殲我良人」，而奄息、仲行、鍼虎三人，分別為「百夫之特」、「百夫之防」、「百夫之禦」之人傑，迴旋反覆哀嘆痛失良材之感。〈燕召公世家〉亦有兼采《詩·召南·甘棠》與其詩序，變體成文之例：

　　　　召公之治西方，甚得兆民和。召公巡行鄉邑，有棠樹，決獄政事其下，
　　　　自侯伯至庶人各得其所，無失職者。召公卒，而民人思召公之政，懷
　　　　棠樹不敢伐，哥詠之，作〈甘棠〉之詩。（〈燕召公世家〉，頁1550）

詩序說：「甘棠，美召伯也。召伯之教，明於南國。」，〈召南·甘棠〉則記：「蔽芾甘棠，勿翦勿伐，召伯所茇。蔽芾甘棠，勿翦勿敗，召伯所憩。蔽芾甘棠，勿翦勿拜，召伯所說。」，〔註102〕而觀〈燕召公世家〉所載，知司馬遷僅取其詩意及成詩背景而記述故實，變更原詩面貌·改易內容，變體成為敘事文字。

　　《史記》著眼《詩經》全文，隳括詩意，僅敘述其中發生史事，而省略種種細節，是太史公慣以采《詩》之法，如〈五帝本紀〉擷取〈大雅·大明〉〔註103〕成詩背景，改易為：「周武王於是遂率諸侯伐紂。紂亦發兵距之牧野。

〔註101〕　〈黃鳥〉詩序。毛亨傳、鄭玄箋：《毛詩注疏》，文津閣四庫全書本（北京：商務印書館，2005），頁154～155。
〔註102〕　〈甘棠〉，毛亨傳、鄭玄箋：《毛詩注疏》，文津閣四庫全書本（北京：商務印書館，2005），頁63～64。
〔註103〕　〈大雅·大明〉載：「篤生武王，保右命爾，爕伐大商。殷商之旅，其會如林。矢于牧野：『維予侯興。上帝臨女，無貳爾心！』牧野洋洋，檀車煌煌，駟騵彭彭。維師尚父，時維鷹揚；涼彼武王，肆伐大商，會朝清明。」，毛亨傳、鄭玄箋：《毛詩注疏》，文津閣四庫全書本（北京：商務印書館，2005），頁296～299。

甲子日，紂兵敗。」;〈周本紀〉本〈大雅‧皇矣〉,〔註104〕言「公季修古公遺
道，篤於行義，諸侯順之。」。或僅取成詩背景，來訂定年代，如〈周本紀〉:
「明年伐犬戎，明年伐密須。」分別是根據〈大雅‧緜〉、〈大雅‧皇矣〉二
詩內容寫成的史事;〈周本紀〉:「明年伐崇侯虎。」一句，是根據〈大雅‧文
王有聲〉、〈大雅‧皇矣〉而寫成的史事。則知司馬遷以《詩》為史料，並不
受詩體侷限，或變體敘事，或取材補史，匠意經營，取決一心。

第四節　《史記》改易方法舉例（三）

　　《史記》之歷史敘事，蘊含史家筆法、《春秋》書法，有時，他借用古語
俗諺，點竄陳言，以己意出之，為借襲之法。〔註105〕所謂借襲，有綴集與衍
約二目而目，綴集，為綴合前人之文而成篇，則《史記》採取百種史料重組
成文，皆屬此例，本章所說衍、約、對譯、變體，皆是在綴集基礎上論之（綴
集之法說見第五章）。則知綴集、借襲前人之文，衍之、約之、變翻之，為《史
記》改寫史料之方法，時有並存。借襲，除第三章討論過之《史記》引文外，
更多時候，司馬遷採前人陳言，如引《詩經》、《論語》，來論事言理，則是所
謂「旨取言公，意重運古，則綴拾陳言，以入己作」。〔註106〕

　　點竄陳言以入己作，類似今日修辭學「引用」一法，陳望道《修辭學發
凡》曾為「引用」格進行說明:

　　　文中夾插古人成語或故事的部分，名叫引用辭。引用故事成語，約
　　　有兩個方式:第一，說出它適合出成語故事的，是明引法;第二，
　　　並不說明，單將成語故事編入自己文中的是暗用法。……以上兩類
　　　引用法，各可分為略語取意和語意並取兩種。〔註107〕

知所謂「引用」指在自己的說寫當中，引別人的話或成語、諺語、格言來說
明問題闡述觀點。而又根據出處說明之有無，分明、暗二種。而陳望道所謂
略語取意，是指引用陳言是否添減原文來說，如全引全用，為語意並取，反

〔註104〕〈大雅‧皇矣〉:「皇矣上帝，臨下有赫;監觀四方，求民之莫……是伐是肆，
　　　　是絕是忽，四方以無拂。」，309～314。
〔註105〕郭紹虞:《學文示例》（臺北:明文書局，1986.8），頁6。
〔註106〕郭紹虞:《學文示例》（臺北:明文書局，1986.8），頁6。
〔註107〕陳望道:《修辭學發凡》，上海書店民國叢刊本（據中國文化服務社1947版影
　　　　印九版），頁139～142。

之，若有所省約，即屬略語取意。以〈伯夷叔齊列傳〉為例：

> 「君子疾沒世而名不稱焉」。賈子曰：「貪夫徇財，烈士徇名，夸者
> 死權，眾庶馮生。」「同明相照，同類相求」，「雲從龍，風從虎，聖
> 人作而萬物睹。」（〈伯夷叔齊列傳〉，頁 2127）

《論語·衛靈公》說：「子曰：『君子疾沒世而名不稱焉。』」，司馬遷不改易
孔子陳言，卻未說明出處，是為暗引；「賈子曰」一句，出自賈誼〈鵩鳥賦〉，
〔註108〕 說明出處，為明引，將原文語助詞「兮」字刪去，則知是略語取意；
而下半段「同明相照」到「聖人作而萬物睹」，則取意於《周易》乾卦九五，
其辭曰：「飛龍在天，利見大人，何謂也？子曰：『同聲相應，同氣相求，水
流濕，火就燥，雲從龍，風從虎，聖人作，而萬物睹』。」，知〈夷齊傳〉所
引，對原文有所刪省，而又未指明出處，則屬略語取意的暗引修辭。

　　《史記》引用陳言的例子相當常見，然宜將傳記中人物言論中的引言區
別之。子曰：「不學詩，無以言。」，又曰：「頌《詩》三百，使於四方，不能
專對，雖多，亦奚以為？」，敘述賦詩是先秦的外交辭令，《史記》中多見在
對話中引《詩經》為說，如〈晉世家〉敘公子重耳出亡至秦，穆公燕享重耳，
趙衰隨侍，即賦詩以明志，此種引用本於史料記載，非出於司馬遷，不宜混
為一談。

　　章學誠《文史通義·言公中》：「前人有言，後人援以取重焉，是同古人
於己也；前人有言，後人從而擴充之，是以己附古人也。」，〔註109〕 司馬遷引
用陳言，成就一家，亦可區分為二類：不改陳言之意，僅引陳言為證，為援
古取重之法；引用陳言，並擴充其意，加以論說，是附古擴充之方，亦有撰
述之改易精神於其中。

（一）援古取重

　　適當的引用，可以增強權威力量，為信史背書。〈封禪書〉開宗明義討論
封禪的意義：

> 自古受命帝王，曷嘗不封禪？蓋有無其應而用事者矣，未有睹符瑞
> 見而不臻乎泰山者也。雖受命而功不至，至梁父矣而德不洽，洽矣
> 而日有不暇給，是以即事用希。傳曰：「三年不為禮，禮必廢；三年

〔註108〕〈鵩鳥賦〉：「貪夫殉財兮，烈士殉名。夸者死權兮，品庶每生。」，林家驪注
　　　　譯、陳滿銘校閱：《新譯賈長沙集》（臺北：三民書局，1996.7），頁 21。
〔註109〕章學誠：《文史通義》（臺北：世界書局，1964.4），頁 41。

不為樂，樂必壞。」每世之隆，則封禪答焉，及衰而息。厥曠遠者
千有餘載，近者數百載，故其儀闕然堙滅，其詳不可得而記聞云。（〈封
禪書〉，頁 1355）

段中「傳曰」一語，乃出自《論語·陽貨》引宰我言：「三年之喪，期已久矣。
君子三年不為禮，禮必壞；三年不為樂，樂必崩。舊穀既沒，新穀既升，鑽
燧改火，期可已矣。」〔註 110〕，以為封禪如同禮、樂相同，與治世的關連密
切，禮樂興、封禪盛皆是太平盛世的作為，因此引用《論語》之言，為封禪
事找到舉行的依據，說明其與治世的關連性。又如〈匈奴列傳〉言戎狄侵暴
中國，中國疾之，即引依序引《詩·魯頌·閟宮》、《詩·小雅·六月》、《詩·
小雅·出車》為證，而說：「『戎狄是應』，『薄伐獫狁，至於大原』，『出輿彭
彭，城彼朔方』。（頁 2882）」；〈吳太伯世家〉寫太伯讓天下之美德，引《論語·
泰伯》語說：「孔子言『太伯可謂至德矣，三以天下讓，民無得而稱焉』。（〈吳
太伯世家〉頁 1475）」，《論語·泰伯》原文為：「泰伯其可謂至德也已矣，三
以天下讓，民無得而稱焉。」，司馬遷於〈吳太伯世家〉中沿用該說，僅改易
原文探嘆詞「也已矣」作「矣」，其他全引，知司馬遷援古取重，引用陳言，
讓古人為歷史敘事的正確性增加信度。

引用陳說，證史事之理則，如〈管晏列傳〉引《孝經·事君》〔註 111〕說：
「此所謂『進思盡忠，退思補過』者哉！（〈管晏列傳〉頁 2137）」，說明晏子
諫說，犯君之顏之德行。有時，也可拿來反襯史事之發展，如〈屈賈列傳〉：

人君無愚智賢不肖，莫不欲求忠以自為，舉賢以自佐，然亡國破家
相隨屬，而聖君治國累世而不見者，其所謂忠者不忠，而所謂賢者
不賢也。懷王以不知忠臣之分，故內惑於鄭袖，外欺於張儀，疏屈
平而信上官大夫、令尹子蘭。兵挫地削，亡其六郡，身客死於秦，
為天下笑。此不知人之禍也。《易》曰：「井泄不食，為我心惻，可
以汲。王明，並受其福。」王之不明，豈足福哉！（〈屈賈列傳〉，
頁 2485）

文中「井泄不食」一句，出自《易傳》井卦九三卦辭，司馬遷標明《易》，並

〔註 110〕 《論語·陽貨》，朱熹：《四書章句集注》（臺北：大安出版社，1994.11），頁
253。

〔註 111〕 《孝經·事君》：「子曰：『君子之事上也。進思盡忠，退思補過，將順其美，
匡救其惡，故上下能相親也。』」，《孝經》，四部叢刊初編本（臺北：臺灣商
務印書館，1967），頁 8。

不改易原文文字，為語意並取的明引方法。井渫不食，指浚井而不食用，使讓人感到可惜之事，當取用飲水，則比喻人修己全潔而不見用，讓人感士不遇，因此若君主有道，則天下受惠。司馬遷引《易》說屈原的不遇，正道出「王之不明，豈足福哉」之理，引《易傳》映證屈原不遇，直接提煉出屈原不遇事的資鑑意義。

更多時候，《史記》援古取重之法，是以陳言來比附傳主，加以評論，而見司馬遷因事言理，立傳觀察之角度：

> 太史公曰：語有之：「以權利合者，權利盡而交疏」，甫瑕是也。（〈鄭世家〉，頁 1777）

> 蓋孔子曰：「以貌取人，失之子羽。」留侯亦云。（〈留侯世家〉，頁 2049）

> 太史公曰：兵以正合，以奇勝。善之者，出奇無窮。奇正還相生，如環之無端。夫始如處女，適人開戶；後如脫兔，適不及距：其田單之謂邪！（〈田單列傳〉，頁 2456）

> 史公曰：仲尼有言曰「君子欲訥於言而敏於行」，其萬石、建陵、張叔之謂邪？是以其教不肅而成，不嚴而治。塞侯微巧，而周文處䚶，君子譏之，為其近於佞也。然斯可謂篤行君子矣！（〈萬石張叔列傳〉，頁 2773～2774）

> 太史公曰：《傳》曰「其身正，不令而行；其身不正，雖令不從」。其李將軍之謂也？余睹李將軍悛悛如鄙人，口不能道辭。及死之日，天下知與不知，皆為盡哀。彼其忠實心誠信於士大夫也？諺曰「桃李不言，下自成蹊」。此言雖小，可以諭大也。（〈李將軍列傳〉，頁 2878）

〈鄭世家〉以古語論甫瑕，知處世之變也；〈留侯世家〉「以貌取人」語，非襲孔子言，而出自《韓子‧顯學》，證以貌失人耳；〈田單列傳〉暗引《孫子兵法》〔註112〕，證田單用兵之奇也；〈萬石張叔列傳〉明引《論語‧里仁》〔註113〕，

〔註112〕《孫子》卷五〈勢〉：凡戰者，以正合，以奇勝。故善出奇者，無窮如天地，不竭如江河，終而復始，日月是也；死而復生，四時是也；《孫子》卷 11〈九地〉：是故始如處女，敵人開戶，後如脫兔，敵不及拒。孫子：《孫子集注》，四部叢刊初編本（臺北：臺灣商務印書館，1967），頁 53～54、162。

〔註113〕《論語‧里仁》：「君子欲訥於言，而敏於行。」朱熹：《四書章句集注》（臺北：大安出版社，1994.11），頁 99。

寫萬石之能全軀保妻,暗用《孝經‧三才》,〔註114〕諷塞侯、周文之佞也;〈李
將軍列傳〉引《論語‧子路》〔註115〕及諺語〔註116〕,寫李廣忠實誠信,為世
所知也。或為明引,或為暗用,有置於太史公曰者,亦有穿插於行文之中者,
或用雅言,或用俚語,知史公援古取重,不拘一格,以言證人,進行歷史評價。

（二）附古擴充

司馬遷閱讀文獻史料,寫成《史記》,有其史識揀選之標準,其所採用之
史料,當為司馬遷經考證而認可之材料。同樣地,司馬遷引用陳言,亦有其
取用的準則,其所引用的陳言,當符合太史公之期待視野,而能在陳言基礎
上,引伸擴充,加以立論,而有附古擴充之法。如〈孔子世家〉引《詩》作
太史公曰:

> 太史公曰:《詩》有之:「高山仰止,景行行止。」雖不能至,然心
> 鄉往之。余讀孔氏書,想見其為人。(〈孔子世家〉,頁1947)

「高山仰止,景行行止」出自〈小雅‧車舝〉,原為刺幽王之作,用以說明對
崇高德行的追求,太史公引用其意,用以說其對孔子之傾慕,則是在經文之
基礎上,推而廣之,為附古擴充之法。又如〈孟子荀卿列傳〉,用《論語‧子
罕》、《論語‧里仁》,擴充申論之:

> 太史公曰:余讀《孟子》書,至梁惠王問何以利吾國?未嘗不廢書
> 而嘆也。曰:嗟乎,利誠亂之始也!夫子罕言利者,常防其原也。
> 故曰「放於利而行,多怨」。自天子至於庶人,好利之弊何以異哉!
> (〈孟子荀卿列傳〉,頁2343)

司馬遷從孟子與梁惠王義利之辨事出發,從而引發對爭利而始亂的感慨,聯
想到《論語‧子罕》:「夫子罕言利,唯命與仁。」,和《論語‧里仁》:「放於
利而行,多怨。」之語,認為言利非王道所當為,擴充比附到孟子事,並透
過孟子事,指責爭利之弊,並留與讀者懸想思考的空間,用天子庶人相對,
留白暗指天子與民爭利事。則夫子僅言「仁」、「利」,孟子僅別「義」、「利」,

〔註114〕《孝經‧三才》:「其教不肅而成,其政不嚴而治。」,《孝經》,四部叢刊初編
　　　　本(臺北:臺灣商務印書館,1967),頁4。

〔註115〕《論語‧子路》:「其身正,不令而行;其身不正,雖令不從。」,朱熹:《四
　　　　書章句集注》(臺北:大安出版社,1994.11),頁198。

〔註116〕明引「桃李不言,下自成蹊」諺語,並暗用「此言雖小,可以愈大」。司馬相
　　　　如〈諫獵書〉云:「鄙諺曰:『家累千金,坐不垂堂,此言雖小,可以愈大』。」
　　　　知其為當時之陳言,而太史公用之。

而太史公推而廣之，用以申論好利之弊，為亂之始的看法，則引古人言，添入新詮，勸誡當代，資鑑後世，為復古擴充的借襲之法。

復古擴充的借襲筆法，多見於太史公曰的論贊處，則該法與歷史解釋有密不可分的聯繫。如〈夷齊列傳〉，結合歷史敘事和歷史解釋，通篇議敘夾行，為傳之變體，以處世之道為核心，借襲大量陳言，如《論語·公冶長》「伯夷、叔齊，不念舊惡，怨是用希。」、《論語·述而》：「求仁而得仁，又何怨？」、《論語·衛靈公》：「道不同，不相為謀」、《論語·述而》：「如不可求，從吾所好」、《論語·子罕》：「歲寒，然後知松柏之後凋」、《老子》：「國家昏亂，始有忠臣，是舉代混濁，則士之清潔者乃彰見。」、《荀子·大略》：「歲不寒無以知松柏，事不難無以知君子。」、《論語·衛靈公》：「君子疾沒世而名不稱焉。」、《易傳》：「同氣相求」、〈鵩鳥賦〉：「貪夫徇財，烈士徇名，夸者死權，衆庶馮生」等，據期待視野選言，重組文字，加以申論。其論說方式及內涵，說見第五章。

除了〈夷齊列傳〉，〈外戚世家〉亦用借襲法起筆：

> 自古受命帝王及繼體守文之君，非獨內德茂也，蓋亦有外戚之助焉。夏之興也以塗山，而桀之放也以末喜。殷之興也以有娀，紂之殺也嬖妲己。周之興也以姜原及大任，而幽王之禽也淫於褒姒。故《易》基乾坤，《詩》始關雎，書美釐降，春秋譏不親迎。夫婦之際，人道之大倫也。禮之用，唯婚姻為兢兢。夫樂調而四時和，陰陽之變，萬物之統也。可不慎與？<u>人能弘道，無如命何</u>。甚哉，妃匹之愛，君不能得之於臣，父不能得之於子，況卑下乎！既驩合矣，或不能成子姓；能成子姓矣，或不能要其終：豈非命也哉？<u>孔子罕稱命，蓋難言之也</u>。非通幽明之變，惡能識乎性命哉？〈外戚世家〉（1967）

司馬遷寫〈外戚世家〉，先總述全篇，再分別論述，與他傳按人發跡時間繫事不同。既總敘全篇，則起筆即見善循事理的史釋，而用典、借襲亦有所使用。太史公舉夏、商、周三代為例，說明外戚與盛衰的關連。而論《易》基陰陽，《詩》始〈關雎〉，則導入述后妃、外戚之風諫之意。而後改易《論語·衛靈公》語，〔註117〕聚焦於「人能弘道，無如命何」的「命」字主題，並引《易》

〔註117〕《論語·衛靈公》：「人能弘道，非道弘人。」；《論語·憲問》：「道之將興，命也，道之將廢，命也，公伯寮其如命何？」。朱熹：《四書章句集注》（臺北：大安出版社，1994.11），頁233、219。

與《論語‧公冶長》〔註118〕，集中申論「天道」、「命」的要意，而開展下文。

> 史於呂氏，譏以非天命孰能當之；於薄氏，稱仁善，於竇氏，稱退
> 讓。至王信好酒，田蚡、勝貪污，則武帝母王太后之戚；衛青號大
> 將軍，霍去病號驃騎將軍，則武帝妃衛皇后之戚；勸戒昭然，而外
> 戚之斂肆，亦繫於時君矣。〔註119〕

> 總敘中突出一命字，作全篇主意。逐節敘事，不必明言命字，而起
> 伏顛倒，隱然有一命字散於一篇之中。〔註120〕

> 夫六經之稱命罕矣，獨《詩》屢稱命，皆言妃匹之際，帷房之故者
> 也。……漢司馬遷引而申之，於其序外戚也，言命者四，言之皆累
> 欷。善乎遷之能讀三百篇，闡幽微，告萬世也。〔註121〕

〈關雎〉，后妃之德也，司馬遷引《詩》論外戚，闡述詩旨，用命字作主題，逐
節敘事。西漢開國自呂后始，外戚干政、掌權史不絕書：呂后專權，誅殺趙王
如意、要脅齊王趙肥，諸呂異姓而王天下；竇太后雖行黃老，輕徭薄賦，卻干
預立儲，欲以梁孝王為嗣，引起禍端；及武帝時，衛青、霍去病掌管兵符，封
侯拜將，而有「衛子夫霸天下」之說。司馬遷綴集史事，重新解讀《論語》與
《易》對於「命」的說法，賦予新意，旨在風諫漢時天子，宜收斂外戚，以免
釀禍。因此史公引《論語》、《易》，是在陳言的基礎上，擴充、引伸其觀點，使
之與外戚事扣合，而發揮微旨，命意在心，是附古擴充的改易方法。

類傳比物連類，與〈外戚世家〉相似，於起筆處，常總敘題解，而見借
襲之例。如〈貨殖列傳〉即改易老子言，領出全文：

> 老子曰：「至治之極，鄰國相望，雞狗之聲相聞，民各甘其食，美其
> 服，安其俗，樂其業，至老死不相往來。」必用此為務，輓近世塗
> 民耳目，則幾無行矣。（〈貨殖列傳〉，頁 3253）

〔註118〕〈外戚世家〉：「非通幽明之變，惡能識乎性命哉？」語，語出《周易‧繫辭
上》：「仰以觀於天文，俯以察於地理，是故知幽明之故，原始反終，故知死
生之說。」，四部叢刊初編本（臺北：臺灣商務印書館，1967），頁 43；《論
語‧公冶長》：「子貢云：『夫子之言，性與天道，不可得而聞也。』」，朱熹：《四
書章句集注》（臺北：大安出版社，1994.11），頁 106。

〔註119〕黃震《黃氏日抄》卷四六〈史記〉，龔肇鵬選編：《宋明讀書記四種》（北京：
北京圖書館，1998.9），第 16 冊，頁 50。

〔註120〕湯諧：《史記半解‧外戚世家》，楊燕起等：《史記集評》（北京：華文出版社，
2005.1），頁 425。

〔註121〕龔自珍：《龔自珍全集》第一輯《尊命》（臺北：河洛出版社，1975.9），頁 84。

此段本於《老子》八十章，原文為：「甘其食，美其服，安其居，樂其俗，鄰國相望，雞狗之聲相聞，民至老死，不相往來。」，司馬遷改變原文的語序，並補上「至治之極」一詞，乃以己之意補入陳言之中，是不拘於文辭，改易就說的筆法。何以司馬遷引《老子》，作為〈貨殖列傳〉的起筆？方苞曰：「桑弘羊以心計，置均輸、平準，陰與民爭利，所謂涂民耳目，几天行者也。故因老子之言而連及之，然後推原本始，以為中古而後，嗜欲漸開，勢不能閉民欲利之心，以返於太古之無事。」〔註122〕，則知司馬遷引《老子》述貨殖，並非在標榜倡導無為而治的情境，而是透過《老子》上古治世理想國的勾勒，襯出後來世人逐利的面貌，目的在詮釋君主對貨殖，當是「善者因之，其次利道之，其次教誨之，其次整齊之，最下者與之爭」的意義。〔註123〕故《老子》言在〈貨殖列傳〉的作用，並非發揮本意，而是太史公用意擴充之，亦為附古擴充之法。

　　〈酷吏列傳〉，亦是類傳附古擴充，改寫陳言的借襲之例。該文以孔子、老子言開端，明引暗用，以總敘酷吏：

> 孔子曰：「<u>導之以政，齊之以刑，民免而無恥。導之以德，齊之以禮，有恥且格。</u>」老氏稱：「<u>上德不德，是以有德；下德不失德，是以無德。法令滋章，盜賊多有。</u>」太史公曰：信哉是言也！法令者治之具，而非制治清濁之源也。昔天下之網嘗密矣，然<u>姦偽萌起，其極也，上下相遁</u>，至於不振。當是之時，吏治若救火揚沸，非武健嚴酷，惡能勝其任而愉快乎！言道德者，溺其職矣。故曰「<u>聽訟，吾猶人也，必也使無訟乎</u>」。「<u>下士聞道大笑之</u>」。非虛言也。漢興，破觚而為圜，斲雕而為朴，網漏於吞舟之魚，而吏治烝烝，不至於姦，黎民艾安。由是觀之，在彼不在此。（〈酷吏列傳〉，頁3131）

司馬遷連引《論語·為政》、《老子》三十八章，點出「德治」主題，而後直接用「信哉是言也」，肯定「德治」，反對法治天下。此段文字除提筆明引《論語·為政》、《老子》外，「然姦偽萌起，其極也，上下相遁」一句，改易賈誼

〔註122〕　方苞：〈書貨殖傳後〉，《方望溪文集》（臺北：世界書局，1960.11），頁28。

〔註123〕　朱鶴齡〈讀貨殖傳〉：「趙子常云，〈貨殖傳〉當與〈平準書〉參觀，〈平準〉譏橫斂之臣，〈貨殖〉譏牟利之主，此論得知而有未盡。愚以為此篇大指，盡於『善者因之，其次利道之，其次教誨之，其次整齊之，最下者與之爭。』」，《愚庵小集》卷十三，四庫全書珍本（臺北：臺灣商務印書館，1973），頁3。

〈過秦論〉而來，〔註124〕並借襲《論語‧顏淵》、《老子》四十一章，〔註125〕
展開論說。司馬遷因李陵事身陷囹圄，親朋莫救，思考刑法與治世的關係，
而作〈酷吏列傳〉，雖傳寫十人，實敘吏治之弊，而非旨在傳人。故明引《論
語‧為政》、《老子》三十八章，寫德治天下之要，並改易《論語‧為政》、《老
子》四十一章原本不緣事而發之理，強調為政宜以德化，而非峻法行事，故
董份云：「前引孔子、老氏發端，見上德薄刑，酷吏必不可為矣」，〔註126〕正
是太史公借襲孔、老言之目的。其他如〈遊俠列傳〉，借襲《韓非‧五蠹》、《莊
子‧胠篋》，〔註127〕寫「儒以文亂法，而俠以武犯禁」、「竊鉤者誅，竊國者侯，
侯之門仁義存」語，述游俠所為，申論功、名未能相應之嘆，〔註128〕則知司
馬遷借襲《韓非子》、《莊子》，附古論說，目的非在套用、證明陳言的本意，
而是再翻一層，通變古今，道出當代意義，比興以立說。

　　借襲之法，意重運古，綴拾陳言，以入己作。司馬遷援古取重，明引暗
用，為史背書、證史理則，比附傳主，置入歷史解釋；又附古擴充，或結合
論贊，或總敘全篇，皆在原說之基礎上，詮解出當代意義。知借襲之法，為
太史公以陳言為範圍，改易材料的方法，而能在史料中，新變出史釋角度，
成立一家之說。

第五節　結　論

　　劉知幾《史通‧模擬》說：「夫述者相效，自古而然。……況史臣記注，

〔註124〕賈誼〈過秦論〉中：「然後姦偽並起，而上下相遁。」，林家驪注譯、陳滿銘
　　　　校閱：《新譯賈長沙集》（臺北：三民書局，1996.7），頁145。

〔註125〕《論語‧為政》，朱熹：《四書章句集注》（臺北：大安出版社，1994.11），頁
　　　　70；《老子》41章：「上德若谷，大白若辱，廣德若不足，建德若偷。」，《老
　　　　子道德經》，四部叢刊初編本（臺北：臺灣商務印書館，1967），頁14。

〔註126〕凌稚隆：《史記評林》，〈酷吏列傳〉引董份，頁2700。

〔註127〕《韓非‧五蠹》：「儒以文亂法，李斯謂諸生不師今而學古，以非當世。」《莊
　　　　子‧胠篋》：「彼竊鉤者誅，竊國者為諸侯，諸侯之門而仁義存焉，則是非竊
　　　　仁義聖知邪？」

〔註128〕劉辰翁《班馬異同》卷三一：韓非子刻薄，欲箝制人心術，使必不得騁，而
　　　　獨取俠客之義，如其〈說難〉、〈孤憤〉。至緩急者人之所時有也，更自藹然。
　　　　叩其意本不取季次、原憲等，蓋言其有何功業而志之不倦，卻借他說游俠之
　　　　所為，有過之者而不見稱，特其語厚而意深也。楊燕起等《史記集評》（北
　　　　京：華文出版社，2005.1），頁590。

其言浩博，若不仰範前哲，何以貽厥後來？」〔註129〕，曾鞏〈南齊書序〉：「古之所謂良史者，其明必足以周萬事之理，其道必足以適天下之用，其智必足以通難知之意，其文必足以發難顯之情，然後其任可得而稱也。」，司馬遷在百種遺文基礎上，從事《史記》的纂修，其改寫的面向有三：考據、詞章、義理。為考據而改，比較異源史料，追求歷史真實，是信史的理想；為詞章而改，則見其文學筆法，而目的在提煉史事能供資鑑的元素；為義理而改，則史識、側重不同，而置入歷史解釋。《史記》目的在究際天人、通變古今，述往知來，其纂修之改易筆法，則可得三個面向的觀察：

（一）衍、約。能統一書法、改對為敘，簡化敘事，用「約」筆著眼於大事，用字峻潔；而增補語氣、敷衍敘事，則用「衍」筆，強化事理，而行文雄健，融二者為一爐，體大思精。

（二）變翻。司馬遷採上古史料，撰修通史，需變翻語言：通假換字，據意行文，對譯古今語；變體敘事，取材補史，不受詩體侷限，變體文類間。

（三）借襲。借襲之法，意重運古，綴拾陳言，以入己作：明引暗用的援古取重，為史背書、證史理則，比附傳主，置入歷史解釋；又附古擴充，或結合論贊，或總敘全篇，皆在原說之基礎上，詮解當代意義。

〔註129〕郭紹虞：《學文示例》（臺北：明文書局，1986.8），頁 147。

第五章 《史記》撰述之撰作義法

　　蘇東坡〈刑賞忠厚之至論〉中云：「皋陶曰殺之三，堯曰宥之三。」梅堯臣問該書出處，蘇東坡以「想當然耳！」答覆之。蘇東坡語，出自《三國志·孔融傳》，孔融傳中孔融的原話為「以今度之，想當然耳」，知對於歷史的詮釋，能於空白處補缺，賦予歷史想像的再創作空間。

　　歷史為過往之陳跡，常因史料不足，而有所斷裂、空白、殘缺處，然而，史家載筆，雖以信史為追求目標，亦有歷史之想像、褒貶之寄寓、抒懷之假託，會在客觀史料中，注入自己的主觀意志。〔註1〕西方近代史學家時時談及「直覺」、「洞察」、「想像」、「專注」、「投射」、「同情」、「憐憫」、「移情」，〔註2〕也在在說明此種融主客體為一的歷史寫作內涵。歷史以人事為核心，人之所在，而萬事出，史家博覽群籍，纂修、研讀歷史，會發現歷史上許多割裂的、不連貫的、資料殘缺不全的地方，而欲消弭時空的侷限，就必須藉助自身的想像，重建還原當時的歷史時空。有時，歷史想像的文字，是史官史觀看法的呈現，如〈淮陰侯列傳〉中載陳豨與韓信的對話，其場景為四下無人的中庭，〔註3〕

〔註1〕　再創作需著重於史實的鑑別、史料的排比組織，將史料素材的客體和作者的主體融合為一，在史料素材當中，融注進作者自己的人生體驗、生活體驗和主體情思——在這當中，就含蘊和概括進了更多、更廣泛的社會生活的內容。可永雪：《史記文學成就論說》（呼和浩特：內蒙古教育出版社，2001.5），頁368～369

〔註2〕　杜維運：《史學方法論》（臺北：三民書局，1985.3增訂版），頁191～192。

〔註3〕　〈淮陰侯列傳〉：「陳豨拜為鉅鹿守，辭於淮陰侯。淮陰侯挈其手，辟左右與之步於庭，仰天嘆曰：『子可與言乎？欲與子有言也』。豨曰：『唯將軍令之。』淮陰侯曰：『公所居，天下精兵處也；而公，陛下之信幸臣也。人言公之畔，陛下必不信；再至，陛下乃疑矣；三至，必怒而自將。吾為公從中起，天下可圖也。陳豨素知其能也，信之。』曰：『謹奉教！』」，頁2628。

則司馬遷何以得知二人的竊竊私語？又〈商君列傳〉記載魏惠王問病公叔座，摒退左右的私語，既已摒退左右，司馬遷又何以知道公叔座對魏惠王的建議？〔註4〕則前者乃欲透過刪通對話，表達韓信對漢廷之看法，後者則是透過公叔座語，彰顯商鞅的幕僚長才，皆是出自司馬遷的歷史想像，而讓筆下的歷史人物特質被展現，此細節的敷衍，能深化藉史演義的旨趣。

「想像」對於歷史的重建有著舉足輕重的地位，王船山云：「取僅見之傳聞，而設身易地以求其實。」，〔註5〕章實齋亦說：「論古必恕，非寬容之謂也。……恕非寬容之謂者，能為古人設身而處地也。」〔註6〕《史記》之撰作，有置歷史想像於史料空白處，如〈五帝本紀〉的虞舜孝親、〈夏本紀〉的大禹治水、〈殷本紀〉的簡狄吞鳥卵而生契、〈周本紀〉的姜嫄履巨人跡而生稷等。亦有置歷史解釋於敘事行文當中者，如〈伯夷列傳〉以談怨、〈屈原賈誼列傳〉以釋情、〈刺客列傳〉以論義……等，是歷史撰述的關鍵環節。則《史記》之撰作，是太史公義法之所寄，也是其微旨之體現。故本章即在此觀念下，梳理司馬遷的「再造」概念，再根據《史記》中的「撰作」文實績，思考其撰作的「歷史想像」、「歷史議論」與旨趣之聯繫，以觀察司馬遷撰作之義法。

第一節　創作觀的遞嬗

本論文第三章史官執掌的流變中，曾經提到，自孔子作《春秋》，歷史記載的「義」即被汲取出來，與道德合德，而有懲惡勸善淑世理想的寄託。而這種從「史」演「義」的立言方法，在戰國時被推廣到極致，諸子不再滿足於從現成的史事裡推演治世的哲理，而甚至企圖寄託以聖賢之名，成就寓言之說。如《莊子》中的〈養生主〉中，寫庖丁為文惠君解牛，而有「因其固然」、「技進乎道」的哲理闡發。文中的文惠君一說為梁惠王，然而，在「庖

〔註4〕〈商君列傳〉：「商君者，衛之諸庶孽公子也，名鞅，姓公孫氏，其祖本姬姓也。鞅少好刑名之學，事魏相公叔座為中庶子。公叔座知其賢，未及進。會座病，魏惠王親往問病，曰：『公孫病有如不可諱，將奈社稷何？』公叔曰：『座之中庶子公孫鞅，年雖少，有奇才，願王舉國而聽之』，王默然。王且去，座屏人言曰：『王即不聽用鞅，必殺之，無令出境，王許諾而去[0]。』」，頁2227。

〔註5〕王夫之：《讀通鑑論》卷二十，四部備要本（臺北：臺灣中華書局，1981），頁25。

〔註6〕章學誠：《文史通義‧文德》（臺北：世界書局，1962.4），頁57。

丁解牛」整章寓言中，文惠君是否為梁惠王，這並非關鍵，因為庖丁所言，乃莊子哲思所寄託，未必是真實發生的歷史事件。這樣的例子不獨見於《莊子》，百里奚被舉用過程與五羖羊皮〔註7〕的關係，也是此中觀念下的產物。《韓詩外傳》、《論衡》並言秦大夫禽息薦百里奚，而《呂覽‧慎人》則說公孫枝以五羊皮買之而獻諸繆公，《說苑‧臣術》則是從《呂覽》推演，說賈人買以五羖羊皮，使將鹽車，與萬章自鬻秦。針對此現象，梁玉繩曰：「戰國時，造詞以誣聖賢，何所不有」，〔註8〕事實上，如果理解戰國時依「義」造「史」的背景，就可以理解此乃創作觀念的遞嬗，而非污衊聖賢之舉措，需知《呂覽‧慎人》開篇即曰：「功名大立，天也；為是故，因不慎其人不可。」，通篇舉「堯遇舜」、「繆公遇百里奚」為正例，兼采湯武、孔子之不遇為反例，正反雙軌立說君臣遇合之要，故以此宗旨觀之，則以五羊皮換百里奚以獻繆公，則是用以強調「遇」的重要，而非側重史實之紀錄，故孟子說：「萬章問曰：『或曰：『百里奚自鬻於秦養牲者，五羊之皮，食牛，以要秦穆公。』信乎？』孟子曰：『否，不然。好事者為之也。』」。〔註9〕知於戰國之後，「義」被提舉到比「史實」更重要的地位，為了資鑑當代的需求，甚至可造史以成言。士林階級有時為了立言之便，更直接以歷史人物打比方，而有「史」為「義」設的現象產生。

　　為「史」演「義」，實際自孔子取「義」《春秋》蛻變而來。《孟子‧滕文公》說：

> 王者之迹熄，詩亡而後《春秋》作。晉之《乘》，楚之《檮杌》，魯之《春秋》，一也。其事則齊桓、晉文，其文則史，孔子曰：「其義則丘竊取之。」〔註10〕

孟子對《春秋》學的理解，可以分為事、文、義三個層次：事，是指透過史事的鋪演，來行文；文，是文章作法取法史書的方式；義，是對於歷史敘事

〔註7〕　《史記》曾經兩次提到百里奚的舉用過程，分見於〈秦本紀〉與〈商鞅傳〉，前者載穆公以五羖羊皮贖百里奚，後者穆公舉之牛口之下，可知司馬遷當時世傳百里奚事，有多種說法，史公兩存之。

〔註8〕　瀧川資言：《史記會注考證‧秦本紀》引，頁88～21。

〔註9〕　《孟子‧萬章‧上》。朱熹：《四書章句集注》（臺北：大安出版社，1994.11），頁436。

〔註10〕　《孟子‧離婁‧下》。朱熹：《四書章句集注》（臺北：大安出版社，1994.11），頁314。

後提煉出來的歷史哲學。〔註 11〕而後諸子取法《春秋》，著眼於「義」，雖未嘗離事言理，但史的紀錄便在實錄的精神之外，增加了「再造」的成分，而「述」、「作」之間，便取得了新的平衡。

（一）「述而不作」的寫作傳統

司馬遷私塾孔子，〈自序〉透過與壺遂語，解釋《春秋》撰作之由：「夫春秋，上明三王之道，下辨人事之紀，別嫌疑，明是非，定猶豫，善善惡惡，賢賢賤不肖，存亡國，繼絕世，補敝起廢，王道之大者也。」，《春秋》之作，目的在道「義」，而《史記》之纂修，仿擬《春秋》，欲以究際天人，通變古今，成就一家之言。

《史記‧日者列傳》引司馬季主言曰：「述而不作，君子義也。(3218)」，〈太史公自序〉：「余所謂述故事，整齊其世傳，非所謂作也，而君比之於《春秋》，謬矣。」〔註 12〕，司馬遷在《史記》中，曾二度明顯的表明他反對將「作」置入「史」的立場，認為《史記》並非「創作」之書，而是整齊世傳史料，將之敘述出來。而治史者或繼承此說，將其寫作過程，視為「述而不作」的模式。〔註 13〕其實，司馬遷的述作觀，是他對於先秦寫作傳統的理解，也是他對於史官職責的自覺，未必能直接由「述而不作」字面上理解。事實上，「述」與「作」的關係，是從文史同流的狀況中產生的，因此深深地影響了中國的文學與史學，有必要將述作觀作一個整理，而後方能理解司馬遷所謂「述而不作」的內涵，而得《史記》再造的原則與動機。

「述」與「作」的觀念，最早由孔子提出。《論語‧述而》中說：

子曰：「述而不作，信而好古，竊比於我老彭。」〔註 14〕

梁、皇侃《義疏》：「述者，傳於舊章也；作者，新制作禮樂也」，將「述」和「作」分開為兩種不同性質的事情，而不是寫作中的兩個不同方面，這是一

〔註 11〕 參考呂紹剛：〈孟子論《春秋》〉，選入林慶彰：《中國經學史論文選集》上（臺北：文史哲出版社，1992.10），頁 108～117。

〔註 12〕 〈太史公自序〉，頁 3299～3300。

〔註 13〕 葉適：「司馬遷《史記》，有取于《國語》、《戰國策》及其他先秦書，皆一切用舊文，無竄定，是述之而已，無作也。」《習學紀言序目》卷一八〈戰國策〉，四庫全書珍本（臺北：臺灣商務印書館，1972），頁 14。

〔註 14〕 《論語‧述而》，朱熹：《四書章句集注》（臺北：大安出版社，1994.11），頁 125。

種解釋。〔註15〕而宋、邢昺解釋則不同，他認為「述」和「作」都是指撰寫，「作」謂新創某種道或思想等，「述」則是對已經有的道或思想等進行再敘述，而以此說影響為大。〔註16〕我們還原司馬遷所說「余所謂述故事，整齊其世傳，非所謂作也」，知其「作」乃與「世傳」史料相對，以「創新」為其意義界定之範圍。然而，所謂與「世傳」史料相對的「創新」，指得是事件的新造還是其他，此為理解司馬遷「述作」觀之關鍵。

〈日者列傳〉云：「述而不作，君子義也。今夫卜者，必法天地，象四時，順於仁義，分策定卦，旋式正棋，然後言天地之利害，事之成敗。」，〔註17〕這裡提到的「述」與「作」，乃就卜者而言，推敲其中文字，則知「述」乃指順天理的推演卦辭，非自以為理，自創學說。宋、朱震撰《漢王易傳·叢說》，則亦將「述」與「作」跟《易》卦連結，做出以下解釋：

司馬遷曰：「孔子晚年喜《易》，序彖、系象、說卦、文言。」信斯言也，則彖、象、說卦、文言，古有之矣，孔子序之、系之、說之、文之，所謂述而不作也。

述而不作，在此就成了「解釋學」的範疇，「述」即用來指詮解古有之的舊說，因此，「述」有解釋的意義在裡面，以之回溯司馬遷〈日者列傳〉所言，其「述」亦用來法天地、象四時，然後言天地之利害，則「述」實際包含主筆者「解釋」的空間，而非單指依樣畫葫蘆的襲用舊文。

在「述而不作」中得到置放「解釋」的空間，使得史官綴史立言，文人用訓注體進行寫作得到發展的空間，也讓「述」、「作」關係得到微妙的平衡。晚明韓廷錫〈與李明六〉釋訓注體有訓經、發經二種，〔註18〕不論訓經還是發經，接有述者置入解釋的空間，用以回溯《春秋》三傳的訓注，則三傳各

〔註15〕鄔國平：《中國古代接受文學與理論》（哈爾濱市：黑龍江人民出版社，2005.11），頁23。

〔註16〕鄔國平：《中國古代接受文學與理論》（哈爾濱市：黑龍江人民出版社，2005.11），頁23～24。

〔註17〕〈日者列傳〉，頁3218。

〔註18〕注有二法，一訓經，一發經。訓經者，訓其字義，而置其精義，非遺意也，留其意不發，以俟讀者自得之也。此是注經第一手，如鄭玄之於《詩經》是也。發經者，借經文以寫自己自己見識，讀之若一字無語，於經者統而會其大，則字字與經相長也。此雖不及訓經者義長，而為力則難，而為意亦不淺，如向秀之於《莊子》是也。惟宋儒乃合訓詁解經而一之，然訓詁與古同，而解義與古異。周亮工纂、米田點校《尺牘新鈔》卷一（長沙：岳麓書社，1986），頁30。

有不同的立場與敘事於其中，則《左傳》、《公羊》、《穀梁》三家述《春秋》，雖名為述，實際亦不是不作，而是「述」中含「釋」。《公羊》學大盛於漢代，使得「解釋」這個元素在「述」的寫作角色裡舉足輕重。

在史書的撰寫中，「述」中含「釋」，其實也發揮了重要影響。述者並非純客觀地記錄歷史文獻，而是述者根據自己對歷史文獻的理解，在采錄時有所選擇，有所更變，從而使從前的文獻產生新的意義：

> 夫子稱述而不作，述之中有選存焉，若《詩》、《書》是也。《書》始唐堯，而五帝以來言不雅馴者勿道。《詩》始殷湯，而白帝皇娥塗山之歌言而荒誕者勿道，夫子之慎其言如是。彼夫左氏之述《國語》，昭明之述《文選》，是皆夫子之志也哉。《書》、《詩》如夫子一家之言，《國語》、《文選》亦如一人之作，以我範圍古人，不以古人範圍我。夫子者，述者之聖；二子者，述者之明者也。〔註19〕

選文有其取決去取，這是「述」中有揀選材料的特質，根據的是眼目，是史識，這在第三章《史記》的「記注」方法舉隅中已可見大略，並已討論司馬遷安排選文材料之意義。選存，是「述」的方法，而訓解，也是「述」，用於經學、文學如此，用於史學亦是如此，故公羊訓經是詮解經意、置入解釋的「作」，可被稱為「述」，故司馬遷「述而不作」之說，是不脫文本、本事之指稱，而非指不可加入個人歷史解釋與歷史想像於其中。

西方現代史學強調客觀的歷史，卻也不能否認歷史不是在真空的環境中，被紀錄下來，史家載筆，所撰史事是主觀客體的折射，沒有歷史想像，則歷史時空便無法被重建。司馬遷繼承了自古一系而來的史官文化，其「述而不作」並未與撰述之「作」衝突，乃指與「創新史料」相對，留有「解釋」的空間，可以透過選文來「記注」往事，也能在歷史割裂處，補以歷史想像。

（二）「以意逆志」的史料閱讀

郭允《蹈蜀鑑》卷四：「讀史者以意逆志可也」，史書是史家折射出的產物，其中有其藉事言理的識見與理想，讀者在讀史之時，又在史書的基礎上，再折一層，將自己的遭遇與抱負投射入史，而讀出自己追求的結果。因此歷史真相、史家、史書、讀者形成了一個關係鏈：

[（歷史真相+史家）=史書+讀者]=歷史再現

〔註19〕屈大均：〈廣東文選自序〉，《翁山文外》卷二，收入歐初、王貴忱主編《屈大均全集》第三冊（北京：人民文學出版社，1996），頁41。

歷史真相首先與歷史撰筆人，史家，發生作用，成為文字資料。讀者再根據這樣折射出來的產物，得到自身經驗的反應出來的歷史。司馬遷寫《史記》，既是作者，也是讀者，他採集遺老口傳，走訪名山大川採集一手史料，寫成《史記》，是（歷史真相＋史家）的歷程；他閱讀前人遺留下來的歷史文獻，撰成《史記》，則是[（歷史真相＋史家）＝史書＋讀者]的流程。此為史實、史家、史書、讀者關係的基本模式，其中還有許多變因，如自然對歷史現場的破壞、人為因特定目的對史實的變造，以及讀者對作品的誤讀……等，都可能影響歷史再現的結果，使得歷史真相與歷史再現的間距拉大。然而，雖然變因有很多，卻得承認「人」在歷史再現中扮演的重要作用，「史家」的才性影響史書的面目，而「讀者」對於史書的理解，便是歷史再現的關鍵，使歷史事實得到再造的可能。

司馬遷在《史記》之中，曾屢次提及身為讀者的身份，並根據閱讀史書，而得到歷史再現的書寫：

余讀孔氏書，想見其為人。（〈孔子世家〉，頁 1947）

吾讀管氏〈牧民〉、〈山高〉、〈乘馬〉、〈輕重〉、〈九府〉，及《晏子春秋》，詳哉其言之也。既見其著書，欲觀其行事，故次其傳。（〈管晏列傳〉，頁 2136）

余嘗讀商君〈開塞〉、〈耕戰〉書，與其人行事相類。（〈商君列傳〉，頁 2237）

余讀〈孟子〉書，至梁惠王問：「何以利吾國」，未嘗不廢書而歎也。（〈孟子荀卿列傳〉，頁 2343）

余讀〈離騷〉、〈天問〉、〈招魂〉、〈哀郢〉，悲其志。適長沙，觀屈原所自沈淵，未嘗不垂涕，想見其為人。（〈屈原賈生列傳〉，頁 2503）

司馬遷作為一個讀者，他追溯傳主生平，揣摩字裡行間的情感，與史料作者共鳴。因此他筆下的孔子、管仲、晏嬰、商鞅、孟子、荀子、屈原、賈誼，皆成為栩栩如生的人物，成為《史記》名篇，而因為有感情的投入，使史家的投射更顯明顯，如〈屈原賈生列傳〉，寫傳屈原、賈誼，其間更有詩心的謳歌，與自己感士不遇的抒懷，而〈孔子世家〉司馬遷更是耗費大量心神，綴文繫連，企圖還原孔聖及弟子互動的過程，和體現孔子淑世的抱負。追溯生平，是孟子所說「知人論世」的功夫，而在與傳主共鳴的過程中，則是「以

意逆志」、揣摩史料的推演：

> 頌其詩，讀其書，不知其人可乎？是以論其世，是尚友也。(《孟子‧萬章下》) 〔註20〕

> 咸丘蒙曰：「舜之不臣堯，則吾既得聞命矣。《詩》云：『普天之下，莫非王土。率土之濱，莫非王臣。』而舜既為天子矣，敢問瞽瞍之非臣，如何？」曰：「是《詩》也，非是之謂也。勞於王事，而不得養父母也。」曰：「此莫非王事，我獨賢勞也。故說《詩》者，不以文害辭，不以辭害志，以意逆志，是為得之，如以辭而已矣，〈雲漢〉之詩曰：『周餘黎民，靡有孑遺。』信斯言也，是周無遺民也。」(《孟子‧萬章上》) 〔註21〕

知人論世向來是中國古代讀書法中重要一環，閱讀作品，欲追求內在深層的情感與旨趣，必須還原作者生平，重新建構歷史時空，將作品置放在當時的時空背景中，曾能貼切意涵。讀《史記》，不可不知司馬遷之志，而司馬遷閱讀作為史料的先秦作品，則亦從尚友作者入手，因此讀《論語》會想見孔子為人，傳管仲要見其著書，觀其行事，覽《商子》則與商鞅行事相類，讀《孟子》會感同身受的廢書而歎，閱屈賦則心領屈原之志而感悲。因此，閱讀作品必須還原作者時空，反之，撰述傳主亦得參考其作，揣奪其義。不可拘泥於字句，需以己之意，迎接探索作者之志，以求掌握作品的旨趣。〔註22〕

司馬遷閱讀史料，身為讀者，結合孟子思想中的「知人論世」與「以意逆志」〔註23〕，用以理解史料，將之運用於修史，投射入自我主觀之理解與解釋，再造歷史時空，而有特出的歷史敘事。閻若璩曰：「以意逆志，須的知

〔註20〕 朱熹：《四書章句集注》（臺北：大安出版社，1994.11），頁 452。

〔註21〕 朱熹：《四書章句集注》（臺北：大安出版社，1994.11），頁 428。

〔註22〕 後人對以意逆志的理解，大致分為二類：其一，以意逆志，即意蘊含於詩歌當中。其二，「意」指讀者主觀而言，趙岐說：「意，學者之心意也。孟子言，說詩者當本之，不可以文害其辭，文不顯乃反顯也；不可以辭害其志。……人情不遠，以己之意逆詩人之志，是得其實矣。」，朱熹說：「意，謂己意。志謂詩人之志。」，決定了「以意逆志」說對解釋者、接受者因素的普遍重視，成為我國古代解釋理論和接受文學批評的一個重要的思想構成，而以後者影響為大。詳參鄔國平：《中國古代接受文學與理論》（哈爾濱市：黑龍江人民出版社，2005.11），頁 30～31。

〔註23〕 關於結合知人論世與以意逆志說，參考陳民裕：《凌稚隆《史記評林》研究》（國立高雄師範大學 2007 博論，指導教授：周虎林），頁 195。

某詩出於何世，與所作者何等人，方可施吾逆之之法。」〔註24〕張伯偉則說：
「以意逆志的過程，就是將自己的精神沈浸在作品之中，與作品中所包含的
作者之志融合為一，並進而達到人格上的仿效與昇華的境界。」〔註25〕則這
種接受、再造的過程，允許司馬遷的歷史想像馳騁於其間，用以還原史事，
填補史料空白處，有詩心的寓入，亦有不遇基調之共鳴。

　　史家記錄的是人事，本身也有內在的思想與情緒，故當主客體融合為一
時，其影響是相互交錯的，王船山曰：「設身於古之時事，為己之所躬逢；研
慮於古之謀為，為己之所身任。」，〔註26〕應當注意的是，歷史想像與文學想
像不同，史家的想像侷限於歷史真實當中，而非天馬行空的奔馳。換言之，
歷史想像是以歷史真實為前提，受到史實的制約，於空白處補缺，是歷史事
件更加完整，故下得是「設其身以處其地，揣其情以度其變」〔註27〕的功夫。
歷史想像並不是一觸即發的，它要靠很多的條件。專注、同情、物證的刺激
以及學術的基礎，都是引發歷史想像的媒介。〔註28〕如〈齊太公世家〉載：

> 小白自少好善大夫高傒。及雍林人殺無知，議立君，高、國先陰召
> 小白於莒。魯聞無知死，亦發兵送公子糾，而使管仲別將兵遮莒道，
> 射中小白帶鉤。小白詳死，管仲使人馳報魯。魯送糾者行益遲，六
> 日至齊，則小白已入，高傒立之，是為桓公。（〈齊太公世家〉，頁
> 1485～1486）

公子糾與小白爭立為君，小白若無內應者，能先行通風報信，何以能捷足先
登？公子小白較公子糾先行回國，因而登位，此為歷史事實，然而小白因與
高傒善，使之「先陰召小白於莒」，而使公子糾錯失良機，細節的推敲，則是
歷史想像。〔註29〕史實只知小白比公子糾先行返國，而史家卻可調查小白的
交游，與當時的局勢，根據小白自少好善大夫高傒，所以做出高傒作為內應，

〔註24〕閻若璩：《尚書古文疏證》卷五下，轉引自鄔國平：《中國古代接受文學與理
　　　　論》（哈爾濱市：黑龍江人民出版社，2005.11），頁33。
〔註25〕張伯偉：《中國古代文學批評方法研究》（北京：中華書局，2002.5），頁96。
〔註26〕王夫之：《讀通鑑論》〈敘論四〉，四部備要本（（臺北：臺灣中華書局，1981），
　　　　頁96。
〔註27〕戴名世：《南山集・史論》（臺北：華文書局，1970.5），頁99。
〔註28〕杜維運：《史學方法論》（臺北：三民書局，1985.3增訂版），頁200。
〔註29〕郭嵩燾：「桓公無外援，而貿焉以入，此必有為之內主者矣，史公補高傒內應
　　　　一層，亦是想當然之詞，而於義固為完足。」《史記札記》（臺北：成偉出版
　　　　社，1975.9），頁169。

為小白謀國的合理想像，則知歷史想像，必須在不違背史實的前提下，史家參考其他相關材料，以三長之一的史學為基礎，進行推斷，非憑空想像。司馬遷繼承父輩的期許，自幼接受完整的史官養成教育，並以究際天人、通變古今、成一家言為目標撰史，為其專注之志；司馬遷受李陵之禍，遭遇世態炎涼，感觸加深，而成其同情之心；司馬遷掌管金匱石室之書，走遍名山大川，拜訪故居耆老，有其物證的刺激；司馬遷出身史官世家，有自古一脈而來的使命薪傳，有專業的學術基礎。以上種種，奠定了司馬遷的撰述基礎，亦是司馬遷歷史想像的媒介，則司馬遷在歷史空白處寓入想像，便成為其撰述方法中重要的特質。

司馬遷自稱述而不作，卻留有歷史解釋的空間；採摭以意逆志，造成歷史想像的可能，故對於《史記》撰述之的創作，不可忽略此二者，則歷史想像與歷史解釋，是司馬遷歷史再造的途徑，也是其撰述之創作文學主要之體見。

第二節　《史記》撰作方法舉例（一）

（一）綴合補缺

綴合，就是連綴史料以成文。司馬遷參考大量文獻，自有所徵引，而對於先人所遺之美文，揀選合於己用者，增刪文字，連綴成篇，因此，司馬遷處理史料的第一個原則，就是挑選出可用的材料，按照文序，前後排列，然後在空白處，不足處填補文字，連結史料，讓文意連貫。故綴合，乃指將不同史料補以時序、事見始末之簡述，使之連貫，以求敘事完整。因此綴合是司馬遷將史料改寫成《史記》一書的基本動作，將可供鎔鑄入本文的史料，依次排列完成以後，再進行連綴組合。因此，這個連綴、組合的功夫，即是《史記》改作與歷史撰述的要項。

因此，綴合史料間的空隙，可以分為二個層次來觀察：其一，是時間、狀態的補入，使前後史料連貫，如〈蘇秦列傳〉、〈張儀列傳〉……等；其二，是語錄體、諸子書等史料，記錄時間不可考，而司馬遷以意逆志、推演時序，以歷史想像填補史料斷裂處，綴文聯繫之，而以〈孔子世家〉為代表。

1、綴文以補時序

若將今本《史記》與司馬遷所見書作比對，則史料改動越少，則越能觀察出太史公綴合史料的脈絡。如第四章大致提過的〈蘇秦列傳〉，依次排列〈秦

策‧蘇秦始將連橫〉、〈燕策‧蘇秦將為從北說燕文侯〉、〈趙策‧蘇秦從燕之趙始合從〉、〈韓策‧蘇秦為楚合從說韓王〉、〈魏策‧蘇子為趙合從說魏王〉、〈齊策‧蘇秦為趙合從說齊宣王〉、〈楚策‧蘇秦為趙合從說楚威王〉、〈秦策‧蘇秦始將連橫〉、〈燕策‧燕文公時〉、〈燕策‧人有惡蘇秦於燕王者〉、〈燕策‧蘇秦死其弟蘇代欲繼之〉、〈燕策‧初蘇秦弟厲因燕質子而求見齊王〉、〈燕策‧齊伐宋宋急〉、〈燕策‧秦召燕王〉等篇，巧運匠心將之連貫，現將所徵引的史料文本用史料篇名取代，則該篇便可還原成以下面貌：

　　蘇秦者，東周雒陽人也。東事師於齊，而習之於鬼谷先生/〈秦策‧蘇秦始將連橫〉/求說周顯王。顯王左右素習知蘇秦，皆少之。弗信。乃西至秦。秦孝公卒/〈秦策‧蘇秦始將連橫〉/方誅商鞅，疾辯士，弗用。乃東之趙。趙肅侯令其弟成為相，號奉陽君。奉陽君弗說之/〈燕策‧蘇秦將為從北說燕文侯〉/而奉陽君已死，即因/〈趙策‧蘇秦從燕之趙始合從〉/是時周天子致文武之胙於秦惠王。惠王使犀首攻魏，禽將龍賈，取魏之雕陰，且欲東兵。蘇秦恐秦兵之至趙也，乃激怒張儀，入之于秦/〈韓策‧蘇秦為楚合從說韓王〉/〈魏策‧蘇子為趙合從說魏王〉/〈齊策‧蘇秦為趙合從說齊宣王〉/〈楚策‧蘇秦為趙合從說楚威王〉/於是六國從合而并力焉。蘇秦為從約長，并相六國。北報趙王，乃行過雒陽，車騎輜重，諸侯各發使送之甚眾，疑於王者。周顯王聞之恐懼，除道，使人郊勞/〈秦策‧蘇秦始將連橫〉/初，蘇秦之燕，貸人百錢為資，乃得富貴，以百金償之。……蘇秦恐，請使燕，必報齊。蘇秦去趙而從約皆解/〈燕策‧燕文公時〉/〈燕策‧人有惡蘇秦於燕王者〉/燕王曰：「先生復就故官。」益厚遇之。……蘇秦之弟曰代，代弟蘇厲，見兄遂，亦皆學/〈燕策‧蘇秦死其弟蘇代欲繼之〉/燕乃使一子質於齊。而/〈燕策‧初蘇秦弟厲因燕質子而求見齊王〉/燕相子之與蘇代婚，……於是出蘇代。代之宋，宋善待之/〈燕策‧齊伐宋宋急〉/久之/〈燕策‧秦召燕王〉/太史公曰……

從上文可以看出，除了少數一兩個事件，如「燕相子之與蘇代婚」事，我們無法從今本《國策》中找出相對應的文字，其餘接可以找出司馬遷的史料來源。關於《史記》與《國策》的先後問題，學界目前大多採用之說法為：二

書底本、原始材料相同，而不以成書年代斷定襲用關係。〔註 30〕既然史料來源相同，即便是《史記》未必自《國策》採集史料，亦可透過今本《國策》同源史料之保存，見出《史記》運用史料之大略。透過上述的還原資料，可以看見，司馬遷將原本單篇記載縱橫家言論的史料文本，因綴合的需要，繫連上時序，用簡單的時事梗概，連屬成文，如以「方誅商鞅，疾辯士，弗用。乃東之趙。趙肅侯令其弟成為相，號奉陽君。奉陽君弗說之」一段，連繫〈秦策‧蘇秦始將連橫〉與〈燕策‧蘇秦將為從北說燕文侯〉兩篇，又如以「久之」二字，接合〈燕策‧齊伐宋宋急〉、〈燕策‧秦召燕王〉兩段。同樣的步驟亦可用以還原〈張儀列傳〉，可得以下原始面貌：

> 張儀者，魏人也……乃遂入秦。蘇秦已而告其舍人曰……猶豫未能決／〈秦策‧司馬錯與張儀爭論於秦惠王前〉／秦惠王十年，使公子華與張儀圍蒲陽，降之。……秦復欲攻魏，先敗韓申差軍，斬首八萬，諸侯震恐／〈魏策‧張儀為秦連橫說魏王〉／張儀歸，復相秦……子何以教之？／〈秦策‧齊助楚攻秦 〉／秦齊共攻楚，斬首八萬……遂使楚／〈楚策‧楚懷王拘張儀〉／張儀既出，未去，聞蘇秦死／〈楚策‧張儀為秦破從連橫〉／於是楚王已得張儀而重出黔中地與秦，欲許之……張儀去楚，因遂之韓／〈韓策‧張儀為秦連橫說韓王〉／韓王聽儀計。張儀歸報，秦惠王封儀五邑，號曰武信君／〈齊策‧張儀為秦連橫齊王〉／張儀去／〈趙策‧張儀為秦連橫說趙王〉／張儀乃去。北之燕／〈燕策‧張儀為秦破從連橫謂燕王〉／儀歸報，未至咸陽而秦惠王卒，武王立。……諸侯聞張儀有卻武王，皆畔衡，復合從／〈齊策‧張儀事秦惠王〉／張儀相魏一歲，卒於魏也。陳軫者，游說之士。與張儀俱事秦惠王，皆貴重，爭寵／〈秦策‧張儀又惡陳軫於秦王〉／居秦期年，秦惠王終相張儀，而陳軫奔楚。楚未之重也，而使陳軫使於秦。……今臣雖弃逐之楚，豈能無秦聲哉！／〈秦策‧楚絕齊齊舉兵伐楚〉／卒弗救。大國果傷，小國亡，秦興兵而伐，大剋之。……果相魏。張儀去／〈秦策‧義渠君之魏〉／張儀已卒之後，犀首入相秦。嘗佩五國之

〔註 30〕詳見趙生群：〈《史記》採《戰國策》說辨疑〉，原收於趙群生《太史公書研究》，陝西人民出版社 1994 年，後收入張大可、趙生群等：《史記文獻與編纂學研究》（北京：華文出版社，2005.1），頁 217～227。

相印，為約長。太史公曰：……

還原〈張儀列傳〉，則該文亦同於〈蘇秦列傳〉，除少部分史事外，多可在今本《戰國策》中找到相對應的文本，則觀察其中連綴文字，可知太史公乃在篇章之間，補入史事時序與因果關係的說明，如合傳張儀與陳軫，則於「張儀相魏一歲，卒於魏也」後，補敘說明「陳軫者，游說之士。與張儀俱事秦惠王，皆貴重，爭寵」一事，接著便採用〈秦策・張儀又惡陳軫於秦王〉作說明，黏合史料，使文意完備。因此，綴合史料的連接文字，為史公自創，不見於其他史冊，可知太史公處理史料的連貫，善以簡單的時序約略概說之，然後安排入新的史料。而此種連綴方法，是純粹的為求史料能夠一一安排入本傳之中，故雖為司馬遷所自作，卻未必有義理的寄託，而求其敘事完備而已。

　這種為求綴合史料，而補入時序、狀態、因果的作文方法，還見於《史記》其他篇章，是司馬遷慣用的筆法，如〈周本紀〉採《國語・周語》寫彘之亂邵公之言，《國語・周語》原文為：「彘之亂，宣王在邵公之宮，國人圍之。」，〔註31〕而〈周本紀〉作「厲王太子靜匿召公之家，國人聞之，乃圍之。」，以「匿」補強了狀態；又如〈曆書〉載：「幽、厲之後，周室微，陪臣執政，史不記時，君不告朔，故疇人子弟分散，或在諸夏，或在夷狄，是以其禨祥廢而不統。周襄王二十六年閏三月，而《春秋》非之。先王之正時也，履端於始，舉正於中，歸邪於終。履端於始，序則不愆；舉正於中，民則不惑；歸邪於終，事則不悖。（1255）」，周襄王二十六年閏三月以下，采文公元年《左傳》，原文僅作「於是閏三月，非禮也。先王之正時也・履端於始……」，〔註32〕司馬遷先補上「周襄王二十六年」的時序，並將《左》文中的「非禮也」，改易為「《春秋》非之」，說明非禮的意見乃本於《春秋》之義；還如《戰國策・東周策》寫「三國隘秦，周令其相之秦，以秦之輕也，留其行」，〈周本紀〉補入「五十八年」的時序，標明年份〔註33〕……等。有

〔註31〕〈周本紀〉：厲王太子靜匿召公之家，國人聞之，乃圍之。召公曰：「昔吾驟諫王，王不從，以及此難也。今殺王太子，王其以我為讎而懟怒乎？夫事君者，險而不讎懟，怨而不怒，況事王乎！」乃以其子代王太子，太子竟得脫。（143～144）。采《國語・周語》：彘之亂，宣王在邵公之宮，國人圍之。邵公曰：「昔吾驟諫王，王不從，是以及此難。今殺王子，王其以我為懟而怒乎！夫事君者險而不懟，怨而不怒，況事王乎？」乃以其子代宣王，宣王長而立之。《國語》，景印閣四庫全書本（臺北：臺灣商務印書館，1983），頁406～8。

〔註32〕楊伯峻編著：《春秋左傳注》（臺北：洪葉文化，1993.5），頁510～511。

〔註33〕〈周本紀〉：五十八年，三晉距秦。周令其相國之秦，以秦之輕也，還其行。

時，亦有以史料標明年代，連接其他史料者，如《史記》採《書》序訂三代時序，讓史料連接成篇，更顯完整，〈殷本紀〉、〈周本紀〉皆見此法：

> 帝雍己崩，弟太戊立，是為帝太戊。帝太戊立，伊陟為相。亳有祥桑穀共生於朝，一暮大拱。帝太戊懼，問伊陟。伊陟曰：「臣聞妖不勝德，帝之政其有闕與？帝其修德。」太戊從之，而祥桑枯死而去。伊陟贊言于巫咸。巫咸治王家有成，作咸艾，作〈太戊〉。帝太戊贊伊陟于廟，言弗臣，伊陟讓，作〈原命〉。殷復興，諸侯歸之，故稱中宗。中宗崩，子帝中丁立。帝中丁遷于隞。河亶甲居相。祖乙遷于邢。（〈殷本紀〉，頁 100）

> 成王少，周初定天下，周公恐諸侯畔周，公乃攝行政當國。管叔、蔡叔群弟疑周公，與武庚作亂，畔周。周公奉成王命，伐誅武庚、管叔，放蔡叔。以微子開代殷後，國於宋。頗收殷餘民，以封武王少弟封為衛康叔。晉唐叔得嘉穀，獻之成王，成王以歸周公于兵所。周公受禾東土，魯天子之命。初，管、蔡畔周，周公討之，三年而畢定，故初作〈大誥〉，次〈作微子之命〉，次〈歸禾〉，次〈嘉禾〉，次〈康誥〉、〈酒誥〉、〈梓材〉，其事在周公之篇。（〈周本紀〉，頁 132）

〈商書・咸有一德〉云：「伊陟相大戊，亳有祥，桑穀共生于朝。伊陟贊于巫咸，作〈咸乂〉四篇。太戊贊于伊陟，作〈伊陟〉、〈原命〉。仲丁遷于囂，作〈仲丁〉。河亶甲居相，作〈河亶甲〉。」〈殷本紀〉將書序的的每篇拆解開來，分說〈咸乂〉、〈太戊〉、〈原命〉之撰作背景，而〈仲丁〉、〈河亶甲〉兩篇之作，雖未引入《史》文，實際〈殷本紀〉也依其次序，分別用以繫事，推擴〈書序〉原本極簡的敘事文字。而〈周本紀〉則整併〈周書・康誥〉序：「成王既伐管叔、蔡叔，以殷餘民，封康叔，作〈康誥〉、〈酒誥〉、〈梓材〉」，以及〈周書・微子之命〉序：「唐叔得禾，異畝同穎，獻諸天子，王命唐叔，歸

客謂相國曰：「秦之輕重未可知也。秦欲知三國之情。公不如急見秦王曰『請為王聽東方之變』，秦王必重公。重公，是秦重周，周以取秦也；齊重，則固有周聚以收齊：是周常不失重國之交也。」秦信周，發兵攻三晉。（168）。朵《戰國策・東周策・三國隘秦》：三國隘秦，周令其相之秦，以秦之輕也，留其行。有人謂相國曰：「秦之輕重，未可知也。秦欲知三國之情，公不如遂見秦王曰：『請謂王聽東方之處。』秦必重公。是公重周，重周以取秦也。齊重故有周，而已取齊，是周常不失重國之交也。」《戰國策》，景印閣四庫全書本（臺北：臺灣商務印書館，1983），頁 406～248、249。

周公于東，作〈歸禾〉。周公既得命禾，旅天子之命，作〈嘉禾〉」之內容，來看出時序，以確知事件發生之前後與始末。故綴篇而補入的文字，除了〈蘇秦列傳〉、〈張儀列傳〉那類說明時序、狀態的文字外，有時還可根據史料定篇，確立時序，敷衍史料的寫作背景，如司馬遷處理《書》序之法。

　　蘇洵曰：「遷之辭淳健簡直，足稱一家，而乃裂取，足稱一家，而乃裂取六經傳記雜於其間，以破碎舊亂其體。」，〔註34〕乃指《史》文綴合舊文，補缺以成一家，雖語屬批評，綴篇成文的寫作方法。其實，司馬遷的綴文補時，不僅是純粹的排序，有時還有《春秋》筆法之遺意，補入的時序或狀態，有其史識的眼光。〔註35〕如〈吳太伯世家〉中以「孔子相魯」，連接前後史料：

　　　　十年春，越聞吳王之在郢，國空，乃伐吳。吳使別兵擊越。楚告急
　　　　秦，秦遣兵救楚擊吳，吳師敗。……楚昭王乃得以九月復入郢，而
　　　　封夫概於堂谿，為堂谿氏。十一年，吳王使太子夫差伐楚，取番。
　　　　楚恐而去郢徙鄀。
　　　　十五年，孔子相魯。
　　　　十九年夏，吳伐越，越王句踐迎擊之欈李。……三年，乃報越。（〈吳
　　　　太伯世家〉，頁 1467～1468）

上引秦遣兵救楚擊吳事，據定公五年《左傳》而來，而十九年的「吳伐越」事，則本於定公十四年《左傳》，司馬遷刻意在二事之中，補入「孔子相魯」一筆，似與吳、越、楚之恩怨無涉，但實際上，這是司馬遷繼承《春秋》遺意而來之作：

　　　　特書「孔子相魯」，是大關節，且後有伐魯事。〔註36〕

孔子於春秋之時，並非能左右政局、戰事之謀臣，但特記其相魯一事，既是先為吳伐魯事作伏筆，更是司馬遷對《春秋》精神的延伸，孔子竊取史義，用《春秋》寄託褒貶，而司馬遷述史亦記孔子，補入時序，可見其對春秋大勢的宏觀史學眼光。有時，司馬遷也用特筆，於綴文中補入狀態，展現其史觀，如〈齊太公世家〉，用「晏嬰卒」來黏合前後史料，展現晏嬰對齊政之影響力：

〔註34〕蘇洵：《蘇老泉先生集》卷九，楊燕起等：《史記集評》（北京：華文出版社，
　　　　2005.1），頁 168。
〔註35〕參考陳民裕：《凌稚隆《史記評林》研究》（國立高雄師範大學 2007 博論，指
　　　　導教授：周虎林），頁 278～279。
〔註36〕凌稚隆：《史記評林》，〈吳太伯世家〉引，頁 1123。

……九年，景公使晏嬰之晉，與叔向私語曰：齊政卒歸田氏，田氏
雖無大德，以公權私，有德於民，民愛之……<u>是歲，晏嬰卒</u>。五十
五年，范，中行反其君於晉，晉攻之急，來請粟。田乞欲為亂，樹
黨於逆臣，說景公曰：范，中行數有德於齊，不可不救，乃使乞救
而輸之粟。五十八年夏，景公夫人燕姬適子死。景公寵妾芮姬主子
荼，荼少，其母賤，無行。諸大夫恐其為嗣，乃言願擇諸子長賢者
為太子，景公老，惡言嗣事，又愛荼母，欲立之……景公卒，太子
荼立，是為晏孺子。冬，未葬，而群公子畏誅，皆出亡。荼諸異母
兄公子壽，駒，黔奔衛，公子駔，陽生奔魯。（〈齊太公世家〉，頁
1503）

引文中晏子數諫景公之後，與叔向之語，本昭公三年《左傳》晏嬰語，而景
公太子死後一段，則出自哀公五年《左傳》。司馬遷用「晏嬰卒後」四字，作
為狀態的說明，說明齊國失去良相，而埋下亂亡的因子。〔註37〕由是可知，
司馬遷用來綴合史料之文字，未必只是時間、狀態的補入，更有其深意，而
能繼承孔子《春秋》之微意，對史事提示出宏觀的觀察角度，讓歷史敘述呈
顯出清晰的脈絡。

　　2、逆志以填空白

　　春秋戰國諸子百家爭鳴，史書的實錄價值被置於「義」後，為「義」演
史。諸子著書立言，儘管常舉歷史人物、事件為例，卻因為沒有史書撰寫的
自覺，而在年代的記錄上，有許多空白處。此種立言記說的方法充斥在諸子
的經典中，然司馬遷記載東周事，除《左傳》、《國語》等史書外，還需徵引
大量的諸子語錄，以真實客觀的呈現其時各色人物，還原歷史時空。前段舉
例的〈蘇秦列傳〉、〈張儀列傳〉，即是因為以紀錄戰國策士言論的《戰國策》
為底本，故在連綴史料時，需補上相關的年代及背景資料，以求事件之連貫。
而在運用諸子語錄文字時，其空白處更甚於《國策》，有時語錄體並不載明時
空背景，僅記其言論，如《論語·學而》首篇為：「子曰：『學而時習之，不
亦說乎？有朋自遠方來，不亦樂乎？人不知而不慍，不亦君子乎？』」，並未
說明孔子說出此語的具體時間，以及為何而發的理由；又如《孟子·公孫丑》
載公孫丑問孟子事，起筆即說：「公孫丑問曰：『夫子當路於齊，管仲、晏子

─────────────

〔註37〕 王韋：「晏嬰卒，太史公特書，蓋其失良佐，而亂亡之禍自此始也。」，凌稚
　　　　隆：《史記評林》，〈齊太公世家〉引，頁1155。

之功，可復許乎？』」，亦無針對對話的時地作說明，故司馬遷欲以語錄、諸子作品為史料，更需結合史事與想像，為隻字片語的語錄尋找於傳主生平中的安放位置。司馬遷用此以意補時的作法，來處理東周以來的諸子傳記，從作品中以意逆志，進而知人論世，最顯著的例子，為〈孔子世家〉：

> 太史公曰：《詩》有之：「高山仰止，景行行止。」雖不能至，然心鄉往之。余讀孔氏書，想見其為人。適魯，觀仲尼廟堂車服禮器，諸生以時習禮其家，余祗迴留之不能去云。天下君王至于賢人眾矣，當時則榮，沒則已焉。孔子布衣，傳十餘世，學者宗之。自天子王侯，中國言六藝者折中於夫子，可謂至聖矣！（〈孔子世家〉，頁 1947）

司馬遷讀《論語》、觀孔廟，想見其為人，心嚮往之，是以意逆志、融合主客體為一的歷程。由於有主觀情感的投入，故司馬遷採用文獻、田野調查而來的史料，皆是司馬遷個人情志的折射，而是歷史再造的想像。司馬遷雖未入祀孔廟，對孔子的推崇，卻是顯而易見的。《史記》世家用以記錄傳世諸侯之事，卻將布衣孔子列入世家，其理由歷來治史者多有討論：

> 孔子非有諸侯之位，而亦稱系家者，以是聖人為教化之主，又代有賢哲，故稱系家焉。〔註 38〕

> 孔子無侯伯之位，而稱世家者，太史公以孔子布衣傳十餘世，學者宗之，自天子王侯，中國言《六藝》者忠於夫子，可謂至聖，故為世家。〔註 39〕

> 論來孔子只合作列傳，太史公自據素王之說。三晉、田常，至戰國始列於諸侯，孔子則變例也。〔註 40〕

> 史有定例，有創例。凡公侯傳國者曰世家，定例也，置孔子於世家，創例也。此正子長史例之精。〔註 41〕

> 孔子大聖人也，其出處生卒，不系乎一家一國，而系乎天下也，故特書之也。〔註 42〕

〔註 38〕 司馬貞：《史記索隱·孔子世家》，《史記》頁 1905。
〔註 39〕 張守節：《史記正義·孔子世家》，《史記》頁 1905。
〔註 40〕 何焯著、崔高維點校：《義門讀書記》卷 13〈史記〉（北京：中華書局，1987.8），頁 213。
〔註 41〕 金俶基《學海堂四集》卷十七〈讀史記孔子世家書後〉，楊燕起等：《史記集評》（北京：華文出版社，2005.1），頁 416。
〔註 42〕 鄒方鍔《大雅堂初稿》卷六〈書史記列國世家後〉，楊燕起等：《史記集評》（北

太史公作〈孔子世家〉附諸侯國之後，此特筆也。〔註 43〕

本文第二章論《史記》歷史編纂中的「選題」一段，曾申論《史記》選題，受《春秋》書法，有其褒貶價值觀的判斷與寄託。而從歷來學者評論列孔子於世家，大體意見有二：孔子雖為布衣，其學術卻傳承十餘世，因此列入世家為其一；孔子為教化之主，有素王之稱，故列入世家為其二。並且，可歸納得出學者們的共識，即為歷史書寫的特例，可知司馬遷對孔子之青睞。司馬遷推崇孔子位列諸侯，予以世家的殊榮，於行文中多采夫子言〔註 44〕，並且取法《春秋》義例纂修《史記》，〔註 45〕可見孔子在司馬遷心中的地位。因此如何透過〈孔子世家〉來形塑孔子，便是司馬遷用力極深之處。

司馬遷以語錄體的《論語》為骨幹，先用春秋繫事，再補入《孟子》、《荀子》、《莊子》諸子及其他史料，填補歷史空白，連綴史料成篇，如：

> 孔子年三十五，而季平子與郈昭伯以鬥雞故得罪魯昭公，昭公率師擊平子，平子與孟氏、叔孫氏三家共攻昭公，昭公師敗，奔於齊，齊處昭公乾侯。其後頃之，魯亂。孔子適齊，為高昭子家臣，欲以通乎景公。與齊太師語樂，聞韶音，學之，三月不知肉味，齊人稱之。景公問政孔子，孔子曰：「君君，臣臣，父父，子子。」景公曰：「善哉！信如君不君，臣不臣，父不父，子不子，雖有粟，吾豈得而食諸！」他日又復問政於孔子，孔子曰：「政在節財。」景公說，將欲以尼谿田封孔子。晏嬰進曰：「夫儒者滑稽而不可軌法；倨傲自順，不可以為下；崇喪遂哀，破產厚葬，不可以為俗；游說乞貸，

京：華文出版社，2005.1），頁 131。

〔註 43〕 黃淳耀：《陶菴全集》卷四〈史記評論‧孔子世家〉，文津閣四庫全書本（北京：商務印書館，2005），頁 393。

〔註 44〕 據陳桐生統計，《史記》在二十篇文章的序言、論贊中，徵引了三十二條《論語》中的孔子語錄，平均大約每四篇文章的序言、論贊就有一篇徵引《論語》中的孔子語錄；《論語》凡五一二章，《史記‧孔子世家》徵引了五十四章，〈仲尼弟子列傳〉徵引了六十一章，加上序言、論贊所引的三十二章，一共是一四七章，約佔《論語》全部內容的百分之廿九，這就意味著近三分之一的《論語》內容被司馬遷寫入《史記》之中。詳見陳桐生〈《史記》與《論語》〉，收入《孔孟月刊》91 年 06 期，頁 9。

〔註 45〕 春秋義例影響所及，詳見張師高評《春秋書法與左傳學史》，〈黃澤論《春秋》書法〉（臺北：五南圖書公司，2001.1），頁 145～190，及胡艷惠：《《史記》之《春秋》書法研究》（國立成功大學 2005 碩士論文，指導教授：張高評老師）。

不可以為國。自大賢之息，周室既衰，禮樂缺有閒。今孔子盛容飾，繁登降之禮，趨詳之節，累世不能殫其學，當年不能究其禮。君欲用之以移齊俗，非所以先細民也。」後景公敬見孔子，不問其禮。異日，景公止孔子曰：「奉子以季氏，吾不能。」以季孟之閒待之。齊大夫欲害孔子，孔子聞之。景公曰：「吾老矣，弗能用也。」孔子遂行，反乎魯。（〈孔子世家〉，頁 1910～1911）

自「季平子與郈昭伯」至「齊處昭公乾侯」，司馬遷採《左傳》昭二十五年三家共攻昭公事，確立年代，然後採《論語・八佾》：「子在齊，聞韶三月，不知肉味」之事繫入，改作成「與齊太師語樂，聞韶音，學之，三月不知肉味」的敘事文字。再後找出《論語》中相對應的語錄——《論語・顏淵》〔註46〕、《論語・微子》〔註47〕繫入，補入其他諸子之說，如《韓非・難三》載孔子答「政在節財」事、《晏子春秋》外篇晏嬰諫封孔子事〔註48〕……等，完整化全段孔子問政於齊之事。其中「齊大夫欲害孔子，孔子聞之」不見於《論語》，《論語・微子》原文僅記：「齊景公待孔子曰：『若季氏，則吾不能。』以季孟之間待之。曰：『吾老矣！不能用也。』孔子行。」未曾點明齊大夫欲害孔子事，則知司馬遷乃根據上文孔子批評齊政，不見容於齊臣的狀態，揣摩齊臣與孔子的緊張互動，因此用「齊大夫欲害孔子，孔子聞之」，填補歷史想像於其中。

〔註46〕 《論語・顏淵》：「齊景公問政於孔子。孔子對曰：『君君，臣臣，父父，子子。』公曰：『善哉！信如君不君，臣不臣，父不父，子不子，雖有粟，吾得而食諸？』」，朱熹：《四書章句集注》（臺北：大安出版社，1994.11），頁 188。

〔註47〕 《論語・微子》：「齊景公待孔子曰：『若季氏，則吾不能。』以季孟之間待之。曰：『吾老矣！不能用也。』孔子行。」，朱熹：《四書章句集注》（臺北：大安出版社，1994.11），頁 257。

〔註48〕 《晏子春秋》外篇：仲尼之齊，見景公，景公說之，欲封之以爾稽，以告晏子。晏子對曰：「不可。彼浩裾自順，不可以教下；好樂緩于民，不可使親治；立命而建事，不可守職；厚葬破民貧國，久喪道哀費日，不可使子民；行之難者在內，而傳者無其外，故異于服，勉于容，不可以道衆而馴百姓。自大賢之滅，周室之卑也，威儀加多，而民行滋薄；聲樂繁充，而世德滋衰。今孔丘盛聲樂以侈世，飾弦歌鼓舞以聚徒，繁登降之禮，趨翔之節以觀衆，博學不可以儀世，勞思不可以補民，兼壽不能殫其教，當年不能究其禮，積財不能贍其樂，繁飾邪術以營世君，盛為聲樂以淫愚其民。其道也，不可以示世；其教也，不可以導民。今欲封之，以移齊國之俗，非所以導衆存民也？」公曰：「善。」于是厚其禮而留其封，敬見不問其道，仲尼迺行。」晏嬰：《晏子春秋》，叢書集成初編本（臺北：商務印書館，1967），頁 72～73。

〈孔子世家〉撰作手法大類於此，為司馬遷拆散《論語》語錄原本的編次，群聚類分，重新編排史料。凌約言曰：「太史公敘孔子，自少至老，歷詳其出處，而必各記之曰時孔子若干歲。其卒也，則又敘其葬地與弟子之哀痛，敘魯人之從冢而聚居，與高皇帝之過魯而祠。若曰夫子生而關世道之盛衰，沒而為萬世之典刑，故其反覆惻怛如此。」〔註49〕《論語》是語錄體，原本未曾有年代的紀錄，僅有簡單的「子在齊」、「齊景公問政於孔子」、「子路、曾皙、冉有、公西華侍坐」〔註50〕、「子疾病，子路使門人為臣」〔註51〕、「互鄉難與言，童子見，門人惑」，〔註52〕的紀錄，類似《國策》，甚至更為簡略。但司馬遷卻依照史書補入年代的說明，並於無法辨識年代的段落，以意逆志，揣摩夫子發言的情境，補以歷史想像，如：

> 居衛月餘，靈公與夫人同車，宦者雍渠參乘，出，使孔子為次乘，招搖市過之。孔子曰：「吾未見好德如好色者也。」於是醜之，去衛，過曹。是歲，魯定公卒。（〈孔子世家〉，頁1920～1921）

《論語・子罕》原文僅說：「吾未見好德如好色者」，未審是言為何而發，而司馬遷將之與「衛靈公重色輕賢」聯繫在一起，為之架構合理的歷史時空，使原本平面的教條，成為立體的史事，讓孔子自《論語》的上課筆記跳出，形象越發鮮活起來。又如：

> 孔子去曹適宋，與弟子習禮大樹下。宋司馬桓魋欲殺孔子，拔其樹。孔子去。弟子曰：「可以速矣。」孔子曰：「天生德於予，桓魋其如予何！」（〈孔子世家〉，頁1921）

《論語・述而》載：「子曰：『天生德於予，桓魋其如予何？』」，原文並未標舉年份，但司馬遷根據「桓魋」二字，判斷該語應說於「孔子去曹適宋」之時，故補入時間，再加上弟子與之的對話，更顯孔子處世的從容與自適。

〈自序〉說〈孔子世家〉寫作的目的，在於紀錄「匡亂世反之於正」、「垂六藝之統紀於後世」〔註53〕的行誼，給「吾未見好德如好色」一個「衛靈公

〔註49〕 凌稚隆：《史記評林》，〈孔子世家〉引，頁1543。
〔註50〕 《論語・先進》，朱熹：《四書章句集注》（臺北：大安出版社，1994.11），頁170。
〔註51〕 《論語・子罕》，朱熹：《四書章句集注》（臺北：大安出版社，1994.11），頁151。
〔註52〕 《論語・述而》，朱熹：《四書章句集注》（臺北：大安出版社，1994.11），頁134。
〔註53〕 〈自序〉：「周室既衰，諸侯恣行。仲尼悼禮廢樂崩，追脩經術，以達王道，

好色失禮」的歷史時空，恰恰符合篇旨，與亂世匡正之聲。而又類聚《論語・八佾》、《論語・為政》，說明孔子書傳、《禮記》的寫作；〔註54〕《論語・八佾》、《論語・子罕》說明孔子正樂的理念；〔註55〕《論語・泰伯》說明孔子刪《詩》的取捨；〔註56〕《論語・述而》寫孔子晚年喜易的好尚，〔註57〕則呼應〈自序〉所說「垂六藝之統紀於後世」。故可知司馬遷以事言理，將義理作為其撰文的中心主旨，於空白處，則補以歷史想像，讓敘事能夠更集中，統一反映其欲表達的價值觀與欲以資鑑的詩心。

　　同樣以意補時的撰作方法，亦用於寫作〈仲尼弟子列傳〉。太史公曰：「學者多稱七十子之徒，譽者或過其實，毀者或損其真，鈞之未睹厥容貌，則《論言弟子籍》，出孔氏古文近是。余以弟子名姓文字悉取《論語》、《弟子問》并次為篇，疑者闕焉。（2226）」，知司馬遷以《論言弟子籍》為底本，比對孔氏古文而成〈仲尼弟子列傳〉，羅根澤以為《論言弟子籍》與《論語》是兩本不同的材料，而金德建卻認為史遷所稱《論言弟子籍》及《論語弟子問》，均系指《論語》，故二者應是一本。〔註58〕但不論二者是否為一書，從〈自序〉中可以得知，司馬遷是採用這些材料「并次為篇」的，而以今本《論語》比對〈仲尼弟子列傳〉，則可以見出司馬遷綴合《論語》成篇的情形。〔註59〕其他

〔註54〕以下為註解。

匡亂世反之於正，見其文辭，為天下制儀法，垂六藝之統紀於後世。作〈孔子世家〉第十七。（3310）」
〔註54〕《論語・八佾》：「夏禮吾能言之，杞不足徵也；殷禮吾能言之，宋不足徵也；文獻不足故也，足則吾能徵之矣。」《論語・八佾》：「周監於二代郁郁乎文哉，吾從周。」朱熹：《四書章句集注》（臺北：大安出版社，1994.11），頁 84～85、87。
〔註55〕《論語・八佾》：「子語魯大師樂，曰：『樂其可知也，始作翕如也，從之純如也，皦如也，繹如也以成。』」《論語・子罕》：「子曰：『吾自反魯，然後樂正雅頌各得其所。』」朱熹：《四書章句集注》（臺北：大安出版社，1994.11），頁 90、152。
〔註56〕《論語・泰伯》：「子曰：『師摯之始，關雎之亂，洋洋乎！盈耳哉。』」朱熹：《四書章句集注》（臺北：大安出版社，1994.11），頁 143。
〔註57〕《論語・述而》：「子曰：『加我數年，五十以學易，可以無大過矣。』」，朱熹：《四書章句集注》（臺北：大安出版社，1994.11），頁 130。
〔註58〕〈從史記本書考史記本原〉，原載於 1930 年國立北平圖書館館刊四卷二號，收入《史記論文集》（臺北：木鐸出版社，1975），頁 43～54；金德建《司馬遷所見書考》（上海：上海人民出版社，1963），頁碼 205～208。
〔註59〕如〈仲尼弟子列傳〉顏淵一段：顏回者，魯人也，字子淵，少孔子三十歲。顏淵問仁，孔子曰：克己復禮，天下歸仁焉。孔子曰：賢哉回也！一簞食，一瓢飲，在陋巷，人不堪其憂，回也不改其樂。回也如愚；退而省其私，亦

如〈管晏列傳〉，取《管子‧牧民》中：「知與之為取者，政之寶也」〔註60〕語，繫入時政。其他將學說以意補時，繫入傳主生平事件的還有〈儒林列傳〉、〈酷吏列傳〉等，皆屬此類。

司馬遷綴合史料，補以時序、狀態，讓歷史事件更加完整。如〈蘇秦列傳〉、〈張儀列傳〉，即增補時間狀態，讓原本散見於《戰國策》各篇的史事，能夠完整的被呈現。而有時，司馬遷補入的文字，有《春秋》義法的微意，如〈吳太伯世家〉、〈齊太公世家〉，可見其宏觀史學的眼光。而有時在史料空白處過大時，如採用語錄體的《論語》，以及其他諸子書，則根據他讀者的觀察，以己意繫入傳主生平當中，讓豐富的史料堆疊出傳主的面貌。這些補入綴合史料空白處的文字，皆屬太史公撰作的範疇，而為《史記》撰述文學的撰作，具體呈現司馬遷史學眼光的匠心獨運。

（二）想像添意

想像添意，為史家根據歷史想像，加入對話、事件於史事當中，以補文獻之不足，或增加敘事之內容。《史記》中有許多想像添意的段落，如伯夷叔齊的〈採薇歌〉、陳勝吳廣起義的口號、呂不韋喝斥甘羅語、專諸刺王、虞舜孝親、聶榮認屍……等，皆以逆志之法，建構了精彩生動的歷史時空，故想像添意，是融史家主體為史事客體的再創作方法。

想像添意，能夠生動、豐富歷史敘事的內容，如《左傳》載秦穆公遂罷西榮事，為：「秦伯伐晉，濟河焚舟，取王官及郊。晉人不出，遂自茅津濟封，殽尸而還，遂霸西戎，用孟明也。君子是以知秦穆公之為君也（文公三年《左傳》）」，〔註61〕而《史記‧秦本紀》則為在秦遂霸西戎，君子知穆公為君之間，加入「君子聞之，皆為垂涕」〔註62〕的形容，事實上，文中「皆為垂涕」者，

足以發，回也不愚。用之則行，捨之則藏，唯我與爾有是夫！回年二十九，髮盡白，蚤死。孔子哭之慟，曰：自吾有回，門人益親。魯哀公問：弟子孰為好學？孔子對曰：有顏回者好學，不遷怒，不貳過。不幸短命死矣，今也則亡。依次綴合《論語‧顏淵》、《論語‧雍也》、《論語‧為政》、《論語‧述而》、《論語‧先進》、《論語‧雍也》各篇。而子路一段，則依次綴合《論語‧子路》、《論語‧陽貨》、《論語‧子路》、《論語‧顏淵》、《論語‧公冶長》、《論語‧先進》、《論語‧子罕》、《論語‧先進》、《論語‧公冶長》、《論語‧微子》和《左傳》定公十二年等材料而成。

〔註60〕 管仲：《管子》，四部叢刊初編本（臺北：臺灣商務印書館，1967），頁4。
〔註61〕 楊伯峻編著：《春秋左傳注》（臺北：洪葉文化，1993.5），頁529～530。
〔註62〕 《史記‧秦本紀》：三十六年，繆公復益厚孟明等，使將兵伐晉，渡河焚船，

當是司馬遷讀史之感受，而投射到史事當中，以同理心進行想像，而用「皆為垂涕」來表達時人對史事的感受。又如《史記‧魏世家》載秦昭王問天下大勢事，採《戰國策‧秦策》而來，《戰國策》原文在臣下分析完大勢後，便結束記錄，而太史公於〈魏世家〉則根據想像，補入了「於是秦王恐」的形容，則可知秦昭王的反應，亦是司馬遷憑藉歷史想像，進行歷史敘事的補強。〔註63〕

　　《史記》想像添意的運用方法，乃是根據司馬遷的歷史想像，加入情緒、狀態於歷史敘事當中，因此使得詞章之內容有所增色，然《史記》之寫作為因事言理為主，目的在成就司馬遷一家之言，則運用想像添意進行詞章之補強，目的又與欲演示的義理有關，而觀察《史記》本紀、世家、列傳之內容，

大敗晉人，取王官及鄗，以報殽之役。晉人皆城守不敢出。於是繆公乃自茅津渡河，封殽中尸，為發喪，哭之三日。乃誓於軍曰：「嗟士卒！聽無譁，余誓告汝。古之人謀黃髮番番，則無所過。」以申思不用蹇叔、百里傒之謀，故作此誓，令後世以記余過。君子聞之，皆為垂涕，曰：「嗟乎！秦穆公之與人周也，卒得孟明之慶。」，頁193～194。

〔註63〕　〈魏世家〉：「秦昭王謂左右曰：「今時韓、魏與始孰彊？」對曰：「不如始彊。」王曰：「今時如耳、魏齊與孟嘗、芒卯孰賢？」對曰：「不如。」王曰：「以孟嘗、芒卯之賢，率彊韓、魏以攻秦，猶無奈寡人何也。今以無能之如耳、魏齊而率弱韓、魏以伐秦，其無奈寡人何亦明矣。」左右皆曰：「甚然。」中旗馮琴而對曰：「王之料天下過矣。當晉六卿之時，知氏最彊，滅范、中行，又率韓、魏之兵以圍趙襄子於晉陽，決晉水以灌晉陽之城，不湛者三版。知伯行水，魏桓子御，韓康子為參乘。知伯曰：『吾始不知水之可以亡人之國也，乃今知之。』汾水可以灌安邑，絳水可以灌平陽。魏桓子肘韓康子，韓康子履魏桓子，肘足接於車上，而知氏地分，身死國亡，為天下笑。今秦兵雖彊，不能過知氏；韓、魏雖弱，尚賢其在晉陽之下也。此方其用肘足之時也，願王之勿易也！」於是秦王恐。」（1854～1855）；而〈秦策‧秦昭王謂左右〉：「秦昭王謂左右曰：「今日韓、魏，孰與始強？」對曰：「弗如也。」王曰：「今之如耳、魏齊，孰與孟嘗、芒卯之賢？」對曰：「弗如也。」王曰：「以孟嘗、芒卯之賢，帥強韓、魏之兵以伐秦，猶無奈寡人何也！今以無能之如耳、魏齊，帥弱韓、魏以攻秦，其無奈寡人何，亦明矣！」左右皆曰：「甚然。」中期推琴對曰：「三之料天下過矣。昔者六晉之時，智氏最強，滅破范、中行，帥韓、魏以圍趙襄子於晉陽。決晉水以灌晉陽，城不沈者三板耳。智伯出行水，韓康子御，魏桓子驂乘。智伯曰：『始，吾不知水之可亡人之國也，乃今知之。汾水利以灌安邑，絳水利以灌平陽。』魏桓子肘韓康子，康子履魏桓子，蹴其踵。肘足接於車上，而智氏分矣。身死國亡，為天下笑。今秦之強，不能過智伯；韓、魏雖弱，尚賢在晉陽之下也。此乃方其用肘足時也，願王之勿易也。」，《戰國策》，景印文淵閣四庫全書本（臺北：臺灣商務印書館，1983），頁406～283。

想像添意的使用，則圍繞著「爭」的主題展開，主要體見在〈晉本紀〉的申生之殺、〈舜本紀〉的兄弟相殘，並致力於「仇」的摹寫，如〈伍子胥列傳〉及〈刺客列傳〉。

1、紛爭之主題

〈晉世家〉驪姬害申生事，《國語》、《左傳》記載特詳，為二書中極精彩處。而《史記》根據《左傳》的主軸書寫，並參考《國語》、《公羊》、《穀梁》、《禮記‧檀弓》、《呂氏春秋》，進行想像意補的撰作。可永雪指出此事主要加工創作有三：一、變動了一些細節，如施毒的時間、方式，使情節合理。二、參考融合〈穀梁傳‧僖公十年〉和〈呂覽‧離俗覽‧上德〉，補充了緊要的情節，在「獻公欲飧之」，加了「驪姬從旁而止之曰：昨所以來遠，宜試之」，使情節合理。第三，增潤生發，將〈左傳〉「賊由太子」，融《國語》、〈穀梁〉其他情節中驪姬的進讒，擴大成一大段。〔註 64〕可永雪指出的這三點，二、三點屬於改易的範圍，兼采其他史料補入，使敘事完整，第一點司馬遷補入施毒細節，則屬於想像意補的部分。

《左傳》僖公四年載驪姬嫁禍申生事，原文為「大子祭于曲沃歸胙于公，公田，姬寘諸宮六日。公至，毒而獻之，公祭之地，地墳，與犬，犬斃，與小臣，小臣亦斃。姬泣曰：『賊由大子！』，大子奔新城。」，而司馬遷則根據《左傳》，改作為：

> 二十一年，驪姬謂太子曰：「君夢見齊姜，太子速祭曲沃，歸釐於君。」太子於是祭其母齊姜於曲沃，上其薦胙於獻公。獻公時出獵，置胙於宮中。驪姬使人置毒藥胙中。居二日，獻公從獵來還，宰人上胙獻公，獻公欲饗之。驪姬從旁止之，曰：「胙所從來遠，宜試之。」祭地，地墳；與犬，犬死；與小臣，小臣死。驪姬泣曰：「太子何忍也！其父而欲弒代之，況他人乎？且君老矣，旦暮之人，曾不能待而欲弒之！」謂獻公曰：「太子所以然者，不過以妾及奚齊之故。妾願子母辟之他國，若早自殺，毋徒使母子為太子所魚肉也。始君欲廢之，妾猶恨之；至於今，妾殊自失於此。」太子聞之，奔新城。（〈晉世家〉，頁 1645）

比較《左傳》與〈晉世家〉的記載，《左傳》紀錄驪姬將申生帶回的祭品放在

〔註 64〕可永雪：《史記文學成就論說》（呼和浩特：內蒙古教育出版社，2001.5），頁373～374。

宮內六日,然後獻公打獵回來,驪姬便下毒獻上祭品,獻公依禮將飲先祭,卻發現有毒物反應,因此大怒。司馬遷則將把祭品存放時間,從六日改為兩日,省去腐敗的可能,合理化情節,然後加入《國語・晉語》中的「寘鴆于酒,寘菫于肉」,省略毒物的種類,改成「驪姬使人置毒藥胙中」。並且續寫「居二日,獻公從獵來還,宰人上胙獻公,獻公欲饗之」的細節,置毒、上胙皆不經手,使原本《左》文中「毒而獻之」的驪姬形象更顯細緻,而驪姬害申生之心,更顯陰沈毒辣。

司馬遷運用想像,〈晉世家〉兼采《公羊》、《左傳》、《國語》,詳盡書寫驪姬之亂,可見驪姬之亂在司馬遷心中,是造成晉侯世家亂亡的開始,《春秋》書法有慎始之筆,太史公詳載禍亂之起,是抓住歷史興亡的大關節。〔註 65〕同時,也詳載孔子之生卒與相魯一事,昭示筆削之旨,黃淳耀曰:「申生之殺及敵國相滅,各國臣子之弒其君,皆三致意焉。而於孔子之生卒與相魯尤詳,至書『魯隱公初立』者以為作《春秋》地也。此等義例,皆不愧良史。」〔註 66〕司馬遷詳載驪姬之亂、申生之殺,讓古史君臣父子相殘躍然紙上,有其刻意用心之處:

> 太史公曰:「晉文公,古所謂明君也,亡居外十九年,至困約,及即位而行賞,尚忘介子推,況驕主乎?靈公既弒,其後成、景致嚴,至厲大刻,大夫懼誅,禍作。悼公以後日衰,六卿專權。故君道之御其臣下。固不易哉!」(〈晉世家〉,頁 1687～1688)

司馬遷寫〈晉世家〉,說君道之不易,故雖寫晉事,實在闡明君道之理,而驪姬之愛,亂者五世,則說外戚之亂,影響甚鉅。於是驪姬害申生一事,便似與漢初呂后專權、毒殺皇子趙王如意事有了聯繫,〈外戚世家〉說:「漢興,呂娥姁為高祖正后,男為太子。及晚節色衰愛弛,而戚夫人有寵,其子如意幾代太子者數矣。及高祖崩,呂后夷戚氏,誅趙王,而高祖後宮唯獨無寵疏遠者得無恙。(1969)」,〈呂后本紀〉詳述始末:

> 呂后最怨戚夫人及其子趙王,迺令永巷囚戚夫人,而召趙王。使者三反,趙相建平侯周昌謂使者曰:「高帝屬臣趙王,趙王年少。竊聞

〔註 65〕 茅坤曰:「獻公惑於嬖妾,五公子相繼爭立,而晉不絕者如帶矣。」,凌稚隆:《史記評林》,〈晉世家〉引茅坤語,頁 1265。

〔註 66〕 黃淳耀:《陶菴全集》卷四〈史記評論・齊太公世家〉,文津閣四庫全書本(北京:商務印書館,2005),頁 391。

太后怨戚夫人，欲召趙王幷誅之，臣不敢遣王。王且亦病，不能奉
詔。」呂后大怒，迺使人召趙相。趙相徵至長安，迺使人復召趙王。
王來，未到。孝惠帝慈仁，知太后怒，自迎趙王霸上，與入宮，自
挾與趙王起居飲食。太后欲殺之，不得閒。孝惠元年十二月，帝晨
出射。趙王少，不能蚤起。太后聞其獨居，使人持酖飲之。犁明，
孝惠還，趙王已死。於是迺徙淮陽王友為趙王。夏，詔賜酈侯父追
諡為令武侯。太后遂斷戚夫人手足，去眼，煇耳，飲瘖藥，使居廁
中，命曰「人彘」。居數日，迺召孝惠帝觀人彘。孝惠見，問，迺知
其戚夫人，迺大哭，因病，歲餘不能起。使人請太后曰：「此非人所
為。臣為太后子，終不能治天下。」孝惠以此日飲為淫樂，不聽政，
故有病也。〈呂后本紀〉（397）

漢高祖十二年丙午（195 B.C.），高祖病重，欲廢太子，以趙王如意為太子，
次年，呂后之子惠帝即位，呂后趁間獨殺如意，斷戚夫人手足。惠帝二年（193
B.C.），惠帝以齊王為兄，使上坐，呂后怒欲毒殺齊王，王獻城為呂后女魯元
公主「湯沐邑」，始得還齊。〔註67〕《詩》亡而後《春秋》作，《史記》典範
《春秋》，透過歷史事件，以事見義，推見至隱，比興出當代意義，則司馬遷
筆下的驪姬之亂，不為晉侯而作，乃為經世致用而來，換言之，呂后跋扈亂
政，更甚於驪姬，司馬遷詳書驪姬之亂的細節，雖下筆於古史，卻用意於當
代，借古諷今，有資鑑當代之微意。

再結合〈五帝本紀〉虞舜孝親事觀察，似乎就能掌握司馬遷運用想像意
補，增定史事，而藉以寄託於其中的詩心。〈五帝本紀〉虞舜孝親事，主要根
據《孟子・萬章上》之說，兼採《尚書・堯典》、《孟子・萬章上》、《韓非子》、
《呂氏春秋》、《莊子》、《淮南子》而成。《孟子・萬章上》記載之虞舜孝親事，
是《史記》史料的底本：

萬章曰：「父母使舜完廩，捐階，瞽瞍焚廩。使浚井，出，從而揜
之。象曰：『謨蓋都君咸我績。牛羊父母，倉廩父母，干戈朕，琴
朕，弤朕，二嫂使治朕棲。』象往入舜宮，舜在床琴。象曰：『鬱
陶思君爾。』忸怩。舜曰：『惟茲臣庶，汝其于予治。』不識舜不
知象之將殺己與？」曰：「奚而不知也？象憂亦憂，象喜亦喜。」

〔註67〕 參考沈起煒主編：《中國歷史大事年表》（上海：上海辭書出版社，2001.1），
頁96。

（《孟子・萬章上》）〔註68〕

捐，去也，捪，蓋也，在舜修倉庫時，將樓梯抽走，再縱火燒之；疏通水井，則將井口蓋上封住，讓他受困無法逃脫。此一情節，《史記》改寫為：

> 瞽叟尚復欲殺之，使舜上塗廩，瞽叟從下縱火焚廩。舜乃以兩笠自扞而下，去，得不死。後瞽叟又使舜穿井，舜穿井為匿空旁出。舜既入深，瞽叟與象共下土實井，舜從匿空出，去。瞽叟、象喜，以舜為已死。象曰：「本謀者象。」象與其父母分，於是曰：「舜妻堯二女，與琴，象取之。牛羊倉廩予父母。」象乃止舜宮居，鼓其琴。舜往見之。象鄂不懌，曰：「我思舜正鬱陶！」舜曰：「然，爾其庶矣！」舜復事瞽叟愛弟彌謹。（〈五帝本紀〉，頁34）

〈五帝本紀〉改動原文加工改動處有三：一是《孟子》寫父害舜的過程，二是害舜之後增潤進「瞽叟、象喜，以舜已死」的心裡描寫，三是舜與象相見的情節上稍有變動，使情節合理。〔註69〕從上兩段引文比較可知，《孟子》只說瞽叟害舜的過程，不曾說明何以舜在被害之後，象至舜宮，舜安然無恙地等候象，並與之對話。而《史記》卻增加了舜「以兩笠自扞而下」、「舜穿井為匿空旁出」逃脫的方法，讓舜能安然回宮顯得合理。從舜遇害到他回宮，《孟子》書明顯有歷史空白處，司馬遷則設法還原歷史時空，設想舜的逃脫方式，從而補上，並且改寫象與瞽叟分贓的過程，讓整個瞽叟害舜的過程，更生動並且深刻。

〈自序〉中提到：「維昔黃帝，法天則地，四聖遵序，各成法度；唐堯遜位，虞舜不台；厥美帝功，萬世載之。作〈五帝本紀〉第一」，〔註70〕〈五帝本紀・舜本紀〉精神，司馬遷以「唐堯遜位，虞舜不台」概括之，台，通「怡」，是喜悅之意，太史公寫堯禪讓帝位與舜，標榜其對於君位的惶恐之情，與象以為舜死，分贓時只著眼於房舍妻妾，而沾沾自喜的模樣大相逕庭，補入歷史想像，既凸顯舜之深謀遠慮與臨危不亂之個性，亦在被害後不以報復為要，而「舜復事瞽叟愛弟彌謹」，強調其完美事父甚謹，有弟甚慈之心。

司馬遷何以要用意於瞽叟害舜的描寫？章學誠《文史通義・史德》：「必

〔註68〕 《孟子・萬章上》，朱熹：《四書章句集注》（臺北：大安出版社，1994.11），頁425。

〔註69〕 可永雪：《史記文學成就論說》（呼和浩特：內蒙古教育出版社，2001.5），頁372 整理。

〔註70〕 〈太史公自序〉，頁3301

通六藝比興之旨,而後可以講《春王正月》之書」,《史記》典範《春秋》,有
《春秋》書法、史家筆法、文章義法,則《史記》既是史書,也是文學書,
更是寄託司馬遷淑世理想的歷史哲學書,因此,閱讀《史記》,需先用比興之
旨角度切入,從敘事中察其微,以探求太史公《春秋》筆削,成一家之言的
理念。漢景帝前元三年(154 B.C.),詔削郡國,諸王為保既得利益,而有七
國之亂;漢景帝中,則因太后有寵,釀梁王之亂, 〔註71〕兄弟骨肉相殘,史
不絕書。司馬遷寫虞舜事親,雖受父、弟之迫害,然「復事瞽叟愛弟彌謹」,
特別摹寫被迫害、逃脫的細節,以襯出虞舜之德,敘事著力處,表達出司馬
遷對君權、倫常衝突的理想關係。太史公曰:「余讀《世家》言,至於宣公之
太子以婦見誅,弟壽爭死以相讓,此與晉太子申生不敢明驪姬之過同,俱惡
傷父之志。然卒死亡,何其悲也!或父子相殺,兄弟相滅,亦獨何哉?〈衛
康叔世家〉(1605)」,申生之死,呂后之殺,帝舜之恕,七國之亂,司馬遷於
「爭」之主題,想像添意,透過事件細節的刻畫,讓人印象深刻,內蘊詩心,
寄託他淑世的理念,而有資鑑當代之微旨。

　　2、復仇之摹寫

　　相較於〈舜本紀〉中舜的「復事瞽叟愛弟彌謹」,司馬遷另外一個集中撰
作,想像添意的主題,為「仇」的書寫,此主題的細膩描寫,是司馬遷不遇
基調的共鳴,今舉〈伍子胥列傳〉與〈刺客列傳〉為例。

　　〈伍子胥列傳〉本事,見於《左傳》、《國語》、《國策》、《絕越書》、《吳
越春秋》,吳見思則評其為「以題裁勝,不以韻致勝」, 〔註72〕可永雪則比對
資料,指出其改作處有詐召、掘墓鞭屍等處: 〔註73〕

　　　伍尚欲往,員曰:「楚之召我兄弟,非欲以生我父也,恐有脫者後生

〔註71〕 參考沈起煒主編:《中國歷史大事年表》(上海:上海辭書出版社,2001.1),
　　　　頁102。
〔註72〕 吳見思:「子胥事於《左傳》、《國策》、《國語》及《絕越書》、《吳越春秋》中
　　　　看熟,決姿致少誠。然一篇大傳,兼總條貫,不得不刪繁就雅,故以題裁勝,
　　　　不以韻致勝,讀此傳過,再看吹簫吳市,投金瀨女諸事,便近小說矣,不可
　　　　不知也。此篇只以緊湊貫穿見妙,故子胥諫言,亦只約略寫。……篇中凡插
　　　　吳、楚、齊、魯、晉、鄭等事,及太子建,白公勝、伯嚭、申包胥、夫概,
　　　　而頭緒不亂,腠理不疏,序事之文,不可不熟此體格。」,吳見思:《史記論
　　　　文》〈伍子胥列傳〉(臺北:臺灣中華書局,1987.10 臺三版),頁362～363。
〔註73〕 可永雪:《史記文學成就論說》(呼和浩特:內蒙古教育出版社,2001.5),頁
　　　　377～380。

患，故以父為質，詐召二子。二子到，則父子俱死。何益父之死？
往而令讎不得報耳。不如奔他國，借力以雪父之恥，俱滅，無為也。」
伍尚曰：「我知往終不能全父命。然恨父召我以求生而不往，後不能
雪恥，終為天下笑耳。」謂員：「可去矣！汝能報殺父之讎，我將歸
死。」尚既就執，使者捕伍胥。伍胥貫弓執矢嚮使者，使者不敢進，
伍胥遂亡。聞太子建之在宋，往從之。奢聞子胥之亡也，曰：「楚國
君臣且苦兵矣。」伍尚至楚，楚并殺奢與尚也。(〈伍子胥列傳〉，頁
2172～2173)

上段〈伍子胥列傳〉本事採自昭公《左傳》，〔註74〕《左傳》中伍尚回楚、伍
員去吳的建議，是伍尚的主意，而〈伍子胥列傳〉卻作伍員提議之，是移乙
作甲的方法，並且補入「伍胥貫弓執矢嚮使者，使者不敢進，伍胥遂亡」的
逃脫過程，目的在於凸顯伍子胥為復仇忍辱負重的深謀遠慮，而突出了復仇
的意念與決心。而在其復仇之後，《史記》亦運用想像，寫伍子胥鞭屍一事，
將復仇的衝突提昇到最高：

既不得，乃掘楚平王墓，出其尸，鞭之三百，然後已。(〈伍子胥列
傳〉，頁2176)

《呂覽·首時》說「伍子胥親射王宮，鞭荊王之墳三百」；《淮南子·泰族訓》
則說：「闔閭伐楚入郢，鞭荊平王之墓，舍昭王之宮」；賈子《新書·耳痺》
云：「撻平王之墓」，僅見鞭墳，而不見鞭屍之說，梁玉繩曰：「此事《左氏》
《公羊》不載，其見於《穀梁》定四年傳，但言撻平王之墓，撻墓與鞭屍迥
異」，〔註75〕則伍子胥鞭屍之事，若非司馬遷有其他更可靠的史材，則知乃司
馬遷透過想像，稍微的改寫了歷史，把原本鞭打墳墓的復仇舉動，改成鞭屍，
更能演義出快意恩仇之史事。實際上，〈伍子胥列傳〉通篇就是以「仇」字，
作為演史的主軸：

鍾惺曰：吳子胥報父仇為主，而郧公於平王一父仇也，夫差於越王

〔註74〕昭公二十年《左傳》：棠君尚謂其弟員曰：「爾適吳，我將歸死，吾知不逮，
我能死，爾能報，聞免父之命，不可以莫之奔也。親戚為戮，不可以莫之報
也。奔死免父，孝也。度功而行，仁也。擇任而往，知也。知死不辟，勇也。
父不可棄，名不可廢，爾其勉之，相從為愈。」伍尚歸。奢聞員不來，曰：「楚
君大夫其旰食乎？楚人皆殺之？」，楊伯峻編著：《春秋左傳注》(臺北：洪葉
文化，1993.5)，頁1408～1409。
〔註75〕瀧川資言：《史記會注考證》(高雄：麗文圖書公司，1997.1)，頁850～11。

> 句踐一父仇也，白公於鄭、於子西，一父仇也，不期而會，不謀而
> 合，穿插湊泊，若相應，若不相應，覺一篇中冤對債主殺機鬼氣頭
> 頭相值，讀之毛豎，人生真不願見此境也。〔註76〕

〈伍子胥列傳〉以「仇」字為主，寫結仇、復仇事，層層相因，而有伍員伐
楚、夫差滅越、句踐復國的吳越春秋，司馬遷改作本事，將謀畫復仇者換做
伍員，將撻平王之墓改作鞭屍，皆是運用想像，增加復仇的強度，重構歷史。

司馬遷著力大書「仇」字，其目的在於資鑑當代，並與感士不遇的懷抱
共鳴：

> 太史公曰：怨毒之於人甚矣哉！王者尚不能行之於臣下，況同列乎！
> 向令伍子胥從奢俱死，何異螻蟻。棄小義，雪大恥，名垂於後世，
> 悲夫！方子胥窘於江上，道乞食，志豈嘗須臾忘郢邪？故隱忍就功
> 名，非烈丈夫孰能致此哉？白公如不自立為君者，其功謀亦不可勝
> 道者哉！（〈伍子胥列傳〉，頁2183）

從伍子胥復仇事件，司馬遷感嘆君臣關係、人臣關係，君要臣死，不得不死，
一紙詔命，易如反掌；人臣之間，相互競爭，互相傾軋，因讒被謗，去國懷鄉。
此類人際關係，不獨見於春秋之吳楚，而是歷朝歷代層出不窮的憾事。從先秦
到漢代，復仇主題是不絕於史冊，《春秋》三傳每有闡釋復仇概念的片段：莊公
四年，紀侯大去其國；莊公四年，公與齊人狩於郜；莊公九年，及齊師戰於乾
時，我師敗績；定公四年，吳入郢，伍子胥伐楚復仇……等，〔註77〕而復仇觀
念的滋長，更與忠孝扣合，與時俱進，及至漢時，更成為公私禮法的衝突問題。
〔註78〕則司馬遷筆下伍子胥被連坐，因而去國復仇，又因伯嚭進讒，而死恨異
鄉的情節，就與太史公不羞小節，而恥不能自成一家連結，伍子胥「隱忍就功
名」的意念，不正與因李陵案受辱的司馬遷不謀而合嗎？因此〈伍子胥列傳〉
想像添意的細節撰作，實際是司馬遷的投射，〔註79〕目的在於凸顯「仇」的主

〔註76〕 轉錄自葛氏《史記》卷六六，楊燕起等：《史記集評》（北京：華文出版社，
　　　　2005.1），頁477。

〔註77〕 關於《春秋》三傳復仇觀的詮解，詳見李隆獻：〈復仇觀的省察與詮釋─以《春
　　　　秋》三傳為重心〉，〉，《臺大中文學報》22期（2005.6），頁99～150。

〔註78〕 參見林素娟：〈漢代復讎所凸顯的君臣關係及忠孝觀〉，《成大中文學報》12
　　　　期（2005.7），頁23～46；林素娟：〈先秦為君、父復讎所涉之忠孝議題及相
　　　　關經義探究〉，《漢學研究》24卷第1期（2006.6），頁35～70。

〔註79〕 靳德峻《史記釋例》「舒憤自解例」指出：此議完全為史公一己之解說，「向
　　　　令」數語正謂其隱忍受宮刑也；「弃小義，雪大恥」二語，正其自解也；「方

題，而隱忍之心，與《史記》的感士不遇的懷抱和合。

　　《史記》之中，感士不遇基調表現最集中的篇章，莫過於〈刺客列傳〉。而司馬遷在〈刺客列傳〉想像添意的文字，讓傳主們青史留名，其事蹟則成為後世新變歌頌的主題：

> 寫豫讓、聶政、荊軻，其感恩知己之際，再四躊躇，不得已而後應，否則，非愚則狂，一莽男子耳。史公於此，不知費幾許心思，幸弗輕易讀過。世之論人者，絕未曾設身處地，便輕易立言，不知讀書心不可不細，尤不可不虛。〔註80〕

方苞：太史公裁割更易《尚書》、《左傳》，或辭意不完，而於《國策》，有遠過本文者。……觀太史公所增損，乃知本文之疏且拙也。〔註81〕

　　司馬遷將〈刺客列傳〉的傳主事蹟，提煉出感恩知己的主題，而有士為知己者死的種種行誼，太史公曰：「自曹沫至荊軻五人，此其義或成或不成，然其立意較然，不欺其志，名垂後世，豈妄也哉！（2538）」，故知司馬遷以其志而錄之。志乃無形，而事可情狀，因此如同〈伍子胥列傳〉，司馬遷透過想像，於細節處致力書寫，以聶政、豫讓的慘烈死事，寫復仇之志，寫知遇之心。司馬遷寫〈伍子胥列傳〉、〈刺客列傳〉之仇，皆意在透過復仇情節之展演，而強調復仇背後更重要的東西，即忍辱之志、知遇之心，而與不遇之基調產生共鳴。

　　陳善曰：「司馬遷書〈伯夷傳〉，載伯夷叩馬而諫父死不葬之語，是因伯夷餓於首陽之事而增益之也；〈宰我傳〉載宰我與田常作亂事，因孔子有『予也無三年之愛於父母』之說而妄意之。」，〔註82〕《史記》運用想像添意的技巧，進行歷史的重建，或為詩心的謳歌，能資鑑當代，或為懷抱的共鳴，能上友古人，皆是以己之意，添加的雖是詞章的內容，卻終歸是為義理而作，而寓以旨趣。

　　　子胥」數句正與其〈報任安書〉「腸一日而九迴」相類也。詳見靳德峻：《史記釋例》（上海：商務印書館，1934），頁 35。

〔註80〕吳見思：《史記論文》〈刺客列傳〉（臺北：臺灣中華書局，1987.10 臺三版），頁 469。

〔註81〕方苞：〈書貨殖傳後〉，《方望溪文集》（臺北：世界書局，1960.11），頁 27。

〔註82〕陳善：《捫蝨新話》卷一，楊燕起等：《史記集評》（北京：華文出版社，2005.1），頁 449

第三節　《史記》撰作方法舉例（二）

　　歷史學派認為歷史寫作具有多種形式的特點，主要以描述、敘述和分析三種基本的技巧結合而來，〔註 83〕此三者包括兩個層次的內容，一是歷史敘事，一是歷史解釋，前者指為描述、敘述的結合體儘量客觀的敘述事件之過程、始末，類似新聞寫作，後者則側重於分析的部分，保留給撰史者的主觀意志，允許史家擁有發聲的空間，此則大體與社論相仿，〔註 84〕二者缺一不可。歷史是客觀的事件，卻透過載筆人的主觀被折射出來，因此載筆人筆下事件發展之始末，有歷史解釋的作用，如胡適寫《白話文學史》，基於推動白話文學運動的理念，認為歷朝所有新興的文學，都是白話文學，而民間文學在整體文學演變的過程中，就扮演極端重要的角色，此為歷史解釋影響撰史的實績。歷史解釋的角度，或多或少地影響著歷史寫作的文字敘述，則歷史敘事實際上是二者合體的產物。〈晉世家〉記趙盾弒君事，則可同時察其二者：

　　　　盾遂奔，未出晉境。乙丑，盾昆弟將軍趙穿襲殺靈公於桃園而迎趙
　　　　盾。趙盾素貴，得民和；靈公少，侈，民不附，故為弒易。盾復位。
　　　　晉太史董狐書曰：「趙盾弒其君」，以視於朝。盾曰：「弒者趙穿，我
　　　　無罪。」太史曰：「子為正卿，而亡不出境，反不誅國亂，非子而誰？」
　　　　孔子聞之，曰：「董狐，古之良史也，書法不隱。宣子，良大夫也，
　　　　為法受惡。惜也，出疆乃免。」（〈晉世家〉，頁 1675）

〈晉世家〉此段記載，取材《左傳》宣公二年，其中，趙穿殺靈公、董狐卻直書「趙盾弒君」，前者屬於歷史敘事，客觀翔實記載事件的發生過程；後者屬歷史哲學、史家筆法；孔子援用為董狐記載作為《春秋》經文，遂成《春秋》書法。孔子對董狐之評價，則是孔子的史評，屬於歷史解釋的範疇。然而，孔子對整體事件的評語也是歷史事實，因此當司馬遷將孔子言論採入《史記》，則是客觀的歷史敘事，若要察其歷史解釋義，至多可由司馬遷接受《左傳》說，同意孔子史評，而有所收入來理解其立場。前已說明，司馬遷寫《史記》，雖強調「述而不作」，實際「述」中含有「釋」的空間，因此歷史解釋的文字，即是太史公撰作之筆。

〔註 83〕　趙干城・鮑世奮：《史學導論》（臺北：五南出版社，2001.10 二版二刷），第
　　　　　六章〈歷史寫作〉，頁 131。
〔註 84〕　關於歷史敘事、歷史解釋與新聞、社論之喻，參考潘重規〈史記導論〉，收入
　　　　　《史記論文集》（臺北：木鐸出版社，1975），頁 1～36。

　　《史記》的歷史解釋，最明顯、規律莫過於「太史公曰」論贊，前人討論不少：劉知幾《史通》、鄭樵《通志》、章學誠《文史通義》、王鳴盛《十七史商榷》等史學論著，皆注意到《史記》序贊。〔註85〕然而，本章切入角度為司馬遷在前人史料基礎上，進行再造的過程，而「太史公曰」史遷自作的歷史解釋文字，因其除引經證成以外，多不能有原始史料之比對，故無法用以考其再造之實跡。那麼，史遷如何在「述而不作」的行文制約中，置入歷史解釋，而完成歷史再造？其歷史解釋與原始史料間的關係為何？又在行文之中呈現出怎樣的風貌？則可歸納而得兩種作法：其一，夾敘夾議，將評論文字夾雜在史料當中，進行歷史事件義理的引導；其二，寓論斷於敘事之中，則隱藏史家主筆的色彩，於行文之中，借他人之口來代言太史公的歷史解釋與看法，以求篇旨的彰顯、詩心的謳歌。

　　（一）夾敘夾議

　　真德秀《文章正宗》說：「太史公列傳七十，獨取〈伯夷〉、〈屈原〉二傳者，以其變體也。」〔註86〕學者以〈孔子世家〉為特書、變例，指其身為布衣，卻列入世家；而以〈伯夷列傳〉、〈屈賈列傳〉為變體，乃針對其文章作法而言，茅坤曰：「以議論敘事，傳之變體也。」，〔註87〕故知所謂變體者，乃變史傳敘事之體，而改以議論行文，使議論與敘事相間雜。而此變體之例，誠如真得秀所言，集中表現在〈伯夷〉、〈屈賈〉二傳。

〔註85〕 詳見林湘珊：《史記「太史公曰」義法研究》（臺北：花木蘭文化，2006.3），頁8〜9。

〔註86〕 真德秀《文章正宗》卷三四，楊燕起等：《史記集評》（北京：華文出版社，2005.1），頁449。

〔註87〕 凌稚隆：《史記評林》，〈伯夷列傳〉引，頁1720。

　　〈伯夷列傳〉是七十列傳之首，章學誠說：「文實兼七十篇之發凡起例，亦非好為敘議之夾行也。」〔註88〕夾敘夾議的紀錄伯夷、叔齊之事，並與事件對話，進行申論、評價，以其引領七十列傳，則司馬遷以夾議論於敘事當中，當是其審慎下筆之結果。因此，筆者按照西方歷史敘事、歷史解釋二分，將該篇結構製表製出，嚴格來說，史家選材因為牽涉到史學眼光、史家識見

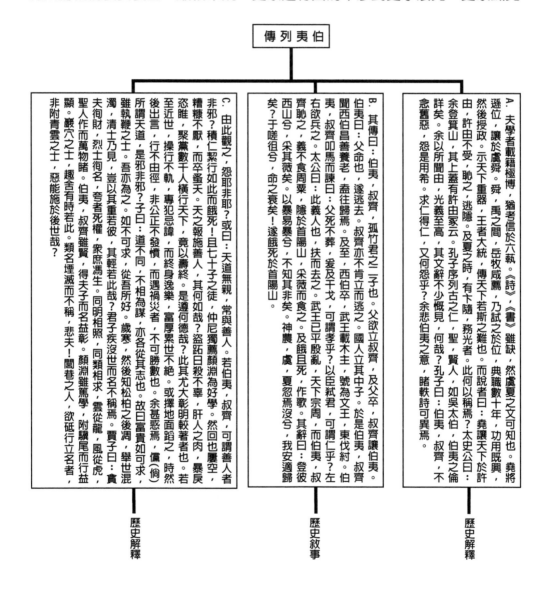

伯夷列傳

A. 夫學者載籍極博，猶考信於六藝。《詩》《書》雖缺，然虞夏之文可知也。堯將遜位，讓於虞舜。舜、禹之間，岳牧咸薦，乃試之於位，典職數十年，功用既興，然後授政。示天下重器，王者大統，傳天下若斯之難也。而說者曰：堯讓天下於許由，許由不受，恥之逃隱。及夏之時，有卞隨、務光者。此何以稱焉？太史公曰：余登箕山，其上蓋有許由冢云。孔子序列古之仁、聖、賢人，如吳太伯、伯夷之倫詳矣。余以所聞由、光義至高，其文辭不少概見，何哉？孔子曰：伯夷、叔齊，不念舊惡，怨是用希。求仁得仁，又何怨乎？余悲伯夷之意，睹軼詩可異焉。

歷史解釋

B. 其傳曰：伯夷、叔齊，孤竹君之二子也。父欲立叔齊，及父卒，叔齊讓伯夷。伯夷曰：父命也，遂逃去。叔齊亦不肯立而逃之。國人立其中子。於是伯夷、叔齊聞西伯昌善養老，盍往歸焉。及至，西伯卒，武王載木主，號為文王，東伐紂。伯夷、叔齊叩馬而諫曰：父死不葬，爰及干戈，可謂孝乎？以臣弒君，可謂仁乎？左右欲兵之。太公曰：此義人也，扶而去之。武王已平殷亂，天下宗周，而伯夷、叔齊恥之，義不食周粟，隱於首陽山，采薇而食之。及餓且死，作歌。其辭曰：登彼西山兮，采其薇矣。以暴易暴兮，不知其非矣。神農、虞、夏忽焉沒兮，我安適歸矣？于嗟徂兮，命之衰矣！遂餓死於首陽山。

歷史敘事

C. 由此觀之，怨邪非邪？或曰：天道無親，常與善人。若伯夷、叔齊，可謂善人者非邪？積仁絜行如此而餓死！且七十子之徒，仲尼獨薦顏淵為好學。然回也屢空，糟糠不厭，而卒蚤夭。天之報施善人，其何如哉？盜跖日殺不辜，肝人之肉，暴戾恣睢，聚黨數千人橫行天下，竟以壽終。是遵何德哉？此其尤大彰明較著者也。若至近世，操行不軌，專犯忌諱，而終身逸樂，富厚累世不絕。或擇地而蹈之，時然後出言，行不由徑，非公正不發憤，而遇禍災者，不可勝數也。余甚惑焉，儻（倘）所謂天道，是邪非邪？子曰：道不同，不相為謀，亦各從其志也。故曰富貴如可求，雖執鞭之士，吾亦為之。如不可求，從吾所好。歲寒，然後知松柏之後凋，舉世混濁，清士乃見。豈以其重若彼，其輕若此哉？君子疾沒世而名不稱焉。賈子曰：貪夫徇財，烈士徇名，夸者死權，眾庶馮生。同明相照，同類相求。雲從龍，風從虎，聖人作而萬物睹。伯夷、叔齊雖賢，得夫子而名益彰。顏淵雖篤學，附驥尾而行益顯。巖穴之士，趣舍有時若此，類名堙滅而不稱，悲夫！閭巷之人，欲砥行立名者，非附青雲之士，惡能施於後世哉？

歷史解釋

〔註88〕 章學誠：《丙辰札記》，收入《章氏遺書》（臺北：漢聲出版社，1973.1），頁890。

等，故此段雖以歷史敘事為主，亦有史家的歷史解釋於其中，而表中所標明的「歷史敘事」與「歷史解釋」之判別，乃就其比重不同而言之。而從二分法觀察，不難看出〈伯夷列傳〉實際的歷史敘事只有表中 B 段一節，相較於此，司馬遷似乎更致力於屬於史評、歷史解釋的 A、C 兩段。並且，以議論首尾相挾敘事，則 B 段的敘事，更類近後世史論文的舉例說明，而議論的 A、C 兩段，才是司馬遷真正要頭尾呼應，〈太史公自序〉說：「末世爭利，維彼奔義；讓國餓死，天下稱之。作〈伯夷列傳〉第一。」司馬遷著眼於伯夷讓國的人格特質，欲透過其事與讀者對話，討論「爭義」與「得怨」的關係，置於列傳之首，凸顯強調篇章的旨趣。

B 段的敘事，則兼採了幾個來源：「伯夷，叔齊，孤竹君之二子」，乃參考《韓詩外傳》及《呂氏春秋》之說，而「餓死首陽山」之事，則是取材《莊子・盜跖》與《戰國策・燕策》〔註 89〕而成。其中〈採薇歌〉的記載，或以為乃司馬遷自作：

> 伯夷歌云：「神農虞夏忽然沒兮，我安適歸兮！」陳古刺今，此意含
> 蓄。此太史公文筆，非伯夷意也。〔註 90〕

伯夷、叔齊拒食周粟，採薇餓死，此乃歷史事實，可於《莊子》、《戰國策》中看見相同的事件記錄，然其瀕死且歌，非但有悖於邏輯，更無可能當時還有史官在側，能為之記錄下歌詞，顯然，司馬遷紀錄詳盡的〈採薇歌〉，應是其歷史想像中的產物，強化傳主─伯夷、叔齊的意志，呈現文學的美感。

司馬遷於史料空白處添以歷史想像，重塑、加強傳主形象。然而，如伯夷、叔齊之史料甚少，且史料斷裂處過大，單憑藉想像則會流於杜撰，如此又當如何完成蘊含旨趣的傳記呢？當史料缺乏時，司馬遷選擇與傳主、讀者對話，來強化其藉事表達的義理：

> 孔子曰：「伯夷，叔齊，不念舊惡，怨是用希。求仁得仁，又何怨
> 乎？」余悲伯夷之意，睹軼詩可異焉。（〈伯夷列傳〉，頁 2122）

〔註 89〕 《莊子・盜跖》：「伯夷、叔齊，辭孤竹之君，而餓死首陽山上。」，莊子：《南華真經》，四庫叢刊本初編本（臺北：臺灣商務印書館，1967），頁 210；《戰國策・燕策・人有惡蘇秦於燕王者》：「蘇秦曰：「且夫孝如曾參，義不離親一夕宿於外，足下安得使之之齊？廉如伯夷，不取素，汙武王之義而不臣焉，辭孤竹之君，餓而死於首陽之山。廉如此者，何肯步行數千里，而事弱燕之危主乎？』」，《戰國策》，景印文淵閣四庫全書本（臺北：臺灣商務印書館，1983），頁 406～436。
〔註 90〕 陳長方：《步里客談》卷下，叢書集成初編本（北京：中華書局，1985），頁 5。

> 或曰：天道無親，常與善人。若伯夷，叔齊，可謂善人者非邪？積
> 仁絜行如此而餓死！（〈伯夷列傳〉，頁 2124）

> 君子疾沒世而名不稱焉。賈子曰：「貪夫徇財，烈士徇名，夸者死
> 權，眾庶馮生。」同明相照，同類相求，雲從龍，風從虎，聖人作
> 而萬物睹。伯夷，叔齊雖賢，得夫子而名益彰。（〈伯夷列傳〉，頁
> 2127）

A、C 兩段，僅扣著「怨」字進行討論，透過伯夷、叔齊為義餓死的事件，來
正反論證，並引經為證，援引諸子對「名」、「義」的命題，主題式地申論之。
在論證的過程中，不難發現，以孔子為主軸，並以許由、務光、顏淵為正襯，
用盜跖為反襯，〔註 91〕因事言理，而帶出「君子疾沒世而名不稱焉」的理想
追求。

　　司馬遷寫夷齊之怨，有個人情志的抒懷，孔子以為夷、齊求仁得仁，無
怨，但司馬遷則因個人的主觀，在為之作傳時，便帶入個人的看法，與整體
歷史事件對話。〔註 92〕司馬遷閱讀夷、齊為義而死之事，感同身受，雖未必
實指李陵案一事，卻是對於自己成一家之言理想追求的反省與堅持。故於史
料空白處，可以意逆志，補入歷史想像，於史料匱乏處，可嘗試與史事對話，
進行歷史解釋，如此，並不違背因事言理的述作觀，卻也是在史料基礎上，
實際的撰作實績，而其所詮解史料的文字與角度，便引導了讀者對史事的理
解與看法，明白地表達了篇旨，強化了成一家之言的功能。

　　另外一個夾敘夾議的代表為〈屈原賈生列傳〉，第二章曾引〈屈原賈生列
傳〉為例，觀察《史記》史蘊詩心的脈絡，第三章則從引文的角度，看司馬
遷以引文發聲的史料去取。而依該篇文字類型區分為引文、歷史敘事、歷史
解釋三類，則〈屈原賈生列傳〉的文章結構表如下：

〔註91〕 吳見思：「序伯夷處，全以孔子作主，由、光、顏淵作陪客，組織貫串，照應
　　　　前後，極其奇肆，又極其純密，是史公得意之筆。」，吳見思：《史記論文》〈伯
　　　　夷列傳〉（臺北：臺灣中華書局，1987.10 臺三版），頁 348。

〔註92〕 陳仁錫曰：「子長寫夷齊之怨，乃所以自寫其怨，寓意頗深。孔子以夷、齊無
　　　　怨，而太史公作傳，通篇是怨。」凌雅隆：《史記評林》，有井範平補標，〈伯
　　　　夷列傳〉引陳仁錫語，頁 1728。

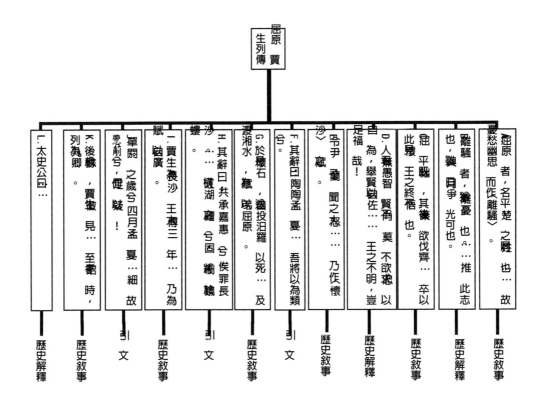

從上表可得，〈屈原賈生列傳〉的結構是集合敘事、議論及引文三者，錯綜交疊而成的結果。于慎行曰：「《史記・屈原傳》為文章家所稱，顧其詞旨錯綜，非敘事之正體」，〔註93〕詞旨錯綜一詞，極精確的指出了該篇行文的議敘夾雜情形。A、C、E、G、I、K 為實際歷史事件是展演，屬於歷史敘事的範疇；B、D、L 三段則是跳脫出史事敘事的主軸，讓歷史記錄人直接進行歷史解釋，並加以詮釋批評，其中又以 B、D 段屬於夾敘夾議的類型；而剩下的 F、H、J 三段，則是直接以引文的形式，將文學作品本身選錄，讓傳主自己發聲，可見其史料剪裁。各段之間，短長不一，但從上述的結構安排觀察，不難發現若略去本文部分，則司馬遷對合傳的屈原與賈誼，分別賦予不同的寫作任務：前者的敘事以解釋，後者敘事以引錄。這樣的現象，並非指〈屈原賈誼列傳〉具有主從的關係，而是依照時代先後，先敘屈原，找出「離騷」的敘述概念，而後用賈誼的〈弔屈原賦〉，連屬前後文。陳仁錫曰：「即用他弔屈原之意，

〔註93〕于慎行《讀史漫錄》卷二，四庫全書存目叢書本（臺南：莊嚴文化事業，1996.8），頁史 285〜248。

以歉賈生」，〔註94〕賈誼之弔文，既弔屈原，亦悲自我，而屈原怨生的離騷情懷，特作 B 一段加以說明，楊慎曰：「太史公作〈屈原傳〉，其文便以〈離騷〉，其論作騷一節，婉雅悽愴，真得騷之趣者也」，〔註95〕可知屈騷情懷之闡釋，既說屈原，亦論賈生，也暗合自己，故雖全篇多論屈原，少述賈誼，多引賈生，而少用屈賦，實際互為表裡，互相發用。

　　司馬遷論屈原、賈誼，因感士不遇的基調共鳴，運用夾敘夾議法，與古往今來所有懷才不遇的士子，相互對話：

> 離騷者，猶離憂也。夫天者，人之始也；父母者，人之本也。人窮則反本，故勞苦倦極，未嘗不呼天也；疾痛慘怛，未嘗不呼父母也。屈平正道直行，竭忠盡智以事其君，讒人間之，可謂窮矣。信而見疑，忠而被謗，能無怨乎？屈平之作〈離騷〉，蓋自怨生也。國風好色而不淫，小雅怨誹而不亂。若離騷者，可謂兼之矣。上稱帝嚳，下道齊桓，中述湯武，以刺世事。明道德之廣崇，治亂之條貫，靡不畢見。其文約，其辭微，其志絜，其行廉，其稱文小而其指極大，舉類邇而見義遠。其志絜，故其稱物芳。其行廉，故死而不容自疏。濯淖汙泥之中，蟬蛻於濁穢，以浮游塵埃之外，不獲世之滋垢，皭然泥而不滓者也。推此志也，雖與日月爭光可也。（〈屈原賈生列傳〉，頁 2482）

結構表 B 段中的歷史解釋，實際可以分為兩個層次來觀察：從「離騷者，猶離憂也」至「蓋自怨生也」一段，乃司馬遷申論其對於屈原作〈離騷〉的解釋，並且指出「忠而被謗，能無怨乎？」、「蓋自怨生也」，與〈伯夷列傳〉相同，著眼於「怨」字的闡發，是其感士不遇基調之共鳴；而自「國風好色而不淫」至「雖與日月爭光可也」，則是襲用淮南王〈離騷傳〉語，作意義的衍生。〔註96〕《文心‧辨騷》：「昔漢武愛騷，而淮南作傳，以為國風好色而不

〔註94〕凌雅隆：《史記評林》，有井範平補標，〈屈原賈生列傳〉引，頁 2090。

〔註95〕凌稚隆：《史記評林》，〈屈原賈生列傳〉引，頁 2074。

〔註96〕洪興祖《楚辭補注》：「始漢武帝命淮南王安為《離騷傳》，其書今亡。按〈屈原傳〉云：『〈國風〉好色而不淫，〈小雅〉怨誹而不亂，若〈離騷〉者，可謂兼之矣。』又曰：『蟬蛻於濁穢以浮游塵埃之外，不受世之滋垢，皭然泥而不滓，推其志，雖與日月爭光可也。』班孟堅、劉勰皆以淮南王語，啟太史公取其語以作傳乎！」；董份：「此傳大概漢武帝命淮南王安為原作者，太史公全用此語，班固嘗有論矣。太史公彼端固好，而網羅遺文，摭拾今古，當漢武好文之世，才士畢集，著作皆可觀覽，而太史公特總其大成，所以尤不可

淫，小雅怨誹而不亂。若離騷者，可謂兼之。蟬蛻穢濁之中，浮游塵埃之外，皭然涅而不緇，雖與日月爭光可也」，今本〈離騷傳〉已佚，以保存於《文心》中的字句與〈屈原賈生列傳〉對應，不難發現，司馬遷閱讀群書蒐集史料，淮南王〈離騷傳〉的解說符合他的期待視野，因此他繼承劉安之說，用〈離騷傳〉語來申論屈子作〈離騷〉事，而用其原文，僅在原文當中，補充了〈離騷〉內容的概述，及其藝術技巧的評價。因此，儘管是歷史解釋的置入，只要是詮釋角度相同，仍可透過徵引資料的方法，進行史評。

　　D 段的歷史解釋則與 B 段不同，雖同夾於敘事當中，卻未徵引，直接由司馬遷進行史論文般的歷史解釋：

> 人君無愚智賢不肖，莫不欲求忠以自為，舉賢以自佐，然亡國破家相隨屬，而聖君治國累世而不見者，其所謂忠者不忠，而所謂賢者不賢也。懷王以不知忠臣之分，故內惑於鄭袖，外欺於張儀，疏屈平而信上官大夫、令尹子蘭。兵挫地削，亡其六郡，身客死於秦，為天下笑。此不知人之禍也。（〈屈原賈生列傳〉，頁 2485）

若不論〈屈原賈生列傳〉其他的部分，但就此段結構來看，就是一完整的史論小品，先論說忠姦賢愚的看法，再舉懷王、屈原為例，最後以感嘆作結。故《史記》中夾敘夾議的歷史解釋文字，仍不離史事，以歷史人物、事件作佐證，強化自己的論點，換言之，歷史解釋即是因事言理的集中表現。魯迅說：「《史記》裡的〈伯夷列傳〉和〈屈原賈生列傳〉除去了引用的騷賦，其實也不過是小品，只因為他是「太史公」之作，又常見，所以沒有人來選出、翻印。」，〔註97〕則《史記》置入歷史解釋之法，實啟迪後來史論文之方。而可從解釋文字中，直道太史公一家之言的識見與立場。

　　高燮曰：「歷詳事實不如案論，此史家正例也。而或於敘述中附見己意，則為變例矣」，〔註98〕除〈伯夷列傳〉、〈屈原賈生列傳〉外，〈孟荀列傳〉、〈貨殖列傳〉屬此例。史官記事、記言，本求敘事之翔實，故有「實錄」評價之追求。然史官根據其史識，自史取義以說理，而有價值判斷於其間，其折射出來的歷史紀錄，便有個人立場的投射。司馬遷徵引大量各體史料為據，改

　　　　及，及〈屈原〉一傳見之矣。」凌稚隆：《史記評林》，〈屈原賈生列傳〉引，頁 2074。
〔註97〕魯迅〈雜談小品文〉，《魯迅全集》第六卷（北京：人民出版社，1957），頁 332。
〔註98〕高燮《吹萬樓文集》卷二〈書史記伯夷列傳後〉，楊燕起等：《史記集評》（北京：華文出版社，2005.1），頁 460

作文本而成通變古今、究際天人的一家之言，於敘事之中，夾入他的觀感與解釋，而有夾敘夾議的撰作文字出現，此類文字除繼承前說之外，大體為司馬遷自作，插入敘事當中，為讀者引領閱讀思考之方向，而內蘊詩心於史傳當中。

（二）寓論斷於敘事之中

在歷史敘事中，與事件對話，暢所欲言的發表議論，是司馬遷對於史料斷裂處撰作方法的一種。然而，史官紀錄當代史，欲評論政治敏感議題時，有時就不能採夾敘夾議之法，直書忌諱，而必須將解釋隱入敘事當中，讓讀者自明。司馬遷繼《春秋》作《史記》，目的在明道辨事，而通變古今，以古之史事，啟後之借鑑，則雖述古史，實針對當代，而所謂「定哀之際則微」，對於敏感的主題，需使用史家筆法撰述之。

顧炎武《日知錄》，提出《史記》有「于序事中寓論斷」之法，認為「古人作史，有不待論斷，而于序事之中即見其旨者，惟太史公能之」，〔註99〕即指以引述他人之言語、成文，隱去史官言語，進行歷史解釋。考察顧氏所舉《史記》文本之例，則有〈平準書〉、〈王翦傳〉、〈荊軻傳〉、〈鼂錯傳〉、〈武安侯田蚡傳〉等篇，分別以卜式語、客語、魯句踐語、鄧公與景帝語，及武帝語進行論斷。

顧炎武提出的「于序事中寓論斷」書法，則與歷史學派的說法有相通之處，是會通描述、敘述和分析三種技巧的巧妙筆法。以秦將〈白起王翦列傳〉為例，王翦傳末以或與客問答為王翦一門進行述評：

> 秦二世之時，王翦及其子賁皆已死，而又滅蒙氏。陳勝之反秦，秦使王翦之孫王離擊趙，圍趙王及張耳鉅鹿城。或曰：「王離，秦之名將也。今將彊秦之兵，攻新造之趙，舉之必矣。」客曰：「不然。夫為將三世者必敗。必敗者何也？必其所殺伐多矣，其後受其不祥。今王離已三世將矣。」居無何，項羽救趙，擊秦軍，果虜王離，王離軍遂降諸侯。（〈白起王翦列傳〉，頁 2341～2342）

太史公以「或曰」做出讀者對於秦趙戰事的設問，以王翦、王賁之善戰，則王離輕取趙城自當是想當然耳的推論，但是秦趙之戰，結果卻是強秦敗給兵力懸殊而救趙的項羽，名將王離被虜而降，顯然歷史事實的呈現與戰前推估

〔註99〕顧炎武：《日知錄》卷 26〈史記于序事中寓論斷〉（北：臺灣商務印書館，1957.4 臺初版），第四冊，頁 92。

完全不同，則歷史紀錄人司馬遷便為這種意料之外的結果，以「客曰」的方式進行解釋，認為三世為將，殺伐多而受其不祥，因此王離必敗。對於這樣的紀錄方式，明代評點學家多有申論：

> 陳仁錫曰：王翦傳末插入或人與客問答語，甚奇。〔註100〕

> 吳齊賢曰：語不了，有餘韻。〔註101〕

> 茅坤曰：此於傳末敘其後世之報，而以或曰客曰問答發明之，敘事
> 　　　　兼議論亦一例也。〔註102〕

茅坤是表述最具體的一位，認為以「或曰」、「客曰」問答，說明後世之報的因緣，就是「敘事兼議論」的筆法，陳仁錫以「甚奇」來讚美此筆法之使用，而吳齊賢則認為運用此筆法及其對話內容，營造出文章的「餘韻」。陳仁錫曰：「用王離作結，以補杜郵一劍」，〈白起王翦列傳〉的傳主既為二位秦將，其中必有所同通之處方能成為合傳。〈太史公自敘〉自道：「南拔鄢郢，北摧長平，遂圍邯鄲，武安為率；破荊滅趙，王翦之計。作白起王翦列傳第十三」，〔註103〕似以戰功彪炳為連結，然而，以秦將之眾，何以獨作白起、王翦二人之傳，而不以「秦將列傳」為之？則本傳宗旨，不以戰功為要之脈絡已明。陳仁錫曰：「白起傳後載，自詐降卒而阬之，是足以死；王翦傳後載，客言三世為將者必敗，此二節同一宗旨，以為千古名將之戒也。」〔註104〕，說明串連白起與王翦列傳的連結，為〈白起列傳〉自謂「阬降卒足以死」的批判，為〈王翦列傳〉借客之口說出「殺伐多而不祥」的觀察，一路直指戒兵非戰的思想意涵。故知〈白起列傳〉或曰客曰之語，雖為序事，實是論斷，而是非褒貶的歷史解釋與價值判斷寄寓於其中。

還有〈刺客列傳〉中，聶政、荊軻死後，皆有寓論於敘的歷史解釋；

> 晉、楚、齊、衛聞之，皆曰：「非獨政能也，乃其姊亦烈女也。鄉使
> 政誠知其姊無濡忍之志，不重暴骸之難，必絕險千里以列其名，姊
> 弟俱僇於韓市者，亦未必敢以身許嚴仲子也。嚴仲子亦可謂知人能
> 得士矣！」（〈刺客列傳〉，頁2526）

〔註100〕凌稚隆：《史記評林》，有井範平補標，〈白起王翦列傳〉引，頁1922。
〔註101〕凌稚隆：《史記評林》，有井範平補標，〈白起王翦列傳〉引，頁1922。
〔註102〕凌稚隆：《史記評林》，〈白起王翦列傳〉引，頁1921。
〔註103〕瀧川龜太郎：《史記會注考證》（高雄：麗文圖書，1997.1），頁1344。
〔註104〕凌稚隆：《史記評林》，有井範平補標，〈白起王翦列傳〉引，頁1922。

魯句踐已聞荊軻之刺秦王，私曰：「嗟乎，惜哉其不講於刺劍之術也！甚矣吾不知人也！曩者吾叱之，彼乃以我為非人也！」（〈刺客列傳〉，頁2538）

前者是聶政及其姐聶榮死後，眾人的評價，史料來源出自《戰國策‧韓策‧韓傀相韓》一段，原文為：「晉、楚、齊、衛聞之曰：『非獨政之能，乃其姊者，亦列女也。』聶政之所以名施於後世者，其姊不避菹醢之誅，以揚其名也。〔註105〕」，並無「嚴仲子亦可謂知人能得士」一句，司馬遷根據〈刺客列傳〉知遇的篇旨，以意補入客語，讓原本《戰國策》中記載旁人的評論，置入司馬遷的立場與解釋，而變成寓論斷於敘事之中的筆法；後者是荊軻死後，以魯句踐言語，以應傳首，顧炎武曰：「古人作史有不待論斷，而于序事之中即見語者，惟太史公能之」，惜〈荊軻傳〉雖本於《戰國策‧燕策》，但司馬遷自述荊軻一段，有自公孫季功、董生之口〔註106〕，因此不能判斷魯句踐語是否是太史公自創，或公孫季功、董生本有言之，但傳入今本〈刺客列傳〉，以魯句踐語評價荊軻，將個人情志投入傳中其他人物，將歷史解釋寄託在敘事之中。

白壽彝認為借用別人之口，來作敘事中寓含論斷，這是寓論斷於敘事最基本的形式：

> 司馬遷寓敘事於論斷的最基本形式，究竟還是歷史敘述的形式。有的時候，他在「文章內」借用了當時別人的評論或反映以表達自己的論點，但更多的時候是在歷史敘述過程中就以把論點表達出來了，對於春秋末年以後的歷史敘述，尤其是對秦漢的歷史敘述，這樣的表達形式是很顯著的。〔註107〕

應當注意的是，將論斷寄託在敘事當中，不限於他人言論之中，重點在於作者選取能代表自己的思想、觀點、感情的資料，作相應的剪輯、安排，使敘述歷史的過程中，自然融入作者的論斷而不著痕跡。〔註108〕在行文過程中，也常可推敲出司馬遷褒貶的價值判斷，此類見於《史記》數篇，包括：〈項羽

〔註105〕《戰國策‧韓策‧韓傀相韓》，景印文淵閣四庫全書本（臺北：臺灣商務印書館，1983），頁406～427、428。

〔註106〕太史公曰：「始公孫季功、董生與夏無且游，具知其事，為余道之如是。」〈刺客列傳〉，頁2538。

〔註107〕白壽彝《中國史學史論集》，〈司馬遷寓論斷于序事〉（北京：中華書局，2001.10二版），頁84。

〔註108〕趙生群：《史記編纂學導論》（南京：鳳凰出版社，2006.11），頁195。

本紀〉、〈陳涉世家〉、〈蕭相國世家〉、〈吳起傳〉、〈商君傳〉、〈李斯列傳〉、〈淮陰侯列傳〉、〈呂不韋列傳〉等，而整理《史記評林》之批語，則可知史遷寓論斷於敘事過程中者，還有：〈封禪書〉、〈平準書〉、〈匈奴列傳〉、〈酷吏列傳〉、〈儒林列傳〉、〈大宛列傳〉等篇。〔註 109〕上述諸篇，或為近代秦漢間史，而多是漢事，甚至是司馬遷當代史，根據《史記》採用史料的存佚情形而言，多無法比對出處，看出司馬遷寓論斷於敘事過程中，乃史公撰作還是沿襲舊說，故無法從改作的角度來申論之。但是如果以之與夾敘夾議筆法的篇目對照，似乎可以觀察出一有趣的邏輯：

　　夾敘夾議：〈伯夷列傳〉、〈屈原賈生列傳〉、〈孟荀列傳〉、〈貨殖列傳〉
　　寓論於敘：〈白起王翦列傳〉、〈刺客列傳〉、〈淮陰侯列傳〉、〈武安侯
　　　　　　　田蚡傳〉、〈袁盎晁錯列傳〉、〈李將軍列傳〉、〈匈奴列傳〉、
　　　　　　　〈酷吏列傳〉、〈儒林列傳〉、〈大宛列傳〉、〈封禪書〉、〈平
　　　　　　　準書〉

夾敘夾議主要有四篇，又以前兩篇〈伯夷列傳〉、〈屈原賈生列傳〉為要，伯夷、叔齊、屈原皆是古人，因此使用夾敘夾議，並不會沒有觸犯忌諱，自然可以暢所欲言，而觀察前書〈屈原賈生列傳〉的結構表，亦可知雖屈原、賈誼合傳，但實際上司馬遷只在屈原一段夾敘夾議，在賈誼一段則僅敘事、引文，用史料剪裁、排列，讓史實自明，因此夾敘夾議是史家發聲的舞台，必須不在政治忌諱中進行；而於敘事寓論斷的篇章，十有八成都是漢代事，因此引入他人言論〔註 110〕、投入個人主觀判斷於敘事當中，來作歷史解釋，讓史官不必因觸犯忌諱，為實錄精神犧牲，正是「隱桓之間則章，定哀之際則微」《春秋》書法精神之所在。因此寓論斷於敘事當中，是將歷史解釋、史官立場隱入歷史敘事的方法，用來書寫當代，自是史家史觀寄託之所在，亦是《春秋》筆削之微旨。以〈李將軍列傳〉為例：

　　初，廣之從弟李蔡與廣俱事孝文帝。景帝時，蔡積功勞至二千石。
　　孝武帝時，至代相。以元朔五年為輕車將車，從大將軍擊右賢王，
　　有功中率，封為樂安侯。元狩二年中，代公孫弘為丞相。蔡為人在

〔註 109〕陳民裕：《凌稚隆《史記評林》研究》（國立高雄師範大學 2007 博論，指導教授：周虎林），頁 318。

〔註 110〕引他人言論來作評論之假托之法，錢鍾書曾命之為「藉乙口敘甲事」，出自《管錐編・左傳正義》成公十六年一段，（臺北：書林出版社，1990.8），頁 210～211。

下中，名聲出廣下甚遠，然廣不得爵邑，官不過九卿，而蔡為列侯，
位至三公。諸廣之軍吏及士卒或取封侯。廣嘗與望氣王朔燕語，曰：
「自漢擊匈奴而廣未嘗不在其中，而諸部校尉以下，才能不及中人，
然以擊胡軍功取侯者數十人，而廣不為後人，然無尺寸之功以得封
邑者，何也？豈吾相不當侯邪？且固命也？」朔曰：「將軍自念，豈
嘗有所恨乎？」廣曰：「吾嘗為隴西守，羌嘗反，吾誘而降，降者八
百餘人，吾詐而同日殺之。至今大恨獨此耳。」朔曰：「禍莫大於殺
已降，此乃將軍所以不得侯者也。」（〈李將軍列傳〉，頁 2873～2874）
司馬遷引其李廣從弟李蔡，僥倖而位列公侯，為李廣不曾封侯抱屈。〔註 111〕
又用望氣者言，認為殺降而不祥，解釋李廣不能封侯之因，而用從弟李蔡列
侯、位至三公，來襯托李廣屢百戰而不能得一侯，合二事而觀之，則知李廣
未嘗封侯，主要是因為漢皇賞罰不公，未有平明之理所致。李光縉曰：「廣雖
以殺降為恨，然屢百戰不能得一當以封侯，亦是悲矣。王弇州詩云：『車公一
言拜相，李廣百戰不侯，自是人間常事，莫將造物追求。』噫！是或然者，
然亦可惜。」，〔註 112〕賞罰不公雖是人間常事，後人依舊不免欷噓，何況是同
朝的司馬遷？用望氣者言，是太史公用反語為李廣平反〔註 113〕，而寓論斷於
敘事當中，而暗指漢廷弊病，淑世規諫之赤誠，於字裡行間流露出來。

　　《史記》作為中國史學撰作的重要範本，開創了史學中多種的歷史寫作
模式。「于序事中寓論斷」之法，是將歷史寫作描述、敘述和分析三種技巧結
合的書寫方式，從敘事的行文中呈現出史學家特有的史識；而史家在引文選
用亦寓有論斷，資料剪裁，皆見匠心。因此，總體來說，不論是「于序事中
寓論斷」之法或是巧心安排的引文選用，皆是為史家以「識」為主的鋪演安
排，亦是史家以「志」為據的史料安排，以代言托出己志，呈現出史蘊詩心

〔註 111〕劉辰翁曰：「太史公極意言李將軍不幸，故引弟蔡首為僥倖致死*族*三公，正是
　　　　恨處。又取望氣者*偕*廣*智*懷口語如慨，而嘆縷上可值處止在而字，然字且且
　　　　固命也，能使墮淚。」凌稚隆：《史記評林》引，頁 2461～2462；而曾國藩
　　　　則說：「初廣之從弟李蔡，至此乃將軍所以不得侯者也一段，議論敘於後，則
　　　　無此沈雄矣。故知位置之先後、剪裁之繁簡，為文家第一要義也。」瀧川資
　　　　言：《史記會注考證》（高雄：麗文圖書公司，1997.1），頁 1151～14 引。
〔註 112〕凌稚隆：《史記評林》，李光縉增補，頁 2462。
〔註 113〕韓兆琦提出《史記》書法有「記載「陰謀陽禍」，似信天命，實乃借以抒發憤
　　　　世不平」一類，詳見韓兆琦：《史記博議》，二〈史記其書〉，三、《史記》書
　　　　法釋例（臺北：文津出版社，1995.11），頁 79～98。

的寫作基調。

　　《文史通義・易教上》說：「古人未嘗離事而言理。」〔註114〕司馬遷通變古今、究際天人，透過史事的爬梳，來成就一家之言。然而讀者閱讀史書，卻能以意逆志，對同一件史事，進行不能角度的解讀。司馬遷透過修史來完成一家之言的抱負，自然希望讀者能夠經由閱讀《史記》，來感知其諷諫的旨趣與淑世的理想。透過史料安排，適當的重構史事，置入歷史解釋，讓歷史解釋與史料合二為一，從完備的敘事之中，引導出正確的義理導向，表達一家之言，而有時因為觸犯忌諱，必須將解釋發聲隱去，而寓入敘事當中。司馬遷私塾孔子，典範春秋，用比興史事的方法，寄託經世抱負、個人懷抱於《史》文當中，則需先知其比興出發點，才能見出內蘊的歷史解釋〔註115〕，程伊川說：「子長著作，微情妙旨之文字蹊徑以外。」〔註116〕，而劉大櫆云：「文貴遠。遠必含蓄，或句上有句，或句下有句，或句中有句，或句外有句，說出者少，不說出者多。昔人謂子長文字，微情妙旨，寄之筆墨蹊徑之外。」，〔註117〕說明讀《史記》需留心意在言外的筆觸。歷史解釋的置入，是司馬遷撰述之撰作文學的關鍵環節，也是其詩心內蘊的核心所在，討論《史記》改作史料的文章作法，宜特別留心，如此方能探知史公之詩心，而得其敘事之旨趣。

第四節　結　論

　　〈自序〉說：「余所謂述故事，整齊其世傳，非所謂作也，而君比之於《春秋》，謬矣。於是論次其文。」古人未嘗離事而言理，司馬遷書寫《史記》，目的在究際天人、通變古今，以成就一家之言，因此研讀《史記》，當著眼於其歷史敘事中寓含的詩心。司馬遷重組文獻材料撰成鴻文，於史料空白處、斷裂處，進行再造，故雖是述史，實有撰作。故比對《史記》及其採用史料，

〔註114〕章學誠：《文史通義》（臺北：世界書局，1964.4），頁 1。

〔註115〕呂祖謙曰：「太史公之書法，豈拘儒曲士所能通其說乎？其義指之深遠，寄興之悠長，微而顯，絕而續，正而變，文見於此而義起於彼，有若魚龍之變化，不可得而蹤跡者也。讀是書，可不參考互觀，以究其大指之所歸乎。」楊燕起等：《史記集評》（北京：華文出版社，2005.1），頁 170。

〔註116〕焦竑：《焦氏筆乘》卷二引，收入《粵雅堂叢書》（一）（臺北：華聯出版社，1965），頁 231。

〔註117〕劉大櫆：《論文偶記》。《桐城吳先生諸史點勘》附錄（北京：學苑出版，2005）。

整理《史記》撰述的撰作問題，則得出以下幾點觀察：

（一）司馬遷的撰作觀，留給歷史想像操作的空間。太史公自稱述而不作，卻「述」中含「釋」，留有歷史解釋的空間；採摭史料以意逆志，尚友古人，造成歷史想像的可能，故歷史想像與歷史解釋，是《史記》歷史再造的途徑。

（二）《史記》綴合史料，對史料空白處，有三個層次的處理方法：其一，考訂時序、狀態補入史料，讓敘事完整，如〈蘇秦列傳〉、〈張儀列傳〉；其二，根據宏觀史識，補入之時序、狀態，有《春秋》微意，如〈吳太伯世家〉、〈齊太公世家〉；其三，以意逆志推演時序、狀態，用歷史想像處理史料斷裂處，還原傳主面貌，如〈孔子世家〉。綴合補入之文字，目的在強化敘事過程，通過敘事的完整，以昭明該篇之旨趣。

（三）太史公時將主觀之想像，添入客觀之敘事當中，運用想像添意的技巧，進行歷史的重建，主要圍繞「爭」與「仇」之主題展開。或為詩心的謳歌，用以資鑑當代，或為基調的共鳴，能上友古人。

（四）司馬遷以史立言，故在敘事當中，有其歷史解釋：解釋古史夾敘夾議，用史論方法行文，直道詩心；討論近代史、當代史，寓論於敘，隱去史官角色，避免觸犯忌諱，卻也能在敘事當中，引領讀者看見史實，聽見其史識及價值判斷，內蘊詩心。

撰述欲來者之興起，目的在透過史事的爬梳，而知比興之旨，體現詩心。《史記》撰述之撰作，運用歷史想像於敘事當中，並置入歷史解釋，進行發聲。故太史公處理史料筆法雖然多元，然納眾法於歸一，目的皆在扣合篇旨，以資鑑當世，垂訓於後人。

第六章　史傳文學會通文史的
定調與再造

　　《後漢書・蔡邕列傳》中載，司徒王允欲將蔡邕治罪，蔡邕陳言辭謝，
乞「黥首刖足，繼成漢史」。王允以「昔武帝不殺司馬遷，使作謗書，流於後
世」為由，拒絕之，蔡邕遂死獄中。〔註1〕王允是首先提出《史記》謗書說的
人，而推敲這段記載，可以得知《史記》以後，王權強化對史書纂修的箝制
力量，讓原本處理半私史的史官角色，轉換回到王官身份，發憤著史、成一
家之言的理想追求，與實際操作方法遂成為絕響。

　　劉知幾云：「子長著《史記》，載筆之體，於斯備矣。」，〔註2〕司馬遷確立
了史書的體例，下開其後的廿四史。然而，其文史和合的詩心內涵、行文風格，
卻鮮少被後來廿四史的史書吸收，而有文、史分家的現象。王充《論衡・對作》
說：「論者，述之次也。五經之興，可謂作矣。太史公書、劉子政序、班叔皮傳，

〔註1〕　《後漢書・蔡邕列傳》：「及卓被誅，邕在司徒王允坐，殊不意言之而歎，有
　　　　動於色。允勃然叱之曰：『董卓國之大賊，幾傾漢室。君為王臣，所宜同忿，
　　　　而懷其私遇，以忘大節！今天誅有罪，而反相傷痛，豈不共為逆哉？』即收
　　　　付廷尉治罪。邕陳辭謝，乞黥首刖足，繼成漢史。士大夫多矜救之，不能得。
　　　　太尉馬日磾馳往謂允曰：『伯喈曠世逸才，多識漢事，當續成後史，為一代大
　　　　典。且忠孝素著，而所坐無名，誅之無乃失人望乎？』允曰：『昔武帝不殺司
　　　　馬遷，使作謗書，流於後世。方今國祚中衰，神器不固，不可令佞臣執筆在
　　　　幼主左右。既無益聖德，復使吾黨蒙其訕議。』日磾退而告人曰：『王公其不
　　　　長世乎？善人，國之紀也；制作，國之典也。滅紀廢典，其能久乎！』邕遂
　　　　死獄中。允悔，欲止而不及。時年六十一。」范曄撰、劉昭補志、章懷太子
　　　　注：《後漢書集解》，〈蔡邕列傳〉（臺北：藝文印書館，1958），頁712。
〔註2〕　《史通・二體》，劉知幾著，浦起龍釋，白玉崢點校《史通通釋》（臺北：藝
　　　　文印書館，1978.4），頁25。

可謂述矣。」〔註3〕，王充辨析述作關係，將《史記》、《新序》、《漢書》皆定位為述，史載筆被限定在「述」的範疇，將史書風格導向純史學的領域。及至魏晉南北朝，史學獨立正式定調，《昭明文選》選錄自先秦至梁的詩文辭賦，分三十八類，不選經子，史書也僅取論贊，〔註4〕文、筆分化，文、史二分，史學成為獨立學門。然而，史蘊詩心的《史記》，在走向文史分家的過程，其豐富多元的內容層次，並非能夠完全一分為二，而沒有任何餘韻保留在文、史之中，其改作材料、用以資鑑的方法及目的，當有所交互影響之軌跡，本章即針對《史記》以降，其改作文學影響所及的範圍作一個整理，觀察其分別在文學、史學中的發展脈絡，從新變中找出其傳承，自變易中找出其「不易」，探求改易、撰作比興顯義、史蘊詩心、窮變通久的軌跡。

第一節　《史記》改作的後續發展——變易與不易

〈太史公自序〉中說，《史記》之成，「藏之名山，副在京師」，自史遷外孫楊惲祖述其業，才有了第一次的傳播。東漢中期以後，《史記》才在社會上得到了比較廣泛的傳播流行。然在此之前，《史記》時有單篇傳本，如東漢光武帝（前6～57）賜竇融〈五宗世家〉、〈外戚世家〉、〈魏其武安侯列傳〉等卷；或其他管道為人所知，而有徵引、改作的實績，如揚雄（前53～18）襲用酷吏、貨殖、循吏、游俠、佞倖名稱，〔註5〕桓寬（？～前70～？）《鹽鐵論》節括《史記》原文，衛颯（？～40～？）以類相從，約《史記》要言而成《史要》等，而王充（27～約97）更在《論衡》，分析評論《史記》之記事與價值，知《史記》至王充時已流布於世，東漢末，則有張昶（？～約205）的《龍山史記注》、延篤（？～167）的《史記音義》等注本出現。

〔註3〕 王充：《論衡》（臺北：宏業書局，1985.4），頁143。
〔註4〕 〈昭明文選序〉：「老莊之作，管孟之流，蓋以立意為宗，不以能文為本……記事之史，繫年之書，所以褒貶是非，紀別異同，方之篇翰，亦已不同，若其論讚之綜緝辭采，序述之錯比文華，事出於沈思，義歸於翰藻，故與夫篇什雜而集之。」蕭統：《昭明文選》（臺北：文化圖書出版社，1975.8再版。
〔註5〕 陳直：「揚子《法言》〈重黎〉、〈淵騫〉二篇，所論西漢名人，大半在《史記》世家或列傳中。可證揚雄在校書時，已熟讀《史記》。〈淵騫〉篇云：『或問酷吏，曰虎哉虎哉，角而翼者也。貨殖曰蚊曰血國三千，使捋疎飲水褐博，沒齒無愁也。或問循吏，曰吏也。游俠曰竊國靈也。佞倖曰不料而已。』揚雄所論總傳五篇，篇名皆太史公所特創，雖未說明《史記》，而取材於《史記》則無疑義。」說見陳直：《史記新證》（臺北：學海出版社，1980.9），頁205。

　　漢魏六朝對於《史記》的接受，從續補到注本，多從史學價值著眼，鮮少針對他文學意義的改作進行吸收，採用《史記》改作最多者，當屬《漢書》無疑。《漢書》的纂修，是半私史走向官史的關鍵，班固整理其父班彪《史記後傳》遺稿，嘆其所續前史未詳，遂於東漢明帝永平元年（58），「探撰前記，綴集所聞」，開始編寫《漢書》。後四年班固因修私史被下獄，其弟班超為之辯護，明帝閱畢書稿，遂加召其到京師的校書部，派為蘭台令史，與陳宗、尹敏及孟異等，共同穿寫成《世祖本記》，後又命其在蘭台繼續尚未完成的《漢書》。故《漢書》之作，雖由《史記》啟發，〔註6〕但其纂修的過程，皆在王權的監督下完成，為班固在統治者期待下，完成總結前期歷史經驗，為東漢鞏固政權之作。上起高祖元年（前206），下終新莽地皇四年（前23），主要記載自西漢到新朝二百三十年間的史事，其高祖元年到漢武帝太始年間事，則與《史記》重覆，其改作《史記》的區塊，成為歷代討論馬班優劣、《史》《漢》異同的核心。而後史書的纂修，官史色彩愈濃，私史成分愈淡，對《史記》改作文學的繼承，似乎有淡化的趨勢。

　　劉勰《文心・通變》：「夫設文之體有常，變文之數無方。」，〔註7〕《史記》的傳播，雖然因為文史分化的定型，使其文學技巧在正史中被淡化，但實際上，《史記》的影響是是滲透入文、史中各個層面的。依年代先後而言：唐代，王績（585～644）作〈子推抱樹贊〉、〈荊軻刺秦王贊〉、〈項羽死烏江贊〉、〈藺相如奪秦王璧贊〉、〈陳平分社肉贊〉、〈君平賣卜贊〉等，開《史記》人物論之興。令狐德棻（583～666）主張用記傳體修六朝國史，定《史記》為正史體例。劉知幾撰寫《史通》，對《史記》五體、選題、班馬優劣等問題進行批評，為第一部史學專著。而韓、柳分得《史記》雄健與峻潔，提倡以先秦兩漢之散文，以革六朝駢文之弊，北宋六大家起而效之，即至歸有光、桐城派，皆以《史記》作為學習古文的範本，則《史記》遂成為唐宋以降，一直到清末古文運動的「文統」，並從敦煌寫卷中，知其取材《史記》內容，而有〈伍子胥變文〉、〈漢將王陵變文〉、〈捉季布變文〉、〈李陵變文〉等，敷

〔註6〕《漢書・敘傳》言：「漢紹堯運，以建帝業，至於六世，史臣乃追述功德，私作本記，編於百王之末，廁於秦、項之列。太初以後，闕而不錄，故探纂前記，綴輯所聞，以述漢書，起元高祖，終於孝平王莽之誅。」，班固撰、王先謙補注：《漢書補注》（臺北：藝文印書館，1972），頁1772。

〔註7〕《文心・通變》，劉勰《文心雕龍注釋附新譯》（臺北：里仁書局，1984.5），頁569。

衍《史記》故事；宋元時期，因為雕版印刷刊行《史記》〔註8〕，使得《史記》的影響層面擴大。史學方面，新的史學體例產生，有記事編年的《資治通鑑》跟改良的《通鑑記事本末》。文學方面，則有大量的史論文〔註9〕、及詠史詩，當然，亦有改編自《史記》故事的大量雜劇作品，據統計，目前存目者約有65種；〔註10〕明代的《史記》研究針對其文學寫作筆法而言，以評點的方式，著眼於章法、構句等問題來談，並以傳奇、小說的方法繼承其內容，轉換樣貌，更有如金聖嘆，結合《史記》和小說，綜合比較，發現小說奪胎於《史記》之處；清代考據學大盛，學者將《史記》是為文本材料，進行版本、史事、用字的考校與鑑別，為研究《史記》採用文本有相當大的墊基。因此，從《史記》的流傳影響觀察，其發展脈絡可以簡單用下表呈現之：

〔註8〕 宋代《史記》刊刻最早始於太宗淳化五年（994），完成於至道二年（996）後，開始流通。在北宋此本曾經有過三次的印行，即真宗景德元年（1004）、仁宗景祐元年（1034）、嘉祐六年（1061），幾乎每三十年每重刊一次，而仁宗在位四十二年，期間便印行二次。參考賀次君：《史記書錄》，收入楊家駱主編：《史記附編》（臺北：鼎文書局，1981.9 二版），頁 29～103。

〔註9〕 刻《史記》和評《史記》，是宋代《史記》研究最重要的兩個方面。宋人的評論，大都針對《史記》有意而發的，而且評論者之多，評論文字之多，均前無古人。像鄭樵、羅大經、劉辰翁、黃震、洪邁、王應麟、王若虛、歐陽修、曾鞏、三蘇、二程、呂祖謙、晁公武、葉適以及秦觀、張耒、黃庭堅、黃履翁、陳振孫、朱熹、辛棄疾、馬存等數十人，都對《史記》做過認真的分析評論：蘇洵發現互見法、蘇軾馬存論狀游與風格，以及《史記》人物論。詳見張新科、俞樟華：《史記研究史及史記研究家》（北京：華文出版社，2005.1），頁 111。

〔註10〕 楊燕起、俞樟華編《史記研究資料索引和論文專著提要》蘭州大學出版社，1989.5。收入張高評主編《史記研究粹編》（高雄：復文圖書出版社，1992.4），頁 778～790。

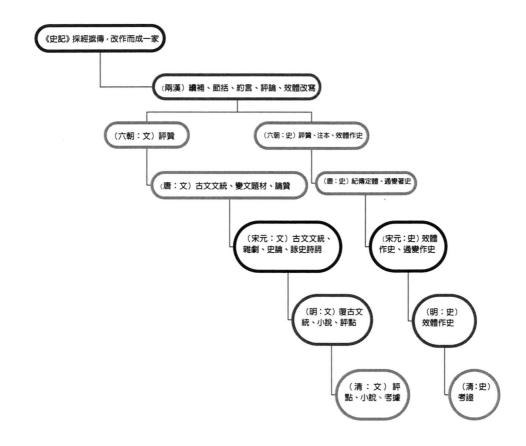

應當注意的是，流變圖中標明的時代特色，是將該時代較具特色的部分標明出來，而不全面的標明，如自《隋書‧經籍志》以紀傳為正史、唐令狐德棻主張用記傳體修六朝國史以降，廿五史以紀傳行文成了正史的唯一體例，而不必唐、五代、宋、元、明、清各代皆一一標明。而細察《史記》的流變，會發現下面幾個面向：其一，《史記》改作史料的成分，較多的被文學吸收；其二，正史自唐後，以紀傳體定型，且以斷代史為主，因此史家著史的通變史識，被延伸到史學專著中，如《史通》、《通鑑》、《文獻通考》等；其三，《史記》歷史事件的內容改寫，隨著文學史的文體代變，而有新面貌的呈現，如唐以變文傳史、宋元以雜劇演史、明代以小說載史、清代用考據論史等。可知《史記》同時影響文學與史學，並非因為被立為正史之首，便從文學的傳承中失去重要性。

吳汝煜〈試論史記對後世文學的影響〉一文，曾說明《史記》影響散文、

小說、戲曲、詩歌等文類，包括題材、風格、筆法等各個層面。〔註 11〕《史記》影響後世文學，似乎是開枝散葉的蓬勃發展，難以導出其特定的脈絡，然而若將《史記》放在整體中國文學史發展長河來看，他是隨著文學代變，繁衍成不同的形式與面貌，或科舉朝議，或書齋案頭，或搬演場上，皆是表現形式的轉換。從這樣形式轉換的結果思索，為何不同文學形式會選擇相同的內容範本？則知《史記》必然能夠提供一個歷代變而不衰、放諸四海皆準的核心價值，故《史記》被文學吸收有改作實績，似是不斷的翻轉變易，實際卻是不曾變易。再從史學史來論，前已說明，《漢書》改作《史記》，是將史學半私史的性質導向官史的歷程，而唐代在王權力量下，集結眾人共修六朝史，更是淡化史官個人色彩，壓縮了歷史記載中史官詮釋的空間，然而，從司馬遷用《史記》實作成一家言，到劉知幾《史通》強調史識，再到章學誠《文史通義》的傳義，若歷史記載果被王權控制，而失去價值，則史論又何能憑藉著歷史發展提煉出史家四長的理論？柳詒徵說：「治文學者師其義法，……修史策者襲其體裁。」，〔註 12〕撰史繼承《史記》體裁，而有廿五史整齊的體例，《史記》多元的內涵也影響了後來的史書與史學理論，不可因體裁之容易察覺，而忽略影響的其他層次，當綜而觀之。

　　《文心・通變》云：「文律運周，日新其業。變則其久，通則不乏。」，《史記》融入文、史領域，其內容、形制有其變易，自《史記》以降，兩漢續補改易之作，多已亡佚，而除《漢書》、《資治通鑑》外，其他史部要籍幾以斷代為主，而少將《史記》作為史料底本，故《史記》作為材料底本，其改作筆法影響後世者，多被文學繼承，故爬梳《史記》改作文學之「變易」軌跡，將以分就史學、文學兩個區塊來討論，從變易的革新中，找其「不易」的核心。

第二節　《史記》改作史學影響的脈絡

（一）史學的變易

　　從司馬遷完成《史記》以來，就是一個不斷刪改、修訂、增補的過程。

〔註 11〕 吳汝煜：《史記論稿》，江蘇教育出版社，1986.10，收入張高評主編：《史記研究粹編》，（高雄：復文圖書出版社，1992.4），頁 699～719。
〔註 12〕 柳詒徵：《中國文化史》上（臺北：正中書局，1970.4 臺三版），頁 420～421。

班固改寫《史記》為西漢武帝前史，並沿用《史記》體例，改「本紀」為「紀」，改「列傳」為「傳」，取消世家，併入傳中，而有馬班異同的討論。〔註13〕前已說明，自《漢書》開始，史官個人色彩在正史記載中，不斷的被淡化，其實除了班固之外，漢代還有企圖改易《史記》內容的紀錄，如范曄《後漢書‧楊終列傳》載：「（楊終）受詔刪《太史公書》為十餘萬言」，〔註14〕而東漢衛颯著有《史要》十卷，約《史記》要言，以類相從，皆是說明漢代有修刪《史記》內文的紀錄，惜此二書皆以亡佚，今只能見到刪改的紀錄，卻不見改易後的全書面貌，而無法比對得知其根據何標準，刪修文字，但若以目前可見的《漢書》做比較，則知《漢書》改易《史記》載史內容，有將其抒情性、詩心排除的現象：

> 程伊川說：「子長著作，微情妙旨之文字蹊徑以外，孟堅之文，情旨盡露於文字蹊徑之中。讀子長文，必越浮言者始得其意，超文字者乃解其宗。班氏文章亦稱博雅，但一覽之餘，情詞俱盡，此班馬之分也」。〔註15〕

司馬遷根據史料，取法《春秋》，將史識及歷史解釋，寄託在歷史事件及歷史人物身上，換言之，是透過歷史事件的敘事，來立說自己通變古今、究際天人的看法。「通古今之變」是歷史發展的辯證法問題，而《漢書》的作者與司馬遷所處時代不同，成長背景不同，與朝廷關係不同，看待歷史事件的角度自然也會不同。《史記》為求通變古今而寫史，《漢書》為總結前代教訓而撰文，二者寫作動機不同，撰筆人史識有別，則《漢書》改易《史記》內文，就呈現出不同風格的時代精神。如陳涉、項羽被一概移入「列傳」。黃老和法家思想成了被批評申斥的對象；事功、功利、財富，受到鄙視；游俠成為「罪不容誅」的壞蛋。儒家思想佔據了真正的統治地位，道德，仁義成了價值評判的標準。雄渾、豪勇、壯闊、威武、粗獷的氣魄，被中庸、平穩，不偏不倚，「不詭激，不抑抗」，文質彬彬，「行不踰方，言不失正」所取代……等。〔註16〕然而，《漢書》改變史蘊詩心的內涵，卻非指《漢書》的寫作不再具備

〔註13〕詳見吳福助：《史漢關係》（臺北：文史哲出版社，1987.2 新一版）。

〔註14〕范曄撰、劉昭補志、章懷太子注：《後漢書集解》，〈楊終列傳〉（臺北：藝文印書館，1958），頁 574。

〔註15〕焦竑：《焦氏筆乘》卷二引，收入《粵雅堂叢書》（一）（臺北：華聯出版社，1965），頁 231。

〔註16〕選自金春峰：〈史記的歷史觀及其時代精神〉，收入《漢代思想史》中國社會

立意的標準，前已說明，《漢書》之作，目的在藉由斷代史事的紀錄與爬梳，提供前朝興衰以資鑑當代，則他資鑑的意義並沒有被削弱，則資鑑就成了廿五史中繼承的道統，換言之，史書撰述中神以知來的通變理想，〔註17〕雖然因《漢書》之作被淡化，其中資鑑當代的目的，卻被完全的保留下來。因此，史學著作對《史記》內容的增補刪改，改變詮釋角度，刪去通變的大歷史觀，保留其間的資鑑精神，是第一階段的改易。

　　自《漢書》開始，其後以紀傳體載筆的正史，就走向斷代的方式，因此《史記》雖下啟廿四史，除《漢書》外，載史範圍皆以前代為主，因此《史記》起自黃帝，終於漢武的史事，就不再被正史所改動，因此，資鑑當代的意義被高舉，超越了通變的概念，成為史載筆最主要的目的。皇權除了透過授與官爵來確保史書的立場，更自唐代設館開局，用多人修史的方法，沖淡個人情志作用於歷史紀錄的可能。如：唐太宗下詔讓房玄齡、褚遂良、許敬宗擔任監修，組織編寫《晉書》；令孤德棻主編，岑文本和崔仁師共修成《周書》五十三卷；《隋書》多人共同編撰，由魏徵「總知其務」；後晉高祖天福六年（941），石敬瑭命宰相趙瑩監修唐史，組成修纂班子，纂成《舊唐書》二百卷；宋仁宗下詔重修唐史，前後參預其事的有歐陽修、宋祁、范鎮、呂夏卿、王疇、宋敏求、劉羲叟等人，總成《新唐書》二百二十五卷；宋太祖詔令編纂五代史，薛居正（912～981）監修，盧多遜、扈蒙、張澹、李昉、劉兼、李穆、李九齡等同修，而為《舊五代史》；元末丞相脫脫主張分別纂修宋、遼、金三史，各自獨立，於至正三年（1343）開局，都總裁官是右丞相脫脫，三史同撰；明洪武二年（1369），以宋濂、王禕為總裁、汪克寬等十六人為纂修，開史局於南京天界寺，進行編寫《元史》；清康熙十八年（1679），以徐元文為監修，始修明史，經過九十多年，於乾隆年間定稿；《清史稿》則由趙爾巽主編，先後參加者有柯劭等一百多人，自1914年設立清史館起，歷時十四年修成。知多人修史，必不能有統一的史識，立場看法不同，個人所能寄託的情志亦有限，因此開館設局，在互相牽制的作用下，史學越趨專業，走向極端，皇權對史權的控制也越來越強。

科學院，1987.4，選入張高評主編：《史記研究粹編》（高雄：復文圖書出版社，1992.4），頁372～373。

〔註17〕通變觀可見逯耀東：《抑鬱與超越──司馬遷與漢武帝時代》》，附錄一〈沈剛伯先生論「變」與司馬遷的「通古今之變」〉（臺北：東大圖書，2007.5），頁433～452。

　　應當注意的是，皇權對史權的限制，雖然讓史學走向資鑑大於通變，個人情志淡化的方式，卻也不必將史官角色在歷史紀錄中，看得如此卑微，自董狐豎立史官典範之後，史權就是歷代修史者內部的約束力量，柳詒徵以「史權」稱之。史官秉筆直書是歷史紀錄的自我要求，雖然在皇權的監控下，依舊還是有其擇善固執，余英時就曾將史官的紀錄列入制衡皇帝的武器之一。〔註18〕在此價值取向下，史官們也有所實踐，如貞觀時唐太宗問褚遂良：「卿記起居，大抵人君得觀之否？」，褚遂良以「今之起居，古左右史也，善惡必記，戒人主不為非法，未聞天子自觀史也。」拒絕唐太宗想看《起居注》的要求。次年房玄齡監修國史，唐太宗問曰：「前世史官所記，皆不令人主見之，何也？」房玄齡以「史官不虛美，不隱惡，若人主見之必怒，故不敢獻也。」回答之。知雖然皇權因為立官設館，對史權有所侷限，但相對的，史權因為有理念的支持，對皇權亦是一種牽制力量，不可因史在朝廷就否定了其實錄的價值，故史在朝廷所影響者，是情志詩心的淡化，而非信史的自覺。

　　後代史學受《史記》霑漑，而有所變易《史記》處，除通變觀的改變、史蘊詩心的個人情志被淡化外，當亦有所繼承。前已說明，自《史記》以降的廿五史皆以紀傳體書寫，則體例的沿用，當為史學於《史記》的第一項繼承。《漢書》有本紀、表、志、列傳，《後漢書》有本紀、列傳、志，《三國志》有魏書、蜀書、吳書，《晉書》有紀、志、列傳、載記，《宋書》有本紀、志、列傳，《南齊書》有本紀、志、列傳，《魏書》有紀、列傳、志，《梁書》、《陳書》、《北齊書》皆有紀、列傳，《周書》有帝紀、列傳，《南史》、《北史》皆有本紀、列傳，《隋書》有紀、志、列傳，《舊唐書》有本紀、志、列傳，《新唐書》有本紀、志、表、列傳，《舊五代史》分為梁書、唐書、晉書、漢書、周書、列傳、志，《新五代史》有本紀、傳、考、世家，《宋史》、《遼史》、《金史》、《元史》、《明史》、《清史稿》皆為本紀、志、表、列傳，知五體有所代變；其次，是自《史記》詳今略古已有之，而《漢書》易為斷代，所強化的資鑑精神，這點從君王下詔，開館修史就可以得到證明；還有類傳的繼承，廿四史除《三國志》外，其於皆有列傳的類型，而列傳中有合眾人為一傳的類傳，類傳的選提，傳主的選擇，是司馬遷詩心的展現，而後修史者亦把握

〔註18〕對於皇權的制約，吳辰伯曾用「史例」來說明皇權的防線是不存在的，以為史例適合於提高或鞏固皇權，聊備一說。詳見吳辰伯〈論皇權〉，收入吳辰伯、費孝通等著：《皇權與紳權》（出版社不詳，1948.12），頁39～47。

此要點，選擇具有當代意義的人物類型書寫類傳，亦有所修正，因其間與史學「不易」部分交疊較多，容後再敘。

綜觀《史記》之後廿四史對史學的改易，則可繪出下面的去取表：

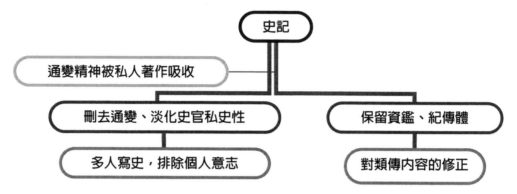

大體而言，史學著作對《史記》的改易，為以斷代取代通變史觀，下詔修史淡化私史性質，其後更設館開局，多人撰史，排除個人意志於歷史書寫等方面；而史學著作所取者，有紀傳體的體例，歷代有所刪改，亦有資鑑當代的精神，並且因轉型斷代史，被不斷的強化，還有繼承類傳的書寫方法，並對選題、選人有所修正。知《史記》影響後代史學，而有所去取，有所改易。

（二）史學的不易

自從《史記》問世以來，即不斷有學者探索其誕生以來，史學本身發展的歷史。或從司馬遷借鑑古代史著發明創造紀傳體，或將《史記》與其他史書作比較，或探討其內容與體例，或探索司馬遷史學思想，或討論對後世史學的發展影響等。不論從何角度切入，皆在在說明《史記》的成書，是中國史學定型的作品，影響了中國其後史學的走向，梁啟超以「史界太祖」讚譽之。若以《史記》繼承的史官文化使命來看，再觀察其後史學影響，《史記》可以說是史家之流的定向，而在史學發展的長河中，也因為有《史記》的定向指引，形成一個「不易」的核心。所謂史家之流，並不單指司馬遷開創紀傳的體例，還包括了司馬遷纂修史書先立其大，識見先行的眼目，以及其通變古今的宏觀理想等方面。

歷史記載從文史泯界到載筆獨立，從義被竊取到史為義設，《史記》提出了「成一家言」作為載史的新思維角度。史官不再只是單純的歷史紀錄人，還是歷史詮釋者，他有歷史解釋的空間，也可以透過書寫歷史來完成自我理想的實現，筆下的人物可以按照詩心，透過史料改作，來進行義理的敷衍，

以謳歌胸臆當中的一家之言，因此，《史記》運用史料的方式，為歷史書寫確立了以識見為先的典範。識見，是載筆人解釋歷史的角度，包括選題、架構、改作、論贊……等，可以說在《史記》的字裡行間，皆體見司馬遷處理史料的角度，也就能夠看出他的歷史眼光。而這種歷史眼光，深深的影響後來的史學，成為史家四長之一。《漢書・揚雄傳》指司馬遷學術思想，乃「不與聖人同，是非頗謬於經」，知太史公乃透過歷史的爬梳，來表達自己的看法，成就一家之言，也因為有此典範的樹立，其後史學也就朝著這個理想求索。歷史撰寫不論實踐之有無，皆以史識自詡，最明顯的是論贊體的繼承。明代項篤壽輯歷代史書論贊為一書，有《全史論贊》八十二卷，知在史書中置入論贊，實為中國史學極大的特色之一，《漢書》、《後漢書》、《三國志》、《資治通鑑》、《新五代史》更是有直接繼軌「太史公曰」的痕跡。〔註 19〕逯耀東曾說明論贊體是文史間的模糊界線：

> 史傳論贊是中國傳統史學一種特殊的寫作形式，其內容包括史學家對歷史事件的議論，和歷史人物評價的個人意見。個人主觀的論斷和客觀歷史事實的敘述，正是文學與史學寫作最大的區別之處。但在中國傳統史學寫作之中，都將客觀的敘述和主觀的意見，並存於一卷之中，而不相混淆。這種寫作方法，更突出了中國傳統史學特殊的風格。〔註 20〕

《史記》論贊體的內涵，包括述褒貶、言去取、補軼事、記經歷四種，是司馬遷採擷史料、甄別史料、補充史料、鎔鑄史料的構思和安排。〔註 21〕而對論贊體的文史模糊定位，這將問題拉回到了本論文最開始的起點，即歷史載筆人在與歷史真相的關係。史學追求客觀的真相，文學注重主觀的感受，不

〔註 19〕 林珊湘：《《史記》「太史公曰」之義法研究》（臺北：花木蘭文化，2006.3），頁 171～180。

〔註 20〕 逯耀東：《抑鬱與超越──司馬遷與漢武帝時代》（臺北：東大圖書，2007.5），頁 349。

〔註 21〕 魯實先曾提出「太史公曰」此四項功能，詳見賴明德：《司馬遷之學術思想》，第五章〈司馬遷的史學〉，四、「是非的衡斷和史料的採擷─史記太史公曰的探討」（臺北：洪氏出版社，1983.2 增訂再版），頁 241～267。而張大可〈史記論贊序說〉則主張「太史公曰」形式上是仿自《左傳》的「君子曰」，但在《史記》中發展成為序贊論的系統史論，卻是司馬遷的首創。先秦典籍《國語》、《戰國策》及諸子著作間或已有「君子曰」，表示當時有德者之言。詳見張大可《史記論贊輯釋・序論》（西安：陝西人民出版社，1986.8），選入張高評師：《史記研究粹編》（高雄：復文圖書出版社，1992.4），頁 290。

論是夾敘夾議，還是寓論斷於敘事之中，都使史學的客觀性大打折扣，但是，歷史真相的追求真的是史學的鐵律嗎？顯然，從司馬遷能夠用以意補時，想像添意的撰作筆法，化入史書，即可得在中國史學傳統中，爬梳義理，闡明資鑑，其重要性顯然高出追求客觀真相來得多。也因此對歷史發表看法的論贊精神，是《史記》為後來史學繼承，歷經代變而「不易」的首要內涵。

　　表達史識的方法不僅限於論贊，還有對於述史中心的設置。《史記》以孔子為論述核心，不論是綴合、借襲，皆在在表現司馬遷對孔子之重視，王應麟說「《史》、《漢》訓詁，師法相傳，而義例益明」，〔註 22〕說明《漢書》師法《史記》，在於其訓詁意義，而不是述史中心識見的薪傳。相較於《漢書》，陳壽《三國志》反而較能承繼史公遺意，以識見訂立述史中心。柳詒徵《國史要義》云：

> 後史無有孔子之足以表見中心思想者，故史公之法不傳。然如陳壽
> 之於〈蜀志〉，隱然有以見諸葛亮之為中心，故諸傳載亮言行最多，
> 而〈出師表〉既載本傳，〈董允〉、〈向寵〉傳中又節載之，不避復見，
> 似亦史公遺意。〔註 23〕

此詳彼略，於本傳詳述，於他傳簡敘，此為紀傳體避免重複的方法，而陳壽〈蜀志〉載諸葛亮言行甚多，又在他傳節引之，既有論述之主軸，又可避免重複，深體司馬遷紀傳之撰史筆法，繼承而化用入《三國志》之纂修中。

　　此外，對於史識的影響，還見於選題，特別是類傳的定題當中。惲敬云：「《史記》七十列傳，各發一義，皆有明於天人古今之數，而十類傳為最著。蓋三代之後，仕者惟循吏、酷吏、佞幸三途，其餘心力異於人者，不歸儒林，則歸游俠，歸貨殖，天下盡於此矣。其旁出者為刺客、為滑稽、為日者、為龜策，皆畸零之人。」，〔註 24〕知類傳乃史學家認為紀錄社會現實之縮影，將整體社會發展之脈絡，鎖定在關鍵的幾類人，由這些人組成社會之面目，因此類傳的選題實際也是社會史的觀察角度，更是史官史識的表現。司馬遷認為秦漢社會，主要由循吏、酷吏、佞幸、儒林、游俠、貨殖、刺客、滑稽、日者、龜策等十類人所組成，而後來史書對類傳之目，有所損益，歷代類傳新增名目，有時更不僅限列傳，還放於史書他體，如「志」一類，劉咸炘曰：

〔註 22〕王應麟：《玉海》卷四九〈紹興十七史蒙求〉，景印文淵閣本（臺北：臺灣商務書局，1983），頁 949～340。

〔註 23〕柳詒徵：《國史要義》（上海：中華書局，1948），頁 73～75。

〔註 24〕惲敬：《大雲山房文薰初集》卷二〈讀貨殖列傳〉（臺北：文海出版社，1979），頁 241。

〈選舉志〉創於唐，自因唐重科第，逸事亦多關風俗，乃馬書〈儒林傳〉之變△魏收創立〈釋老志〉，蓋猶太史之〈封禪書〉，而人乃群相譏詆，偶有別識心裁，而論者反以一成之例繩之，此史法所以亡也。△有當沿立而後史不立者，如〈游俠〉、〈貨殖〉是也，貨殖古今所同，游俠亦宋、元所皆有，後史限於顯官，不及閭里，故忽之耳。〔註25〕

社會的組成，類傳的選題雖然異代而有所不同，但用類傳傳達社會結構的方法卻是被保留下來，換言之，後代觀史者，可從類傳的主題，來勾勒出當時的歷史時空，還原歷史現場，而這歷史現場出場角色的安排，完全取決於史家一心。因此，類傳傳達出的史家識見，也是司馬遷遺留於後，歷時而「不易」的瑰寶。

　　在此還要談一下司馬遷通變觀的去處。承前所述，司馬遷以究際天人、通變古今的概念纂修《史記》，而班氏父子則是在總結前朝、資鑑當代的概念上，提煉出資鑑意義，而用斷代取代通史，將原本蘊含於《史記》中的通變觀淡化。事實上，在《史記》以後的廿四史之外，還有部分企圖用通變來展現一統觀的通史著作，如：梁武帝蕭衍曾敕群臣，編撰上起三皇，下至於梁的《通史》六百二十卷，可惜剛一寫出，就遇到侯景亂梁，這部書也遭厄運，不但沒有得到政治上的支持，反而失掉了應有的重視，所以流傳不廣；〔註26〕其後元魏濟陰王暉業，著《科錄》二百七十卷，其自上古，終於宋年，其行事猶相似者編為一科；還有李延壽抄撮近代諸史，南起自宋，終於陳，北始自魏，卒於隋，合一百八十篇，號《南·北史》，皆《史記》之流。則《史記》通史的撰作觀念，並非為後世所遺忘，只是在廿四史之外，另有擅場。

　　除記載歷史事件的史書以外，史學家也另闢蹊徑，將通變觀用於正史外的其他史學著作中，有形式之轉換，如《通典》、《通鑑》、《通志》皆屬此類。杜佑發展《史記》八書傳統，著《通典》一書，從古今典章制度沿革的利弊上去尋求解決當時社會政治經濟問題的方法。《通鑑》一書乃司馬光、劉攽、劉恕及范祖禹合寫而成。上起三家分晉，下迄五代之末，其中戰國和五代皆為動盪分裂之世，司馬光以此為起迄，是想借前代的動盪來警戒後世君主，

〔註25〕劉咸炘：《史記述林·史目論》，楊燕起等：《史記集評》（北京：華文出版社，2005.1），頁247。
〔註26〕張新科、俞樟華：《史記研究史》（北京：華文出版社，2005.1），頁9～10。

故此書所記以亂世為多，而少記治世，為首部編年體通史。鄭樵《通志》，記上古至隋唐的制度，共二百卷，繼承《史記》的傳統體裁，改「表」為「譜」、易「志」為「略」，其中，二十略的撰作，鄭樵自謂為：「總天下之大學術，而條其綱目，名之曰略，凡二十略，百代之憲章，學者之能事，盡于此矣。」，〔註 27〕知其欲以《通志》之書，通百家之學，釐清古今遷便的道路。金毓黻說：「杜佑之修《通典》，司馬光之修《通鑑》，鄭樵之修《通志》，穿貫古今為一書，又聞司馬氏之風而興起者也。」，〔註 28〕《通典》、《通鑑》、《通志》的相繼問世，擴大了《史記》的影響，開闢了新的研究途徑。

　　劉知幾《史通》將述史流派分為六家，《史記》實際是綜合體例，它把紀傳體通史、紀傳體斷代史、紀年體、分國體、紀事體、紀言體集於一身。〔註 29〕鄭樵言：「百代以下，史官不能易其法，學者不能舍其書」，說明《史記》霑漑後世史學有體例、筆法等種種方面的效法。章學誠說：「夫史遷絕學，《春秋》之後，一人而已。」，則知體雖可學，法雖可效，因才性、詩心、時空環境等種種變因，而導致成就高下有別。後世史家效法《史記》，有因時空背景不同而來的「變易」，也有典範追尋的「不易」，《史記》為史學樹立的典範，讓後來史學載體、記載史事角度、方法會變，但對「史識」的重視、對「通變」的梳理，則是歷代史學「不易」的追求。

第三節　《史記》改作文學的發展軌跡

（一）文學的變易

　　《史記》集結先秦文獻，變翻《尚書》等古代文獻，變體《詩經》押韻文字，並約括改寫，自鑄偉詞，成為一家之文。其文章風格成為後來古典散文的典範，而古文運動對《史記》的推崇，使《史記》成了中國古典散文的千秋宗匠。李長之曾經以「文統」標榜《史記》，梳理古文運動和《史記》的關係，從《史記》到韓愈，推演到歐陽修、歸有光、桐城派，則《史記》無

〔註 27〕鄭樵：《通志‧總序》（杭州：浙江古籍出版社，2000.1），頁志 3。

〔註 28〕金毓黻：《中國史學史》（北京：商務印書館，1944 初版，1957 重印一版），頁 43。

〔註 29〕趙生群〈論《史記》的述史架構〉，載《司馬遷與史記論文集》第一輯（西安：陝西人民出版社，1994.9），收入閻崇東《史記史學研究》（北京：華文出版社，2005.1），頁 91。

疑創造古代散文的文統，〔註 30〕並且經過幾次古文運動的展開，讓《史記》的經典地位更牢不可破，此乃以《史記》一元下啟後來古文之論述。而蔣中和則是以多元影響的看法，來為《史記》於古文發展流變中作定位：

> 《史記》之於《左》、《國》、《國策》，《漢書》之於《史記》，師其事而非師其義。此數家者，猶世家之有大宗也。韓、柳崛起。於唐，歐、蘇崛起於宋，或師其事，或師其文，有相師之意，而無相師之跡。此數家者，猶世家之有小宗也。詩有五宗，文亦有五宗。《尚書》一宗也，《左氏》一宗也，《公》、《穀》一宗也，《國策》、《莊子》一宗也，班、馬一宗也。韓、柳、歐、蘇，文之變宗也。自為變宗，而正宗絀矣。〔註 31〕

蔣中和將先秦兩漢散文分為五宗，從他將《國策》、《莊子》歸為一宗觀察，則知其著眼點是時代文章的風格，然而，若以此檢視其將司馬遷、班固同歸一宗的歸類，則知其所謂文章風格，乃是粗略按照性質來區隔，而不是細部的推演其行文特質。史學向來有馬班優劣說，除了對於載史的異同比較外，更有對行文風格的評價，錢基博更以《史記》、《漢書》的奇、偶，將中國史書一分為二，主張史書應分為辭體解散、體裁綺密二類。〔註 32〕並認為《漢書》、《史記》分別影響六朝、唐宋文風：

> 《史記》積健為雄，疏縱而奇，以為唐宋八家散文之稱。《漢書》植骨以偶，密栗而整，以開魏晉六朝駢體之風。文章變化，不出二途，故曰文章之大宗也。〔註 33〕

以奇句、駢偶區別《史》、《漢》文章，正好符合古文兩種趨勢的走向，駢文繼軌《漢書》，散文效法《史記》，則文學發展脈絡即能釐清開來。唐代古文

〔註 30〕 李長之：「第一次的古文運動領袖是韓愈，他推崇司馬遷。第二次的古文運動領袖是歐陽修，他推崇韓愈。後來的桐城派的先驅歸有光，以司馬遷為研究目標，後來者則追蹤韓、歐，而曾國藩一派又探索於《史記》。這樣一來，前前後後，司馬遷變成了文學運動的一個中心人物。」《司馬遷之人格與風格》，（臺北：開明書局，1995.7 臺十七版），頁 343。

〔註 31〕 蔣中和：《眉三子半農齋集》卷二〈讀八大家〉，四庫全書存目叢刊本（臺南：莊嚴文化事業，1997.6），頁集 224～58。

〔註 32〕 錢基博：〈史記之分析與綜合〉，《史記論文集》（臺北：木鐸出版社，1975），頁 37。

〔註 33〕 錢基博：《古籍舉要》，楊燕起等：《史記集評》（北京：華文出版社，2005.1），頁 184。

運動，對於《史記》的學習，有風格的繼承：

> 退之所敬者，司馬遷、揚雄。遷於退之，固相上下。〔註34〕

> 黎謂柳州文雄深雅健，似司馬子長。觀此評，非讀可知柳州，並可知昌黎所得於子長處。……太史公文，韓得其雄。〔註35〕

《史記》敷衍史料，筆力雄健，韓愈得其長，而司馬遷約括文獻，行文峻潔，則柳宗元襲其逸。〔註36〕《史記》在百種文獻基礎上成書，將百種風格鎔鑄為一，按理推得，其影響後來文章風格，當僅有一種行文特色，然司馬遷運用史料，乃先立其大，按照詩心，或約或衍，而讓文章呈現時而疏蕩，時亦雄渾的和諧節奏，而韓、柳體察其雄健，看出其峻潔，而標誌出兩種不同文風的學習。並且，對司馬遷愛奇的審美傾向，亦有所繼承，如柳宗元筆下的人物都有些奇特之處：〈等郭師墓志〉中的郭無名身懷絕技，而牢落不偶；〈宋清傳〉中的宋清博施良藥，而又取富有術；〈種樹郭橐駝傳〉中的郭橐駝既善種樹，又工言治道；〈童區寄傳〉的區寄年僅十一歲，卻能智殺掠賣自己的二豪賊，〔註37〕則《史記》在韓、柳的薪傳新變中，成為古文運動中多樣學習的典範。

古文運動到了宋代，發展至高峰，歐陽修認同韓、柳主張，持續推動古文運動，學《史紀》最得其髓，並且以峻潔為主，綜合雄健，劉熙載總論風格說：「太史公文，歐得其逸」，乃善用紆徐，發展出「逸」的風格，蘇軾說他「記事似司馬遷。」〔註38〕方苞說他碑志銘文，「摹《史記》之格調而曲得其風神」。〔註39〕曾鞏的文章含蓄典重，雍容平易，《宋史》本傳說他：「上下馳騁，愈出愈工，本原六經，斟酌於司馬遷、韓愈，一時工作文詞者，鮮能

〔註34〕 柳宗元：〈答韋珩示韓愈相推以文墨事書〉，《柳河東集》（臺北：世界書局，1963.4 二版），頁 362。

〔註35〕 劉熙載：〈文概〉，《劉熙載全集》〈南京：江蘇古籍出版社，2002.12〉，頁 71。

〔註36〕 柳宗元的論說文以峻潔著稱，而他自己一再說「太史公甚峻潔，可以出入。」（〈報袁君陳秀才避師名書〉），「參之太史以著其潔」（〈答韋中立論師道書〉），「峻如馬遷」（〈與楊京兆憑書〉。《柳河東集》（臺北：世界書局，1963.4 二版），頁 362、359、323～326。

〔註37〕 金利湜：《司馬遷的文學理論與批評》（臺灣師範大學 2000 年碩論，指導教授，賴明德教授），頁 154～155；鄭安芸：《感身世之戮辱，傳畸人於千秋——司馬遷《史記》「愛奇」說研究》（臺灣師範大學 2003 碩論，指導教授：林礽乾教授）第六章。

〔註38〕 《宋史・歐陽修傳》，脫脫：《宋史》（臺北：藝文印書館，1958），頁 4063。

〔註39〕 方苞：〈古文約選序例〉，方苞：〈書貨殖傳後〉，《方望溪文集》（臺北：世界書局，1960.11），頁 304。

過也。」，〔註40〕可見對司馬遷文章，有所推敲學習。而後桐城古文更是從《春秋》、《史記》推導義法，《史記》的文統影響力，又被延續到了清代：

> 《春秋》之制義法，自太史公發之，而後深於文者亦具焉。義即《易》之所謂言有物也，法即《易》之所謂言有序也，義以為經而法緯之，然後為成體之文。〔註41〕

方苞主張從內容和形式結合出發，去認識《史記》的春秋書法、史家筆法、文學作法，而側重於形式的學習，注重通覽前後，比觀詳略，參互異同，以測聖心之制裁，筆削之大凡。並發明〈周官〉之學，揭櫫互見、偏載、詳略、細大諸要端，以比附《春秋》書法。〔註42〕而有劉大櫆再細分為「文貴奇」、「文貴高」、「文貴大」、「文貴遠」四項特質，繼承其文法，而《史記》便成古文寫作的範本，成為古文正宗。從韓、柳到桐城，文統的提出給予《史記》古文正宗的認證，而將《史記》原本改作文獻，用以述史的行文方法，細分為各種筆法，區別各項特質，而變易為古文寫作的範例，而其後效法《史記》的文學家，各不同側重，而呈現出各種多元的面貌。

　　《史記》對於後世文學的影響，除了古文對其敷衍、約括風格的效法，更重大的新變乃體現在史傳文學當中。第三章曾說明，史學的發展從「文史泯界」，到「史為義設」，而後有司馬遷《史記》，成為「不虛美，不隱惡，可謂之實錄」的精彩示範，再到《漢書》的改良，漸將史學導向獨立標準的作業程序。然而先秦文史發展虛擬成份漸增的走向，並不因為《史記》、《漢書》的成書而中斷，相反地，它汲取史書敘事之長，從文史的模糊地帶中獨立出來，成為獨立的史傳文學，是中國文學中文類特別的一支。章學誠《文史通義‧詩教上》說：「子、史衰而文集之體盛，著作衰而辭章之學興。文集者，辭章不專家，而萃聚文墨以為龍蛇之沮也。」章氏指明，文集是「子」不純其思想內容，「史」不成其一家言的辭章簡冊。〔註43〕則史學從經學、文學中獨立出來，成為專門的一部，然因為起初的文史同源，使其寫作題材、方法

〔註40〕　張新科、俞樟華：《史記研究史》（北京：華文出版社，2005.1），頁110。

〔註41〕　方苞：〈又書貨殖傳後〉，方苞：〈書貨殖傳後〉，《方望溪文集》（臺北：世界書局，1960.11），頁29。

〔註42〕　參見張高評師：《春秋書法與左傳學史》，〈方苞義法與春秋書法〉（臺北：五南圖書出版，2002.1），頁255～287。

〔註43〕　程金造：〈史記的論斷語言〉，選自程金造：《史記管窺》（陝西人民出版社，1985.3）。收入張高評師《史記研究粹編》（高雄：復文圖書出版社，1992.4），頁327～328。

亦有餘韻保存於文學當中，換言之，即真實性、批判性在「正史」中日益萎縮，但卻在作家們自己寫作的散篇傳記文學中發展起來，如陶淵明的〈五柳先生傳〉、劉禹錫的〈子劉子自傳〉、張溥的〈五人墓碑記〉。〔註44〕而司馬遷忠於史實，寫出事物發展的規律性，並透過典型深刻的書寫，使之具有永久性的觀照、警誡意義，而在後代的散篇傳記中發展，如韓愈〈梓人傳〉、柳宗元的〈種樹郭橐駝傳〉、蘇軾的〈方山子傳〉……等，這些作品突出的都是表現了作者的一種社會理想，一種人生處世的哲學。〔註45〕自史之滋乳，而有史傳文學，並後來發展為歷史小說、歷史雜劇等面貌。

　　小說與史有不解之緣，小說既是史學衰變的產物，又是史學之輔翼。笑花主人〈今古奇觀序〉曰：「小說者，正史之餘也。」認為小說是「史之支流」，〔註46〕並且有一條從「記事貴真」到「以虛補真」，再到「虛實相生」，終於「寓實於虛」，發展的一條清晰脈絡。〔註47〕這虛實轉換的過程，與第三章談到歷史為義理而作的傾向合拍，若將史書撰寫「史實與義理」、小說寫作「虛擬與真實」之發展，結合來看，則可得下面的流程圖：

史　巫史同流→　史載筆而立→　義被竊取→　史為義設

小說　記事貴真→→→以虛補真→虛實相生→寓實於虛

文體的發展，絕非憑空冒出，必有其本源與新變，小說的誕生乃自史傳轉化而來，而其發展脈絡，能與歷史書寫接軌，其由實到虛的歷程，正說明作者追求史實的向心力，走向為演義而撰作的離心力。因此，若將小說由真實走向虛擬，看作由歷史書寫到史傳文學一脈的後續繼承，就可以得知小說的虛實相生，亦是受到史書書寫改作的啟發，而在歷史書寫走向專業之後，反而另作擅場，終於蔚為大國。

　　吳汝煜認為《史記》為後來小說規劃出方向，其中包括類型屬紀傳體、內容富傳奇色彩、人物能美惡并舉，並且多歷史演義，熔史才、詩筆、議論

〔註44〕韓兆琦：《史記博議》，伍〈《史記》的繼往與開來〉，四、《史記》與後代傳記文學（臺北：文津出版社，1995.11），頁290～291。

〔註45〕韓兆琦：《史記博議》，伍〈《史記》的繼往與開來〉，四、《史記》與後代傳記文學（臺北：文津出版社，1995.11），頁292～293。

〔註46〕張新科、俞樟華：《史記研究史》（北京：華文出版社，2005.1），頁155。

〔註47〕汪道倫：〈從踵事增華到虛實相生〉，《齊魯學刊》1985年第4期。

於一爐，這一特色。〔註48〕李少雍則分別從傳紀體裁、人物形象、故事體裁、史公筆法等方面論述小說對於《史記》的繼承。〔註49〕皆是《史記》改作文學的後續發展，可供繼續開發。最早把《史記》同某一部小說並提的言論，見於明嘉靖年間李開先《詞謔》一書：「崔後渠、熊南沙、唐荊州、王遵巖、陳後冈謂：『《水滸傳》委屈詳盡，血脈貫通，《史記》而下，便是此書。』」，金聖嘆主張聯繫《史記》與《水滸傳》，〔註50〕而其他小說與《史記》改作間的關係，亦值得後續開發研究。

除了小說之外，《史記》亦啟迪古代戲曲與詩歌，包括提供了大量奇偉、悲壯、瑰麗的歷史題材，示範揭露黑暗現實的精神，還有場面描寫和個性化的人物語言……等〔註51〕，總體來看《史記》對於後世文學的影響，則正如李長之於《司馬遷之人格與風格》〔註52〕中的歸納，為下表流程：

秦文矯健、奇行→《史記》疏蕩而有風韻→古文正統（風格）
楚辭情韻、駢偶╱　　　　　　　　　　╲小說、戲劇（二者兼有）
　　　　　　　　　　　　　　　　　……→詠史詩、史論（內容）

《史記》在文氣上，調和秦文的雄健與《楚辭》的情韻，在行文上，交錯秦文的奇行與《楚辭》的駢偶，而形塑出疏蕩而有風韻文字風格。下啟古文文統，寫作技巧與情節內容被小說、戲劇、詠史作品繼承，強化撰作精神改作，而更有新變。因此，從《史記》改作文學影響後世文學的趨勢觀察，可知改作文學中的變易，或為物質條件改變，被吸收進文學一代之勝，如元雜劇、明清小說，或因其他源流的注入，而有時代背景的新詮，如宋代詠史詩、史

〔註48〕 吳汝煜：〈論《史記》對後世文學的影響〉，《史記論稿》（江蘇教育出版社，1986.10）。收入張高評師主編：《史記研究粹編》（高雄：復文圖書出版社，1992.4），頁699～719。

〔註49〕 李少雍〈史記紀傳體對我國小說發展的影響〉，收入張高評師主編：《史記研究粹編》（高雄：復文圖書出版社，1992.4），頁747～777。

〔註50〕 金聖嘆〈讀第五才子書法〉評《史記》緊緊抓住一個「憤」字，從司馬遷的理想追求、司馬遷的愛憎的高層次上去理解。認為《史記》是以文運事，《水滸》是因文生事。詳見金聖嘆：《金聖嘆全集》（臺北：長安出版社，1986.9），頁17～24。

〔註51〕 吳汝煜：〈論《史記》對後世文學的影響〉，《史記論稿》（江蘇教育出版社，1986.10）。收入張高評師主編：《史記研究粹編》699～719。

〔註52〕 李長之《司馬遷之人格與風格》（臺北：開明書局，1995.7臺十七版），頁353、263～269。

論文，然而，有「變易」就有其「不易」，在《史記》改作文學一化為多的過程裡，亦有一「不易」的核心價值，萬化不離其宗，更彰顯出《史記》改作文學的典範意義。

（二）文學的不易

司馬遷先立其大，有詩心的寄託，而有改作文獻而成之《史記》。唐庚云：「六經之後便有司馬遷，三百五篇之後便有杜子美。六經不可學，亦不須學，故作文當學司馬遷，作詩當學杜子美。」〔註 53〕知《史記》是作文者必讀之經典，是後世學習效法之文宗。然而，錢謙益亦曰：「太史公之才，秦漢以來一人而已矣。世所傳《百家評林》，上下五百年，才人文士鉤索字句，不能彷彿其形似。」，〔註 54〕則雖然桐城派標榜讀《史記》當義法並學，但把《史記》視為文學作品，其典範的價值，當不全在字句之模擬，更重要的，為其詩心內蘊的行文方法。

前已說明，小說與歷史寫作有不解之緣，是正史之餘，有傳奇之風格，有比興之寄託，此皆來自歷史寫作的啟發，只是其中虛擬的成分更高了。同樣地，此種以敘事來寄託理想的撰作模式，還被戲曲所汲取，讓詩心從案頭走向場上，渲染影響更為廣泛。如《冤報冤趙氏孤兒》一劇並非偶然出現於元代，實際上，它是出現於元初漢人思宋的氛圍當中，宋神宗以來就有為程嬰等人修祠封爵的舉措，加上靖康之難，徽欽二宗為金人所俘，「存趙孤」便成為一具民族大義、復仇意識的口號，南宋更在臨安設位望祭程嬰與公孫杵臼，宋亡之際，「存趙」意識自然存於志復社稷之遺民心中，如文天祥之詩〈自嘆〉中即云：「夜讀程嬰存趙事，一回惆悵一沾巾」，因此紀君祥擴大忠奸衝突，用「保社稷」的主題，寫成《趙氏孤兒》一劇。〔註 55〕

今存元雜與《史記》有關之劇本，如下表所示，有存者 16 種，佚者 49

〔註 53〕 唐庚：《文錄》，叢書集成簡編本（臺北：臺灣商務印書館，1966 臺一版），頁 1。

〔註 54〕 錢謙益：〈汲古閣毛氏新刻十七史序〉，《牧齋有學集》一四，四部叢刊初編本（臺北：商務印書館，1967），頁 115。

〔註 55〕 參考李紀祥：〈趙氏孤兒的「史」與「劇」：文述與演述〉，收入《漢學研究》第 18 卷第 1 期（2000.6），頁 221～222。另外可參見張庚、郭漢城，《中國戲曲通史》（北京：中國戲劇出版社，1992.4）頁 214～221；鄧紹基、麼書儀，〈紀君祥的《趙氏孤兒》〉，《中華戲曲》第 2 輯（1986.10），頁 194～209；江武昌〈趙氏孤兒雜劇本事探討及其比較〉，《中國戲曲集刊》，第 5 期（1984.5），頁 55～60。

種，共計 65 齣作品：〔註 56〕

元	存	李文蔚《張子房圯橋進履》、王仲文《漢張良辭朝歸山》、尚仲賢《漢高祖濯足氣英布》、李壽卿《說鱄伍員吹簫》、王伯成《興劉滅項》、紀君祥《冤報冤趙氏孤兒》、費唐臣《斬鄧通》、史樟《破鶯燕蜂蝶莊周夢》、趙文敬《渡孟津武王伐紂》、鄭光祖《放太甲伊尹扶湯》、鄭光祖《輔成王周公攝政》、金仁傑《蕭何月下追韓信》、楊梓《忠義士豫讓吞碳》、鄭光祖《伊尹耕莘》、狄君厚《晉文公火燒介子推》、鄭光祖《周公攝政》
	佚	關漢卿《昇仙橋相如題柱》、關漢卿《魯元公主三瞰赦》、關漢卿《薄太后走馬救周勃》、白樸《高祖歸莊》、白樸《漢高祖澤中斬白蛇》、高文秀《伍子胥棄子走樊城》、高文秀《相府門廉頗負荊》、高文秀《禹王廟霸王舉鼎》、高文秀《病樊噲打呂胥》、高文秀《須賈誶范雎》、馬致遠《呂太后人彘戚夫人》、鄭廷玉《采石渡漁父辭劍》、鄭廷玉《漢高祖哭韓信》、李文蔚《漢武帝死哭李夫人》、武漢臣《窮韓信登壇拜將》、王仲文《呂太后揲韓信》、王仲文《遇漂母韓信乞食》、張國賓《歌大風高祖還鄉》、李壽卿《呂太后使計斬韓信》、李壽卿《呂太后夜鎖鑑湖亭》、李壽卿《呂太后祭濯水》、石君寶《呂太后醢彭越》、王伯成《張騫泛浮槎》、於伯淵《呂太后餓劉友》、王廷秀《周亞夫屯細柳營》、王廷秀《秦始皇坑儒焚典》、張時起《霸王垓下別虞姬》、費唐臣《漢丞相韋賢簒金》、顧仲清《知漢興陵母伏劍》、顧仲清《滎陽城火燒紀信》、孫仲章《卓文君白頭吟》、趙明道《滅吳王范蠡歸湖》、宮天挺《使河南汲黯開倉》、宮天挺《棲會稽越王嘗膽》、鄭光祖《周亞夫屯細柳營》、鄭光祖《秦趙高指鹿道馬》、鄭光祖《齊景公哭晏嬰》、金仁傑《周公旦抱子攝朝》、喬吉《燕樂毅黃金臺》、睢舜臣《楚大夫屈原投江》、周文質《孫武子教女兵》、吳弘道《子房貨劍》、吳弘道《楚大夫屈原投江》、趙善慶《孫武子教女兵》、屈恭之《昇仙橋相如題柱》、屈恭之《縱火牛田單復齊》、鍾嗣成《漢高祖詐遊雲夢》、鍾嗣成《韓信泜水斬陳餘》、王仲元《郎中令袁盎卻座》

亡佚劇本雖多，但從存目可以判斷故事的本事年代，則 65 齣劇中，三代故事有 5 本，春秋戰國故事 17 本，秦朝故事 2 本，漢初到漢武時事則有 41 本，占總數的 63%。何以元雜劇多講秦漢間事呢？需知，漢代是漢民族本位主體建立的年代，強調帝王將相發跡軼事，如高祖、呂后、及漢初三英等，有恢弘治世的態勢，則元代雜劇

元雜劇主題

■三代　■春秋戰國　■秦　■漢

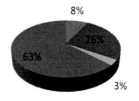

作家們則透過雜劇，重新勾勒出大漢天子的天朝氣象，展現對漢文化強盛的

〔註 56〕根據楊燕起、俞樟華編《史記研究資料索引和論文專著提要》蘭州大學出版社，1989.5，選入張高評師《史記研究粹編》（高雄：復文圖書出版社，1992.4），頁 778～790。

懷念。而春秋戰國故事的主題除前述的存趙救孤以外，多致力於伍子胥、范蠡之吳越春秋，主題側重隱忍復仇也貼合時代需求，還有屈原之忠君、豫讓的存義、田單的復國事，都受到劇作家的青睞，成為大肆改作的劇作主題。當然，如同不同歷史主筆者，有不同的史識，不同的劇作家，也會有自己的立場和看法，一如在戰後的年代，台灣文學作家有各自的解讀，也有各自的取材跟詮釋空間。由於時空得隔閡，元雜劇劇本的散佚，今日無法一一還原劇本原貌，而去探求詩心的微旨，但卻可從存目中，讀出整體大文學史的脈動，亦可以看出雜劇作家們，取材《史記》，透過想像添意、敘事敷衍等方法增補細節，並變易文體，改作成劇。

應當注意的是，元代的社會階層有「九儒十丐」之說，讀書人沒有科舉進身的管道，在社會上是只比乞丐地位稍微高一點，因此元代的作者，依賴劇團生活，變成了他們謀生的一種方式，王國維《宋元戲曲考》說：「唐宋以來，士之競於科舉者已非一朝一夕之事，一旦廢之，彼之才力無所用，而一於詞曲發之，且金時科目之學最為淺陋，此種文士，一旦失所業，因不能為學術上之事，而高文典冊，又非其所素習也，適雜劇出，遂多從事於此，而又有一二天才出於其間，充其才力，而元雜劇之作，遂為千古絕唱之文字。」〔註 57〕這些作家多半是接近市井的知識份子，甚至與藝人同組書會，也有親自粉墨登場的，〔註 58〕所以，文學撰作便從書齋出走，必須反映、符合觀眾，即讀者的期待。故雜劇家們從《史記》改作成雜劇主題的撰作，其實也是社會大眾審美傾向的展現，也是現實生活中彌補的想像，呈現出大時代的氛圍。同時也讓原本欲於改作文學中的詩心，得到了實際的傳播，其比興之旨，直接得到觀眾的共鳴。故《史記》的改作文學，雖改易文體，成為劇種，但其中以敘事來作比興之旨的作法卻得到了完全的繼承，成為時代變易中「不易」的核心價值。

除了比興之旨的涉入，《史記》改作文學中「不易」的核心，還有由「史識」剪裁的敘事方法，並結合歷史解釋，成為史論。宋代《史記》研究的重要一項，就是對《史記》中的人物進行重新評價：

> 宋人對《史記》人物的評論，站得高，看得遠，見解新穎大膽，與
> 傳統觀點相悖的意見觸目皆是。……《史記》讓事實說話，而議論

〔註 57〕 王國維：《宋元戲曲考》（臺北：藝文印書館，1974.4 三版），頁 100。
〔註 58〕 孟瑤：《中國戲曲史》（臺北：傳記文學雜誌社，1991.4 再版），頁 161。

不是主要的。〔註 59〕

或檃括史傳、或翻案議論、或藉史抒懷，皆是將《史記》進行另一層次的改作，而有遺妍之開發。〔註 60〕將史論對《史記》的改作，與《史記》對先前文獻的改作相較，則會發現，《史記》儘管根據歷史想像，對史實有離心力的處理傾向，然而，他僅僅是在歷史空白處，或者是在不影響歷史結局的細節處作更動，雖有文學性的表現，卻仍然屬於歷史的敘事；史論作品，包括史論文跟詠史詩，史論的改作，不再以史實為依歸，歷史事件是引領思考的開端，根據想要申論的主題，為求言人所未言，別具資眼地挑選出所需的歷史段落，進行辯證與申論歷史情節可以添加，歷史結局也可以根據想像變更，則知史論的改作，歷史敘事不再是主要任務，主要側重於議論的提出，對人物、事件做出新穎的假設與史釋，則此改作便全然脫離歷史真實的範疇，而屬文學的新詮。

綜觀後世文學對《史記》改作的繼承，亦如同史學的演變，有變易，亦有其不易。前者如古文文統的正宗、小說虛實關係的展延，使得改作的筆法、內涵更加的充實，而有多元面向的新變；而在種種新變當中，比興之旨的涉入卻完全被後人繼承，並變體文類，得到薪傳與發揚，還有以識見為先的材料取捨，被史論大大發揮，引領入文學的撰作，雖有新詮，卻也紹承了司馬遷先立其大、旨趣主導材料取捨的撰作風格。

第四節　結　論

《史記》根源書法，運用史筆，體現詩心，改作六經百家文獻成為一家，魏晉後文史分家，則《史記》之影響，同時展現在文、史當中。本章整理《史

〔註 59〕 張新科、俞樟華：《史記研究史》（北京：華文出版社，2005.1），頁 115。
〔註 60〕 史論文、詠史詩參考張高評師《會通化成與宋代詩學》（臺南：成功大學出版組，2000.8）、《自成一家與宋詩宗風》（臺北：萬卷樓圖書公司，2004.11）；單篇可參考張高評師〈詠史詩與書法史筆—以北宋史家詠史為例〉，《宋代文學研究叢刊》第十期，（高雄：麗文文化公司，2004.12），頁 33～80；張高評師：〈《史記》敘事與詩歌語言〉，「第五屆漢代文學與思想學術研討會」（臺北：政治大學中文系，2004.10），頁 1～17；張高評師，〈北宋詠史詩與《史記》楚漢之爭——古籍整理與宋詩特色研究之二〉，《漢學研究國際學術研討會論文集》（雲林：雲林科技大學漢學資料整理研究所，2003.11），頁 419～441；學位論文則可參考陳逸珊《北宋讀書詩研究——以讀史詩為中心》（國立成功大學 2006 碩論，指導教授：張高評）

記》以降，其改作文學的影響所及，觀察其分別在文學、史學中的發展脈絡，而得幾點「變易」與「不易」的心得：

（一）史學的變易：歷史書寫從通史轉為斷代，除《漢書》外，與《史記》鮮有述史年代重疊，因此史書內容采用、改作者少，但也因斷代史之作，總結前朝的資鑑概念被強化，取代成一家言，成為後來修史之主軸；官修史書、設館開局，讓個人意志難以透過歷史撰寫，寓入詩心，投射個人情志於其中。

（二）史學的不易：《史記》以人為主的記傳體，下啟廿四史，成為正史典範，而有體例的繼承；類傳人物的選題，雖歷代不同，但試圖用類傳人物類型來建構社會背景的史識是相同的，故個人意志雖因官修開館，在歷史書寫中被淡化，對史識的追求卻是不變的。斷代史的纂修雖削弱通變觀，卻讓通變概念另闢蹊徑，滲入史學著作的其他層面，如《通考》、《通典》，皆是直接用撰述來通變古今，亦有結合通變與資鑑，而有《通鑑》。

（三）文學的變易：《史記》改作文獻，形塑出疏蕩而有風韻文字風格，下啟古文文統，不同作家則各有不同特質之繼承；其情節內容雖因正史趨於斷代的定調，鮮再被改作，但卻被文學吸收，為小說、戲劇、詠史作品繼承，而有所改作與想像的補強，並且取法《史記》之寫作技巧，融敘事、抒情、議論為一爐。

（四）文學的不易：比興之旨的涉入，不受文類限制，被後人繼承，在特定年代有特別主題的強調，而有薪傳；《史記》先立其大，以旨趣主導材料取捨的方法，被史論作品用「別具資眼」繼承，成為史論的撰作風格，並脫離歷史事實的制約，能改作情節、結局，以義理的申論為主要撰作目標。

第七章　結　論

　　《史記》之成書，薈萃六經百家之書，下開文、史之作，則《史記》行文，包括《春秋》書法、文章作法與史家筆法。而考據《史記》成書之取材，可以幫助釐清其行文方法，故本文嘗試重建《史記》采書段落，比對其對文獻史料的方法，而得其記注、改易與撰作的三種情形。則改作的結果，包括考據、義理、詞章三個層面，而本文根據瀧川資言《史記會注考證》，及其他史學考據之成果，側重梳理《史記》史料運用方式與欲表達義理之關係，其自改作表達的文章作法、詞章之美，則留待他日繼續開發。則自改作文獻之中，觀察司馬遷撰述旨趣，獲得以下幾個面向的觀點：

一、先立其大的書寫框架

　　太史公作《史記》，以「究天人之際，通古今之變，成一家之言」為目標，其撰作動機，非僅為記事以備忘，而有自成一家之立言宗旨。司馬遷私淑孔子、典範《春秋》，既述史以自成一家，則其書寫角度，自當以意為先。於史料之處理，雖自稱述而不作，卻「述」中含「釋」，能置入歷史解釋，能以意逆志，尚友古人，造成歷史想像的可能，實則述作兼有。

　　史學發展自文史同流，到載筆獨立，再到「義」被竊取，而有為「義」演史，司馬遷繼承一系而來的史學傳統，故其述史側重於立意之傳達。則司馬遷畢集天下遺文，包含今、古文經，囊括經、史、子、集，敘史事來成一家之言，其職守、方法，類近「記注」，具方智特質；其目標、意旨，則是「撰述」，而能圓神。因為有撰述的目標存在，則司馬遷處理文獻的步驟，應是在立意、史識之主導，先立其大，在心中有一個述史的框架，然後才是在滿屋子的金匱石室之書中，揀選所需要的材料，排列組合，考訂時序、狀態補入

史料，讓敘事完整，連綴改作。其處理材料的方法，或為引，或為改，或為作，皆是在立意的框架中整合，故能透過史事的敷衍，用以申旨，而能究天人之際，通古今之變，成就一家之言。

二、史蘊詩心的行文方法

詩心，源於文史同源之背景。漢人訓詩為志，有記憶、紀錄、懷抱三義，做為歷史作品的《史記》保留「志」之傳統，紀錄與抒懷兼備。《史記》以通變史事為目標，而有情韻美文的表現，雖為史書之體，亦是《詩》《騷》之文，能以比興寄意。司馬遷之「詩心」，是決定歷史材料撰寫的關鍵，亦為貫穿全書的行文方法，包括歷史編纂，與或述、或改、或作的採擄之法，使客觀史實與個人述志達到巧妙平衡：

（一）歷史編纂：《史記》之作，借事言理，內蘊詩心，對於歷史材料之選擇加工，有《春秋》遺意。以歷史編纂為例，則有選題、特稱、合傳之法，以寓其志，借述故實以成一家之言

（二）記注引文：〈自序〉言「述故事，整齊其世傳，非所謂作也」，然透過文獻之採錄與剪裁，有其眼光之取決，再重組材料，故化入詩心於字裡行間，成就一家之言，故引文雖以「記注」為寫作態度，實際卻運用史識，化入史識、史觀，剪裁取捨，據事類義以昭明義理。故《史記》引文之旨趣，大體可得兩種特徵：其一，與司馬遷個人懷抱同調，其二，為太史公經世抱負代言，以諷諫王上，資鑑當代。二種旨趣是側重之不同，非以二分，有時兼有二者，呈現出深刻的史公用意。而其引文方法，乃以識為眼目，據事類義，引之以張理，舍之以顯義，剪裁取捨，能記注以藏往，並寓入風諫，貫穿詩心呼應撰述以知來，成就圓神的一家之言。

（三）撰述改易：司馬遷在百種遺文基礎上，從事《史記》的纂修，改寫面向有三：為考據而改，符合信史的理想；為詞章而改，提煉史事能供資鑑的元素；為義理而改，則因史識不同，而寓入歷史解釋。《史記》史蘊詩心，欲藉述史以顯義，則改易文獻之法，亦以能否彰顯立意為先，其纂修之改易筆法有三：一為約、衍，或以「約」筆著眼於大事，包括統一書法、改對為敘，簡化敘事，用字峻潔；或以「衍」筆強化事理，則增補語氣、敷衍敘事，而能行文雄健，二者互相融合，體大而思精。二曰變翻，纂修通史，採文上古，需變翻語言，或通假換字，或據意行文，對譯古今；亦需汲事於詩，取

材補史，變體敘事，易體文類間。三曰借襲，或明引，或暗用，比附傳主，能援古取重，為史背書，證史理則；又有附古擴充，或結合論贊，或總敘全篇，則能綴拾陳言，運古以詮解出當代意義。

（四）撰述撰作：古人未嘗離事而言理，歷史想像與歷史解釋，是《史記》歷史再造、謳歌詩心的途徑。司馬遷重組文獻以撰成鴻文，於史料空白處、斷裂處，運用歷史想像，進行再造，故雖是述史，實有撰作。故比對《史記》及其採用史料，其撰述之撰作方法，或以想像強化敘事，如根據史識補入時序、以意逆志推演狀態，並將用想像添意的技巧，進行歷史的重建，並集中主題的想像敷衍史事，《春秋》筆削，以體見詩心，資鑑當代。有時直接於敘事當中，置入解釋，或夾敘夾議，用史論方法行文，直道詩心；而論近代史、當代史，避免觸犯忌諱，寓論斷於敘事之中，內蘊詩心。

司馬遷採百家之文，以己意出之，成《史記》五十餘萬言，本文整理《史記》採用文獻，限於篇幅，撮舉《史記》改作多見於行文之中的筆法，除了提出的幾種筆法之外，尚有據事實錄、微文諷刺、移乙作甲、矛盾顯真、移形取意、增文衝突、囊括摘要、援典化用……等，留待他日繼續開發。太史公處理史料筆法雖然多元，實為比興之旨的應用，以詩心貫穿全書，而有《春秋》書法、史家筆法、文章作法，故說必通六藝比興之旨，然後可以讀春王正月之書。則《史記》運用百種文獻，不論歷史編纂、記注引用、撰述改易、撰述撰作，皆內蘊詩心，以歷史散文來行抒情之筆，而能資鑑當世，垂訓後人，自成一家。

三、承先啟後的撰述風格

《文心·通變》云：「文律運周，日新其業。變則其久，通則不乏。」，《史記》撰述改作，成一家言，下開文、史發展，有「變易」與「不易」的發展脈絡：

（一）變易的寫作形式：歷史書寫從通史轉為斷代，內容改作者少，卻強化資鑑概念，取代成一家言，成為後來修史之主軸，而官修史書、設館開局，讓個人意志難以透過歷史撰寫，寓入詩心，投射個人情志於其中；《史記》情節內容被各體文學吸收，有所改作與想像的補強，並取法《史記》之寫作技巧，融敘事、抒情、議論為一爐，而《史記》改作文獻或約或衍，形塑出疏蕩而有風韻文字風格，下啟古文文統，不同作家則各有不同特質之繼承。

　　（二）不易的撰述旨趣：《史記》成為正史典範，有體例的繼承，但更重要的，是撰述旨趣同時影響文、史。史學繼承「史識」的追求，用類傳人物建構社會背景，並將通變觀滲入其他史著，結合資鑑，有多元新風貌；而文學發展薪傳其比興之法，在特定年代強調特別的主題，以古諷今；並將承襲其以義取材的方法，史論作品別具資眼，並脫離歷史事實的制約，改作情節、結局，以義理的申論作為主要撰作目標。

　　《史記》以降，有其變易與不易，變易則擴散至文史，不易而後知通義。故自其變者觀之，《史記》改作有多元方法與面貌；自其不變者觀之，則比興之旨的詩心、通變成家的識見實貫穿全篇，歷代不易也。

徵引資料

徵引書目之出版年月，以尊重版權頁為原則，加註西元。

一、傳統古籍

1. 《尚書》，四部叢刊初編本，臺北：商務印書館，民國 56 年（1967）。
2. 《孝經》，四部叢刊初編本，臺北：臺灣商務印書館，民國 56 年（1967）。
3. 《老子道德經》，四部叢刊初編本，臺北：商務印書館，民國 56 年（1967）。
4. 管仲：《管子》，四部叢刊初編本，臺北：臺灣商務印書館，民國 56 年（1967）。
5. 孫子：《孫子集注》，四部叢刊初編本，臺北：臺灣商務印書館，民國 56 年（1967）。
6. 晏嬰：《晏子春秋》，叢書集成初編本，臺北：商務印書館，民國 56 年（1967）。
7. 《國語》，景印文淵閣四庫全書本，臺北：臺灣商務印書館，民國 72 年（1983）。
8. 《戰國策》，景印文淵閣四庫全書本，臺北：臺灣商務印書館，民國 72 年（1983）。
9. 莊子：《南華真經》，四庫叢刊本初編本，臺北：臺灣商務印書館，民國 56 年（1967）。
10. 呂不韋：《呂氏春秋》，四部叢刊初編本，臺北：商務印書館，民國 56 年（1967）。
11. 賈誼著、林家驪注譯、陳滿銘校閱：《賈長沙集》，臺北：三民書局，民國 85 年 7 月（1996.7）。
12. 司馬遷：《史記》二十五史點校本，北京：中華書局，1982.11 二版。
13. 戴德：《大戴禮記》，四部叢刊初編本，臺北：臺灣商務印書館，民國 56 年（1967）。
14. 揚雄：《法言》，四庫備要本，臺北：臺灣中華書局，民國 72 年（1983）。
15. 毛亨傳、鄭玄箋：《毛詩注疏》，文津閣四庫全書本，北京：商務印書館，

2005。

16. 班固撰、王先謙補注：《漢書補注》，臺北：藝文印書館，民國 63 年（1972）。

17. 王充：《論衡》，臺北：宏業書局，民國 74 年 4 月（1985.4）。

18. 范曄：〈班固列傳〉，《後漢書集解》，臺北：藝文印書館，民國 47 年（1958）。

19. 裴駰：《史記集解》，臺北：臺灣商務，民國 72 年（1983）。

20. 蕭統：《昭明文選》（臺北：文化圖書出版社，民國 64 年 8 月再版（1975.8）。

21. 劉勰：《文心雕龍注釋附新譯》，臺北：里仁書局，民國 73 年 5 月（1984.5）。

22. 劉知幾著、浦起龍釋、白玉崢點校：《史通通釋》，臺北：藝文印書館，民國 67 年 4 月（1978.4）。

23. 李昉：《太平御覽》，北京：中華書局，1960.2。

24. 唐庚：《文錄》，叢書集成簡編本，臺北：臺灣商務印書館，民國 55 年臺一版（1966）。

25. 朱熹：《四書章句集注》，臺北：大安出版社，民國 83 年 11 月（1994.11）。

26. 陳長方：《步里客談》卷下，叢書集成初編本，北京：中華書局，1985。

27. 王觀國：《學林》，臺北：新文豐出版社，民國 73 年 6 月（1984.6）。

28. 葉適：《習學紀言序目》，四庫全書珍本，臺北：臺灣商務印書館，民國 61 年（1972）。

29. 林駉：《古今源流至論》，景印文淵閣四庫全書本，臺北：臺灣商務印書館，民國 73 年（1983）。

30. 黃震：《黃氏日抄》，龔肇鵬選編：《宋明讀書記四種》，北京：北京圖書館，1998.9。

31. 脫脫：《宋史》，臺北：藝文印書館，1958。

32. 胡應麟：《少室山房筆叢》，臺北：世界書局，民國 52 年 4 月（1963.4）。

33. 何良俊：《四友齋叢說》，北京：中華書局，1959.4。

34. 焦竑：《焦氏筆乘》，《粵雅堂叢書》，臺北：華聯出版社，民國 54 年（1965）。

35. 于慎行：《讀史漫錄》，四庫全書存目叢書本，臺南：莊嚴文化事業，1996.8。

36. 黃淳耀：《陶菴全集》，文津閣四庫全書本，北京：商務印書館，2005。

37. 朱鶴齡：《愚庵小集》，四庫全書珍本，臺北：臺灣商務印書館，民國 62 年（1973）。

38. 凌雅隆輯校、李光縉增補、有井範平補標：《補標史記評林》，臺北：地球出版社，民國 81 年（1992）。

39. 王夫之：《讀通鑑論》，四部備要本，臺北：臺灣中華書局，民國 70 年（1981）。

40. 金聖嘆：《金聖嘆全集》，臺北：長安出版社，民國 75 年 9 月（1986.9）。

41. 錢謙益：《牧齋有學集》，四部叢刊初編本，臺北：商務印書館，民國 56

年（1967）。

42. 顧炎武：《日知錄》，臺北：臺灣商務印書館，民國 45 年 4 月（1956.4）臺初版。

43. 蔣中和：《眉三子半農齋集》，四庫全書存目叢刊本，臺南：莊嚴文化事業，1997.6。

44. 戴名世：《南山集‧史論》，臺北：華文書局，民國 59 年 5 月（1970.5）

45. 何焯著、崔高維點校：《義門讀書記》，北京：中華書局，1987.8

46. 方苞：《方望溪文集》，臺北：世界書局，民國 49 年 11 月（1960.11）。

47. 王鳴盛：《蛾術篇》，臺北：信誼書局，民國 65 年 7 月（1976.7）。

48. 王鳴盛：《十七史商榷》，臺北：大化出版社，民國 73 年 5 月再版（1984.5）。

49. 趙翼：《廿二史箚記》，臺北：鼎文書局，民國 64 年 3 月（1975.3）。

50. 錢大昕：《潛研堂文集》，收入《嘉定錢大昕全集》，南京：江蘇古籍出版社，1997。

51. 章學誠：《文史通義》，臺北：世界書局，民國 51 年 4 月（1962.4）。

52. 章學誠：《章氏遺書》，臺北：漢聲出版社，民國 62 年 1 月（1973.1）。

53. 惲敬：《大雲山房文薰初集》，臺北：文海出版社，民國 68 年（1979）。

54. 梁玉繩：《史記志疑》，臺北：新文豐圖書公司，民國 73 年 6 月（1984.6）。

55. 龔自珍：《龔自珍全集》，臺北：河洛出版社，民國 64 年 9 月（1975.9）。

56. 袁枚：《隨園隨筆》，臺北：鼎文書局，民國 67 年 8 月（1978.8）。

57. 阮元：《詁經精舍文集》，叢書集成初編本，北京：中華書局，1985。

58. 曾國藩編：《經史百家雜鈔》，臺北：世界書局，民國 37 年（1948）。

59. 曾國藩：《求闕齋讀書錄》，臺北：廣文書局，民國 58 年 1 月（1969.1）。

60. 劉熙載著、薛正興點校：《劉熙載文集》，南京：江蘇古籍，2000.12。

61. 郭嵩燾：《史記札記》，臺北：成偉出版社，民國 64 年 9 月（1975.9）。

62. 楊伯峻編著：《春秋左傳注》，臺北：洪葉文化，民國 82 年 5 月（1993.5）。

63. 瀧川資言：《史記會注考證》，高雄：麗文圖書公司，民國 86 年 1 月（1997.1）。

64. 楊燕起等：《史記集評》，北京：華文出版社，2005.1。

二、近人論著

為釐清學術源流，書目排序以出版前後為序。

（一）史記相關

1. 靳德峻：《史記釋例》，上海：商務印書館，民國 23 年（1934）。

2. 盧南橋：《司馬遷與史記》，臺北：中華書局，民國 46 年（1957）。

3. 金德建：《司馬遷所見書考》，上海：上海人民出版社，1963。

4. 柳詒徵：《中國文化史》，臺北：正中書局，民國 59 年 4 月（1970.4）臺三版。

5. 《史記論文集》，臺北：木鐸出版社，民國 64 年（1975）。

6. 陳直：《史記新證》，臺北：學海出版社，民國 69 年 9 月（1980）。

7. 顧立三：《司馬遷撰寫史記采用左傳的研究》，臺北：正中書局，民國 69 年 10 月（1980.10）。

8. 賀次君：《史記書錄》，收入楊家駱主編：《史記附編》，臺北：鼎文書局，民國 70 年 9 月（1981.9）二版。

9. 白壽彝：《史記新論》，北京：求實出版社，1981。

10. 賴明德：《司馬遷之學術思想》，臺北：洪氏出版社，民國 72 年 2 月（1983.2）增訂再版。

11. 孫德謙：《太史公書義法》，臺北：中華書局，民國 74 年 7 月（1985.7）臺三版）。

12. 吳福助：《史漢關係》，臺北：文史哲出版社，民國 76 年 2 月（1987.2）新一版。

13. 吳見思：《史記論文》，臺北：臺灣中華書局，民國 76 年 10 月（1987.10）臺三版。

14. 韓兆琦等：《史記通論》，北京：北京師範大學出版社，1990.9。

15. 張高評師主編：《史記研究粹編》，高雄：復文圖書出版社，民國 81 年 4 月（1992.4）。

16. 陳桐生：《中國史官文化與史記》，廣東：汕頭大學出版社，1993.9。

17. 李長之：《司馬遷之人格與風格》，臺北：開明書局，民國 84 年 7 月（1995.7）臺十七版。

18. 徐興海：《司馬遷的創造思維》，西安：陝西人民教育出版社，1995.7。

19. 陳桐生：《史記與今古文經學》，西安：陝西人民教育出版社，1995.7。

20. 蔡信發：《話說史記》，臺北：萬卷樓圖書公司，民國 84 年 10 月（1995.10）。

21. 韓兆琦：《史記博議》，臺北：文津出版社，民國 84 年 11 月（1995.11）。

22. 呂培成：《司馬遷與屈原和楚辭學》，西安：陝西人民教育出版社，2000.9。

23. 韓兆琦：《史記題評》，西安：陝西人民出版社，2000.9。

24. 可永雪：《史記文學成就論說》，呼和浩特：內蒙古教育出版社，2001.5。

25. 張玉春：《史記版本研究》，北京：商務印書館，2001.7。

26. 安平秋、張大可、俞樟華主編：《史記教程》，北京：華文出版社，2002.3。

27. 張大可、趙生群等：《史記文獻與編纂學研究》，北京：華文出版社，2005.1。

28. 閻崇東：《史記史學研究》，北京：華文出版社，2005.1。

29. 張桂萍：《史記與中國史學傳統》，重慶：重慶出版社，2005.4。

30. 張新科、俞樟華：《史記研究史》，北京：華文出版社，2005.1。

31. 林珊湘：《《史記》「太史公曰」之義法研究》，臺北：花木蘭文化，民國95 年 3 月（2006.3）。

32. 趙生群：《史記編纂學導論》，南京：鳳凰出版社，2006.11。

33. 逯耀東：《抑鬱與超越──司馬遷與漢武帝時代》，臺北：東大圖書，民國96 年 5 月（2007.5）。

（二）文史理論

1. 梁啟超：《要籍解題及其讀法》，北京：清華週刊叢書本，1925.12。

2. 陳望道：《修辭學發凡》，上海書店民國叢刊本，據中國文化服務社 1947版影印九版。

3. 金毓黻：《中國史學史》，北京：商務印書館，1944 初版，1957 重印一版。

4. 杜維運、黃進興編：《中國史學史論文選集》，臺北：華世出版社，民國65 年 9 月（1976.9）。

5. 吳天任：《章實齋的史學》，臺北：臺灣商務印書館，民國 68 年 4 月（1979.4）。

6. 杜維運：《與西方史家論中國史學》，臺北：東大圖書公司，70 年 8 月（1981.8）。

7. 朱自清：《詩言志辨》，臺北：漢京出版社，民國 72 年 1 月（1983.1）。

8. 杜維運：《史學方法論》，臺北：三民書局，民國 74 年 3 月（1985.3）增訂七版。

9. 蔡英俊：《比興、物色與情景交融》，臺北：大安出版社，民國 74 年 5 月（1985.5）。

10. 郭紹虞：《學文事例》，臺北：明文書局，民國 75 年 8 月（1986.8）。

11. 杜維運：《中國史學史》，臺北：三民書局，民國 82 年 11 月（1993.11）。

12. 錢鍾書：《管錐編》，臺北：書林出版社，民國 85 年（1996）。

13. 汪榮祖：《史傳通說》，臺北：聯經出版事業公司，民國 86 年 9 月（1997.9）二版。

14. 梁啟超：《中國歷史研究法（及補編）》，上海：上海古籍出版社，1997.12。

15. 梁啟超：《新史學·論書法》，收於《梁啟超史學論著四種》，湖南：岳麓書社，1998.8。

16. 白壽彝：《中國史學史論集》，北京：中華書局，2001.10 二版。

17. 趙干城·鮑世奮：《史學導論》，臺北：五南出版社，民國 90 年 10 月（2001.10）

二版。

18. 張高評師:《春秋書法與左傳學史》,臺北:五南圖書公司,民國 91 年 1 月（2002.1）。

19. 張伯偉:《中國古代文學批評方法研究》,北京:中華書局,2002.5。

20. 汪榮祖:《詩情史意》,臺北:麥田出版社,民國 94 年 4 月（2005.4）。

21. 鄔國平:《中國古代接受文學與理論》,哈爾濱市:黑龍江人民出版社,2005.11。

（三）其他專書

1. 吳辰伯、費孝通等:《皇權與紳權》,出版社不詳,民國 37 年 12 月（1948.12）。

2. 柳詒徵:《國史要義》,上海:中華書局,1948。

3. 王國維:《宋元戲曲考》,臺北市,藝文印書館,民國 46 年（1957）。

4. 劉師培:《劉申叔先生遺書》,臺北:大新書局,民國 54 年（1965）。

5. 陳柱:《公羊家哲學》,臺北:中華書局,民國 60 年（1971）。

6. 王國維:《宋元戲曲考》,臺北:藝文印書館,民國 63 年 4 月（1974.4）三版。

7. 傅斯年:《傅斯年全集》,臺北:聯經出版社,民國 69 年（1980）。

8. 錢鍾書:《談藝錄》增訂本,臺北:書林出版社,民國 77 年 11 月（1988.11）。

9. 游國恩:《游國恩學術論文集》,北京:中華書局,1989.1。

10. 張正明:《楚文化史》,臺北:南天書局,民國 79 年 4 月（1990.4）。

11. 魯迅:《漢文學史綱》,臺北:風雲時代出版社,民國 79 年 11 月（1990.11）。

12. 湯炳正:《楚辭類稿》,臺北:貫雅文化,民國 80 年 1 月（1991.1）。

13. 孟瑤:《中國戲曲史》,臺北:傳記文學雜誌社,民國 80 年 4 月（1991.4）再版。

14. 林慶彰:《中國經學史論文選集》,臺北:文史哲出版社,民國 81 年 10 月（1992.10）。

15. 蔡宗陽:《陳騤文則新論》,臺北:文史哲出版社,民國 82 年 3 月（1993.3）。

16. 孫文良:《中國官制史》,臺北:文津出版社,民國 82 年 7 月（1993.7）。

17. 聞一多:《聞一多全集》,武漢:湖北人民出版社,1993。

18. 歐初、王貴忱主編:《屈大均全集》第三冊,北京:人民文學出版社,1996。

19. 劉師培:《左盦外集》,收入《劉申叔遺書》,南京:江蘇古籍,1997。

20. 荊門市博物館:《郭店楚墓竹簡》,北京:文物出版社,1998.5。

21. 駢宇騫、段書安編著:《本世紀以來出土簡帛概述》,臺北:萬卷樓圖書出版公司,民國 88 年 4 月（1999.4）。

22. 沈起煒主編：《中國歷史大事年表》，上海：上海辭書出版社，2001.1。

三、學位論文

1. 古國順：《司馬遷尚書學》，私立中國文化大學 1985 博論，指導教授：胡自逢教授。

2. 魏聰祺：《史記引經考》，私立東吳大學 1991 碩論，指導教授：賴明德教授。

3. 黃紹英：《先勤傳記文學發展過程的考察》，國立中興大學 1997 碩論，指導教授：吳福助教授。

4. 金利湜：《司馬遷的文學理論與批評》，臺灣師範大學 2000 年碩論，指導教授，賴明德教授。

5. 魏聰祺：《太史公「成一家之言」研究》，私立東吳大學 2001 博論，指導教授：賴明德教授。

6. 王廣福：《《史記》採《戰國策》考論》，西南師範大學 2001 碩論，指導教授：熊憲光教授。

7. 鄭安芸：《感身世之戮辱，傳畸人於千秋──司馬遷《史記》「愛奇」說研究》，臺灣師範大學 2003 碩論，指導教授：林礽乾教授）

8. 金利湜：《史記及其傳記文學之研究》，臺灣師範大學 2004 博論，指導教授：賴明德教授。

9. 胡艷惠：《《史記》之《春秋》書法研究》，國立成功大學 2005 碩士論文，指導教授：張高評教授。

10. 劉軍華：《司馬遷與士文化》，陝西師範大學 2005 碩論，指導教授：呂培成教授。

11. 陳逸珊：《北宋讀書詩研究──以讀史詩為中心》，國立成功大學 2006 碩論，指導教授：張高評教授。

12. 陳民裕：《凌稚隆《史記評林》研究》，國立高雄師範大學 2007 博論，指導教授：周虎林教授。

四、期刊論文

1. 阮芝生：〈太史公怎樣搜集和處理史料〉，《書目季刊》7 卷 4 期（1974.3）。

2. 馬王堆漢墓帛書整理小組：〈馬王堆漢墓出土帛書《戰國策》釋文〉，《文物》1975 年 4 期。

3. 馬雍：〈帛書《別本戰國策》各篇的年代與歷史背景〉，《文物》1975 年第 4 期。

4. 汪道倫：〈從踵事增華到虛實相生〉，《齊魯學刊》1985 年第 4 期。

5. 王金壽：〈《離騷》為屈大夫之哭泣、《史記》為太史公之哭泣——也談「無韻之《離騷》」的意義〉，《甘肅教育學院學報（社會科學版）》1994 年 1 期。

6. 何旭光：〈「無韻之《離騷》」試析〉，《川北教育學院學報》，1994 年 3 期。

7. 陳怡良：〈〈離騷〉修辭藝術舉隅〉，《成大中文學報》第二期，1994 年 2 月。

8. 鶴間和幸：〈司馬遷の時代と始皇帝——秦始皇本紀編纂の歷史背景〉，《東洋學報》第 77 卷第 1.2 號，平成 7 年 10 月（1995.10）。

9. 李若暉：〈瀧川資言所輯史記正義佚文平議〉，《湖南大學學報（社會科學版）》1996 年 01 期，1996 年 1 月。

10. 閻步克：〈史官主書主法之責與官僚政治之演生〉，《國學研究》第四卷，1997 年 8 月。

11. 單輝：〈方志記述的圓與神〉，《新疆地方志》1998 年 02 期。

12. 趙季、曾亞蘭：〈從屈原作品中體現的歷史意識看神話歷史化的思想歷程〉，《中國韻文學刊》，1999 年 1 期。

13. 袁傳璋：〈史記會注考証新增正義的來源和真偽辨正〉，《河南大學學報（社會科學版）》2000 年 02 期，2000 年 3 月。

14. 李紀祥：〈趙氏孤兒的「史」與「劇」：文述與演述〉，收入《漢學研究》第 18 卷第 1 期（2000.6）。

15. 陳怡良：〈〈離騷〉的諷刺手法與意涵〉，《中國古典文學研究》第四期，2000 年 12 月。

16. 尤德艷：〈史記正義佚存真偽辨〉，《南京師范大學文學院學報》2001 年 02 期。

17. 王開元、薛松華：〈由〈離騷〉看屈原的神話觀〉，《烏魯木齊職業大學學報》，2001 年 3 月。

18. 譚思健：〈論《離騷》的比興體系及其審美價值〉，刊登於《江西教育學院學報（社會科學）》，2001 年 4 月。

19. 陳桐生〈《史記》與《論語》〉，《孔孟月刊》91 年 06 期。

20. Martin Kern：〈The "Biography of Sima Xiangru" and the Question of Fu in Sima Qian's Shiji〉,《Journal of the American Oriental Society》no.123.2，p303 ～316，2003。

21. 梅桐生、劉中黎：〈論〈離騷〉「求女」情節的深層文化心理〉,《貴州文史叢刊》2003 年 2 期。

22. 呂特：〈論《離騷》與《史記》內在精神的一致性〉,《雲夢學刊》2004 年 5 期。

23. 張高評師：〈《史記》敘事與詩歌語言〉，「第五屆漢代文學與思想學術研討會」，台北：政治大學中文系，2004.10。

24. 李隆獻：〈復仇觀的省察與詮釋──以《春秋》三傳為重心〉，《臺大中文學報》22 期，2005.6。

25. 周國新：〈《史記》中的詩色彩〉，《理論月刊》2005 年 6 期。

26. 林素娟：〈漢代復讎所凸顯的君臣關係及忠孝觀〉，《成大中文學報》12 期，2005.7。

27. 林素娟：〈先秦為君、父復讎所涉之忠孝議題及相關經義探究〉，《漢學研究》24 卷第 1 期，2006.6。

附表一：歷來諸家言《史記》取材整理表

盧南橋〈司馬遷及其歷史編纂學〉				張大可〈論《史記》取材〉				羅根澤〈從史記本書考史記本原〉	金德建《司馬遷所見書考》	瀧川資言〈史記資材〉
編號	材料來源	篇目	引文備徵	分類	保存	載於篇目	備註	原文備徵	考論篇章	
1	尚書		《尚書》獨載堯以來，而百家言黃帝，其文不雅馴，孔子所傳：宰予問〈五帝德〉及〈帝繫姓〉，儒者或不傳。予觀《春秋》、《國語》，其發明〈五帝德〉、〈帝繫姓〉章矣。	經	存	儒林列傳		同，夏本紀：「自虞夏時貢賦備矣。」、殷本紀：「余以頌次契之事，自成湯以來，采於書詩。」、大宛列傳：「故言九州山川尚書近之矣。」	O	o
2	五帝德	五帝本紀贊		經	存	同	大戴禮		O	o
3	帝繫姓			經	存	同	大戴禮		O	o
4	春秋			經	存	十二諸侯年表序、孔子世家		同、十二諸侯年表	O	o
5	國語			經	存	太史公自序		五帝本紀：「尚書獨載堯以來。」，又：「予觀春秋國語。」十二諸侯年表：「表見春秋國語，學者多譏盛衰大指著於篇。」	司馬遷所見《左氏春秋》與《春秋國語》均出左丘明作，且似尚並合，未嘗如後世離析為二書	o
101	百家			史	亡	而《百家》言黃帝			《漢志‧諸子略》小說家有《百家》百三十九卷，疑是史公所見之黃帝者。今佚	

6	夏小正	夏本紀贊	孔子正夏時，學者多傳〈夏小正〉	經	存	同	大戴禮	夏本紀：「孔子正夏時，學者多傳夏小正云。	O	o
7	詩	殷本紀贊	自成湯以來，采於《詩》、《書》	經	存	孔子世家、太史公自序	同		O	o
94	新書			子	殘	秦始皇本紀引賈誼過秦論下為贊			過秦論	
8	諜記	三代世表序	孔子因史文次《春秋》，紀元年，正時日月，蓋其詳哉。至於序《尚書》則略，無年月；或頗有，然多闕，不可錄。故疑則傳疑，蓋其慎也。余讀《諜記》，黃帝以來皆有年數。稽其《歷譜諜》、《終始五德之傳》，古文咸不同，乖異。夫子之弗論次其年月，豈虛哉！於是以《五帝繫諜》《尚書》集世紀黃帝以來訖共和為〈世表〉。	史	亡	同			《諜記》乃總名，包括五第三代歷譜，而《春秋歷譜諜》乃其一，即《世本》。有佚篇。有清諸家輯本	o
9	歷譜諜			史	亡	同				
10	終始五德之傳			史	亡	同〈十二諸侯年表序〉之《歷譜五德》				
11	五帝繫諜			史	亡	同				o
12	尚書集世									o
13	書序			經	存	同				o

14	春秋歷譜諜	十二諸侯年表序	太史公讀《春秋歷譜諜》……未嘗不廢書而嘆也……魯君子左丘明……成《左氏春秋》。鐸椒為楚威王傳，……采取成敗，卒四十章，為《鐸氏微》……（虞卿）為《虞氏春秋》。呂不韋……集六國時事，以為八覽，六論，十二紀，為《呂氏春秋》。及如荀卿，孟子，公孫固，韓非之徒，各往往捃摭《春秋》之文以著書，不可勝紀。漢相張蒼《歷譜五德》，上大夫董仲舒推《春秋》義，頗著文焉。	史	亡	同	同		o
15	左氏春秋			經	存	同		司馬遷所見《左氏春秋》與《春秋國語》均出左丘明作，且似尚並合，未嘗如後世離析為二書	o
16	鐸氏微			史	亡	同		O	o
17	虞氏春秋			史	亡	同		《漢志‧諸子略》儒家有《虞氏春秋》十五篇，《隋志》、《唐志》皆不著錄，散佚已久，有馬國翰輯本	o
18	呂氏春秋			子	存	呂不韋列傳		O	o
19	荀子			子	存	孟子荀卿列傳		O	o
20	孟子			子	存	孟子荀卿列傳	孟子荀卿列傳：「余讀孟子書。」	O	o
21	公孫固子			子	亡	同		《漢書‧諸子略》《公孫固》一篇十八篇，今亡。	o
22	韓非子			子	存	老子韓非列傳		O	o

23	歷譜五德		史	亡	同〈三代世表序〉之《終始五德之傳》			o
24	春秋繁露		經	存	〈太史公自序〉引孔子語：「我欲載之空言……」引自《春秋繁露‧俞序篇》文略小異		疑董氏著書，初無書名，同〈儒林傳〉說〈災異之記〉。今傳有《春秋繁露》十七卷	
25	秦記		史	亡	同	六國年表序：余讀《秦記》	O	o
26	禮（禮記）	六國年表序	經	存	同			o
27	甘、石歷五星法		子	殘	同		今本《甘石星經》為偽書，當屬北宋人所偽托	
102	史記	天官書	史	亡	天官書：余觀《史記》考行事／太史公自序：紬史記石室金匱之書	天官書：余觀《史記》考行事		

太史公讀《秦記》，……獨有《秦記》不載日月，其文略不具。《禮》曰：天子祭天地，諸侯祭其域內名山大川。（列於25、26列之第三欄）

故甘、石歷五星法，唯獨熒惑有反逆行。（列於27列之第三欄）

編號	書名	出處	引文	經/子	存/亡	同	出處二	太史公自序	漢書‧諸子略		
28	周官	封禪書	《周官》曰：「冬日至，祀天於南郊」……自齊威、宣之時，騶子之徒，論著《終始五德之運》……（漢文帝）使博士諸生，刺六經中作《王制》……齊人公孫卿有札書。	經	存	同					o
29	終始五德之運										
30	王制			經	存	同	禮記			O	o
31	札書			子	亡	同				O	
32	太公兵法	留侯世家	旦日，視其書，乃《太公兵法》也。	子	亡	同		太史公自序：「司馬法所從來尚矣，太公，孫吳，王子能紹而明之，切近世，極人變。作《律書》第三。」	《漢書‧諸子略》有，散佚，有輯本。		o
33	易	孔子世家	孔子晚而喜《易》……子思作《中庸》	經	存		儒林列傳			O	o
34	中庸			經	存	同	禮記			O	o
35	管子	管晏列傳贊	吾讀管氏〈牧民〉、〈山高〉、〈乘馬〉、〈輕重〉、〈九府〉，及《晏子春秋》，詳哉其言之也	子	存	同		管晏列傳：「吾讀管氏山高牧民乘馬輕重九府。」		O	o
36	晏子春秋			子	存	同				O	o
37	老子	老子韓非列傳	於是，老子迺著書上下篇，言道德之意五千餘言而去。……故	子	存	同				O	o
38	莊子			子	存	同				O	o

39	申子		其《莊子》著書十餘萬言，大抵率寓言也。……申子……著書兩篇，號曰《申子》。……	子	亡	同			《隋志》、《唐志》雖有著目，但《隋志》云已亡，有馬國翰輯本	o
40	老萊子		老萊子……著書十五篇。	子	亡	同			史遷所見僅十五篇，其後《漢志·諸子略》《老萊子》十六篇，已有一篇偽書。《隋志》、《唐志》皆不著錄，書亡已久。有馬國翰輯本	o
41	司馬穰苴兵法	司馬穰苴列傳	齊威王使大夫追論古者《司馬兵法》，而附穰苴於其中，因號曰《司馬穰苴兵法》……太史公曰：余讀《司馬兵法》	子	殘	同		司馬穰苴列傳：「余讀司馬兵法。」、太史公自序：「司馬法所從來尚矣，太公，孫吳，王子能紹而明之，切近世，極人變。作《律書》第三。」	O	o
42	孫武子兵法	孫子吳起列傳	孫子武者，齊人也，以《兵法》見於吳王闔廬。闔廬曰：子之十三篇，吾盡觀之矣……孫臏以此名	子	存	同				o

43	孫臏兵法		顯天下，世傳其兵法……。太史公曰：《吳起兵法》，世多有，故弗論。	子	殘	同	孫子吳起列傳：「世俗所稱師旅，皆道〈孫子〉十三篇，吳起兵法，世多有，故弗論，論其行事所施設者。」、太史公自序:「司馬法所從來尚矣，太公，孫吳，王子能紹而明之，切近世，極人變。作《律書》第三。」	O	
44	吳起兵法			子	亡	同	孫子吳起列傳：「世俗所稱師旅，皆道〈孫子〉十三篇，吳起兵法，世多有，故弗論，論其行事所施設者。」	今本《吳起兵法》為偽物，非史遷所見之舊。	吳子
45	孝經	仲尼弟子列傳	曾參作《孝經》……太史公曰：……則論言《弟子籍》，出孔氏古文近是。余以弟子名姓文字，悉取《論語》弟子問，並次為篇。	經	存	同		O	o
46	弟子籍			子	亡	同	仲尼弟子列傳：「弟子籍出孔氏古文近世。」	史遷所稱《論言弟子籍》及《論語弟子問》，均系指《論語》	o
47	論語			子	存	同	孔子世家:「余讀孔氏書。」		o
48	商君書	商君列傳贊	余嘗讀商君開塞耕戰書，與其人行事相類。	子	存	同	商君列傳:「余讀商君開塞耕戰書。」	O	o
49	主運	孟子荀卿列傳	鄒子……如燕，作《主運》。……自騶衍與齊之稷下先	子	亡	同			
50	慎子			子	殘	同			p

51	環淵子	生，如淳于髡、慎到、環淵、接子、田駢、騶奭之徒，各著書言治亂之事……而趙亦有公孫龍為堅白同異之辯，劇子之言；魏有李悝，盡地力之教；楚有尸子。長盧；阿之吁子焉，自如孟子至於吁子，世多有其書……蓋墨翟，宋之大夫，善守禦，為節用。	子	亡	同			《漢志・諸子略》有《蜎子》十三篇，即《環淵子》，今亡。	o
52	接子		子	亡	同			《漢志・諸子略》道家有《接子》二篇，即《接子》，今亡	o
53	田駢子		子	亡	同			《漢志・諸子略》有《田子》二十五篇，《隋志》、《唐志》皆不著錄，書早亡，有馬國翰輯本。	o
54	騶奭子		子	亡	同			《漢志・諸子略》陰陽家有《騶奭子》十二篇，今亡	o
55	公孫龍子		子	存	同			O	o
56	劇子		子	亡	同			《漢志・諸子略》法家有《處子》九篇，即《劇子》，今亡	o
57	李悝書		子	亡	貨殖列傳：魏文侯時，李克務盡地力之教。	列當侯，文侯盡力之		《漢志・諸子略》法家有《李子》三十二篇，儒家有《李克》七篇，俱亡，有黃奭叢學堂叢本輯本。《唐律》有李悝《法經》之目，則為偽物	李悝李克書

58	尸子			子	亡	同		《漢志・諸子略》雜家有《尸子》二十篇，已佚，有汪繼培輯本	o
59	長盧子			子	亡	同		《漢志・諸子略》道家有《長盧子》九篇，今亡	o
60	吁子			子	亡	同		《漢志・諸子略》儒家有《芋子》十八篇，芋吁古通。班固謂七十子之後，今亡	o
61	墨子			子	存	同		O	o
62	淳于子			子	亡	同		《漢志》不錄，《別錄》有之。	o
89	騶衍子			子	亡	同		《漢志・諸子略》陰陽家有《騶子》四十九篇，《騶子終始》五十六篇，《隋志》、《唐志》皆不著錄，書早亡，有馬國翰輯本	
90	終始			子	亡	其次騶衍，後孟子……深觀陰陽消息而作怪迂之，《終始》、《大聖》之篇十餘萬言。			
91	大聖			子	亡				

63	魏公子兵法	信陵君列傳	諸侯之客進兵法，公子皆名之，故世俗稱《魏公子兵法》。	子	亡	同		《漢志・兵書略》《魏公子》二十一篇，圖十卷。《七略》圖七卷。《隋志》、《唐志》已不著錄，書早亡	o
64	樂毅報燕王書	樂毅傳贊	始齊之蒯通及主父偃讀〈樂毅報燕王書〉	集	存	同			
65	離騷		屈原既死之後，楚有宋玉。唐勒。景差之徒者，皆好辭而以賦見稱。余讀〈離騷〉、〈天問〉、〈招魂〉、〈哀郢〉，悲其志。	集	存	同	屈原賦為一類；屈原賈生列傳：余讀〈離騷〉、〈天問〉、〈招魂〉、〈哀郢〉，悲其志。	O、憲令	o
66	賈誼文	屈原賈生列傳	……及見賈生弔之，又怪屈原以彼其材，游諸侯，何國不容，而自令若是。讀〈鵩鳥賦〉，同死生，輕去就，又爽然自失矣。	集	殘	同	屈原賈生列傳：及見賈生弔之，又怪屈原以彼其材，游諸侯，何國不容，而自令若是。讀〈鵩鳥賦〉，同死生，輕去就，又爽然自失矣。	O	o
67	宋玉賦			集	存	同		O	o
68	唐勒賦			集	亡	同		O	o
69	景差賦			集	亡	同		O	o
70	蒯通長短說	田儋列傳	蒯通者善為長短說，論戰國之權變為八十一首	子	亡	同		史遷所見之《蒯通書》即《戰國策》	o

71	新語	酈生陸賈列傳	余讀陸生《新語》書十二篇	子	存	同		酈生陸賈列傳：余讀陸生《新語》著書十二篇。	今本《新語》偽物，史遷所見，實指《楚漢春秋》	o
95	酈生書			子	亡	世之傳酈生書				
72	春秋雜說	平津侯主父列傳	公孫弘……年四十餘乃學《春秋雜說》	經	亡	同			O	o
73	司馬相如賦	司馬相如列傳	相如他所著若〈遺平陵侯書〉、〈與五公子相難〉、〈草木書篇〉，不采；采其尤著公卿者云	集	存	同		太史公自序：子虛之事，大人賦說，靡麗多誇，然其指風諫，歸於無為，作〈司馬相如賦〉第五十七。	〈子虛〉、〈天子游獵賦〉、〈大人賦〉、〈司馬相如遺札〉、遺平陵侯書〉、〈五公子相難草木書〉	o
74	韓詩內傳	儒林列傳	韓生推詩之意，而為內、外傳，數萬言。諸學者多言《禮》，……於今獨有士禮，高堂生能言之。……漢興至於五世之間，唯董仲舒明於《春秋》；其傳《公羊》也。……瑕生、江生為《穀梁春秋》。	經	存	同	合而言之		O	o
75	韓詩外傳			經	存	同			O	o
76	禮（儀禮）			經	存	同			士禮	
77	春秋公羊傳			經	存	同			O	o
78	春秋穀梁傳			經	存	同			O	o

82	春秋災異之記		經	殘	董仲舒以《春秋》災異之變，推陰陽所以錯行。……著《災異之記》			《漢志·六藝略》有《公羊董仲舒治獄》十六篇，又《漢書·諸子略》錄《董仲舒》百二十三篇，此與《史記》所云《災異之記》，名稱又異。疑董氏著書，初無書名。今傳有《春秋繁露》十七卷	o
83	漢禮儀		經	亡		叔孫通作		《漢禮儀》《漢志》已不著錄，書早亡。	
84	古文尚書		經	亡	儒林列傳	私學於孔安國		O	o
85	申公詩訓		經	亡	申公獨以《詩》經為訓以教			《漢志·六藝略》有《魯故》二十五卷，《魯說》二十八卷，俱亡。陳喬縱有《三家詩遺說考》	
97	兒寬書		子	亡	兒寬為人溫良，有廉智自持，而善著書、書奏，敏於文，口不能發明也			《漢志·諸子略》儒家有《兒寬書》九篇，今亡，有馬國翰輯本	

106	功令			史	亡	太史公曰：余讀《功令》，至於廣厲學官之路，未嘗不廢書而嘆也		儒林列傳：余讀《功令》	O	o
79	禹本紀	大宛傳贊	至《禹本紀》、《山海經》所有怪物，余不敢言之也。	史	亡	同	大宛列傳：太史公曰：「《禹本紀》言河出崑崙。」	《禹本紀》別有一書，非《史記》之〈夏本紀〉，今亡。	o
80	山海經			史	存	同		O	o
81	周書	貨殖列傳	《周書》曰：農不出，則乏其食；工不出，則乏其事；商不出，則三寶絕；虞不出，則財匱少。	經	亡	同			
88	計然七策			子	亡	范蠡既雪會稽之恥，乃喟然而嘆曰：「計然之策七，越用其五而得意。」		《計然書》《漢書》、《隋志》皆不著錄，《唐志》有《范子計然》十五卷，已亡，有馬國翰輯本。	
86	樂			經	亡	太史公自序：《樂》，樂所以立，故長於和。			

87	王子兵法			子	亡	太史公自序：《司馬法》所以來尚矣。太公、孫、吳、王子，能紹而明之		太史公自序：「司馬法所從來尚矣，太公、孫吳，王子能紹而明之，切近世，極人變。作《律書》第三。」	《漢書·兵書略》有《王孫》十六篇，沈欽韓以為即《王子》今亡。	
92	周書陰符			子	存	蘇秦列傳：於是得《周書陰符》，伏而讀之，期年以出《揣摩》。			《史記集解》云：「《鬼谷子》有〈揣摩〉篇也。」或以《鬼谷子》即《漢志》所錄《蘇子》三十一篇。	
93	揣摩			子	亡					
96	槃盂諸書			子	亡	魏其武安侯列傳：蚡有口，學《槃盂諸書》			《漢志·諸子略》雜家有《孔甲盤盂》二十六篇，今亡	
98	黃帝扁鵲之脈書			子	殘	扁鵲倉公列傳：太倉公……要悉以禁方予之，傳《黃帝扁鵲之脈書》			《漢志·方技略》《黃帝內經》十八卷，今存有《素問》、《靈樞》	
99	歷書甲子篇			子	存	〈歷書〉摘《歷書甲子篇》			○	

100	淮南子			子	存	《五帝本紀》、《屈原列傳》	《五帝本紀》、《屈原列傳》皆鎔鑄《淮南子》之文		O	
103	秦楚之際			史	亡	秦楚之際月表序：太史公讀《秦楚之際」	秦楚之際月表：太史公讀秦楚之際			
104	列封			史	亡	惠景間侯者年表序：太史公讀《列封》，至便侯，曰：有以也夫！長沙王者，著《令甲》，稱其忠焉	惠景間侯者年表序：太史公讀《列封》，至便侯，曰：有以也夫！長沙王者，著《令甲》，稱其忠焉。		O	
105	令甲			史	亡					o
107	漢律令			史	亡	太史公自序：於是漢興，蕭何次律令，韓信申軍法，張蒼為章程，叔孫通定禮儀，則文學彬彬稍進。《詩》、《書》往往間出矣。				
108	漢軍法			史	亡					
109	漢章程			史	亡					

110	晁錯所更令三十章		史	亡	袁盎晁錯列傳：錯所更令三十章，諸侯皆喧嘩疾晁錯。		《漢志·諸子略》法家有《晁錯》三十一篇，今佚，有馬國翰輯本。	
111	世本		史	殘				o
112	戰國策		史	存	引用92條之多		史遷所見之《刪通書》即《戰國策》	o
113	楚漢春秋		史	殘	《御覽》有殘篇		今本《新語》偽物，史遷所見，實指《楚漢春秋》	o
114	魯仲連書		集	存	魯仲連鄒陽列傳		魯仲連遺燕將書	
115	鄒陽書		集	存				
116	李斯書		集	存	李斯列傳		李斯上二世書	
117	春秋古文					吳太伯世家：「余讀春秋古文。」		
118	世家言					衛康叔世家：「太史公曰：余讀《世家言》」		
119	伯夷傳					伯夷列傳：余悲伯夷之志，睹逸詩可異焉，其《傳》曰		
120	禮官書					禮書：余至大行禮官，觀三代損益，乃知緣人情而制禮，依人性而作儀，其所由來尚矣。		

121	高祖侯功臣						高祖功臣侯年表：余讀高祖侯功臣		
122	太初元論						太史公自序：五家之文怫異，惟太初之元論作〈歷書〉第四。		
123	或言						夏本紀：或言禹會諸侯江南，記功而崩，因葬焉，命約會稽。		
124	留侯畫像						留侯世家：至觀其圖，乃如婦人好女。		
125	醫藥卜筮種樹之書							泛稱，指三類之書，為史遷曾所見及。其具體書名，今不可悉，書亦無存。	
126	列侯功籍								高祖功臣侯者年表序：余讀高祖功臣，審其首封。惠景間侯年表序：太史公讀列侯之便侯
127	鄒衍子								o

說明：

1. 本表乃筆者所見，取學者對《史記》取材條列說明，並採計史料有明顯出入者。

2. 表中打「o」者，為散見《史記》全書各篇，引文過多，為求表格精簡，故略去。

附表二：《史記會注考證》各篇引書表

篇名	易	詩	尚書	禮	左傳	公羊	穀梁	國語	論語	孟子	戰國策	呂覽	韓非子	新序	說苑	淮南子	其他
本　　　紀																	
1 五帝本紀		o	o	o	o			o			o			o			
2 夏本紀			o	o	o			o	o								
3 殷本紀		o	o	o	o				o	o			o	o		o	荀子成相、孫子、楚辭、民歌、逸周書
4 周本紀		o	o	o	o			o			o	o	o				韓詩外傳
5 秦本紀		o	o		o			o			o	o	o		o	o	秦記、晏子春秋、韓詩外傳、荀子
6 秦始皇本紀															o	o	新語、過秦論
7 項羽本紀																	楚漢春秋、法言
8 漢高祖本紀																	楚漢春秋
9 呂太后本紀																	楚漢春秋
10 孝文本紀									o								
11 孝景本紀																	
12 孝武本紀																	
世　　　家																	
1 吳太伯世家					o	o		o	o			o		o			吳越春秋
2 齊太公世家		o	o		o	o		o					o				荀子、管子、晏子春秋
3 魯周公世家		o	o	o	o	o					o				o	荀子
4 燕召公世家		o	o		o	o					o						
5 管蔡世家																	
6 陳杞世家			o		o	o	o										
7 衛康叔世家					o							o					
8 宋微子世家			o		o			o							o		
9 晉世家			o		o			o	o								
10 楚世家			o		o		o	o			o	o			o	新書
11 越王句踐世家					o			o									吳越春秋
12 鄭世家					o	o		o							o		

13	趙世家				o			o			o		o			韓詩外傳、商子
14	魏世家				o				o	o	o		o	o		韓詩外傳
15	韓世家				o						o					
16	田敬仲完世家				o	o				o	o		o	o		
17	孔子世家			o	o	o	o	o	o	o	o	o		o	o	荀子、晏子春秋、墨子、尹文子、莊子、春秋繁露
18	陳涉世家															尸子、新書
19	外戚世家	o				o			o	o						
20	楚元王世家		o													春秋
21	荊燕世家															
22	齊悼惠王世家															
23	蕭相國世家															
24	曹相國世家															老子
25	留侯世家											o	o	o		家語、莊子
26	陳丞相世家															
27	絳侯周勃世家								o							
28	梁孝王世家															
29	五宗世家								o							
30	三王世家									o						
	列　　　傳															
1	伯夷列傳									o	o	o	o			莊子、韓詩外傳、老子、鵩鳥賦
2	管晏列傳			o	o				o			o	o		o	列子、管子、晏子、孝經
3	老子韓非列傳				o				o		o	o	o			莊子、曾子、老子
4	司馬穰苴列傳															孫子
5	孫子吳起列傳										o	o	o			孫子、法言
6	伍子胥列傳		o		o		o	o			o	o			o	
7	仲尼弟子列傳	o	o	o	o				o	o	o	o	o	o		家語、絕越書、吳越春秋、莊子、列子、韓詩外傳

8	商君列傳		o						o	o	o				商子、逸詩、逸書
9	蘇秦列傳			o					o	o					荀子、新語
10	張儀列傳								o	o					
11	樗里子甘茂列傳								o	o					
12	穰侯列傳								o						
13	白起王翦列傳								o						鄙語
14	孟子荀卿列傳		o				o	o							
15	孟嘗君列傳								o						
16	平原君虞卿列傳			o					o		o	o			
17	魏公子列傳								o						列士傳、孫子
18	春申君列傳	o	o	o					o		o				
19	范雎蔡澤列傳						o	o	o	o					蔡澤引易、逸周書
20	樂毅列傳								o	o					
21	廉頗藺相如列傳				o		o								
22	田單列傳						o								孫子
23	魯仲連鄒陽列傳								o	o					莊子、魯連引詩
24	屈原賈生列傳	o						o							離騷、老子、荀子、懷沙、莊子、弔屈原賦、鵩鳥賦
25	呂不韋列傳				o		o		o	o		o			
26	刺客列傳				o	o									燕丹子
27	李斯列傳								o	o	o				諫逐客書
28	蒙恬列傳			o											
29	張耳陳餘列傳				o		o			o			o		
30	魏豹彭越列傳															老子、莊子
31	黥布列傳															
32	淮陰侯列傳								o	o	o			o	黃石公兵法、孫子、晏子、楚漢春秋、吳越春秋、老子
33	韓信盧綰列傳															楚漢春秋
34	田儋列傳															

35	樊酈滕灌列傳									
36	張丞相列傳									
37	酈生陸賈列傳							○		楚漢春秋
38	傅靳蒯成列傳									楚漢春秋
39	劉敬叔孫通列傳	○			○	○				楚漢春秋、老子
40	季布欒布列傳									楚漢春秋
41	袁盎晁錯列傳									
42	張釋之馮唐列傳	○								孔子家語
43	萬石張叔列傳				○					孝經
44	田叔列傳				○					
45	扁鵲倉公列傳							○	○	莊子、老子、倉公醫案
46	吳王濞列傳		○	○						周諺、古語、逸書
47	魏其武安侯列傳									成語
48	韓長孺列傳									
49	李將軍列傳				○					鄙諺
50	匈奴列傳	○		○	○	○				山海經、春秋
51	衛將軍驃騎列傳	○								孫子
52	平津侯主父列傳		○		○					司馬法、賈生遺策
53	南越列傳									
54	東越列傳									
55	朝鮮列傳									
56	西南夷列傳									
57	司馬相如列傳									上林、子虛
58	淮南衡山列傳									
59	循吏列傳		○				○	○	○	莊子、荀子、韓詩外傳
60	汲鄭列傳									
61	儒林列傳			○	○			○		莊子、太公六韜
62	酷吏列傳				○					老子、過秦論
63	大宛列傳									
64	游俠列傳							○		莊子、荀子
65	佞幸列傳				○				○	諺

66	滑稽列傳									o	o		o	o	列子
67	日者列傳							o						老子
68	龜策列傳			o		o		o						
69	貨殖列傳							o	o		o			老子、管子、孫子
70	太史公自序			o	o	o		o	o	o	o			老子、韓非子、鬼谷子、孝經、春秋繁露、孫子

書														
1	禮書	o		o	o		o		o					荀子、韓詩外傳
2	樂書	o			o							o		列子、孝經、尸子、家語、荀子、韓非子
3	律書							o		o				
4	曆書		o	o	o			o	o					
5	天官書													甘石星經、淮南子
6	封禪書		o					o		o				墨子、韓詩外傳、春秋
7	河渠書		o											
8	平準書		o											

附表三：《史記》撰述方法表

		記注	改易					撰作			
	篇目	引文	約	衍	對譯	變體	援古取重	附古擴充	綴合補缺	想像添意	夾敘夾議	寓論斷於敘事之中
	本　　　紀										
1	五帝本紀		o	o	o					o		
2	夏本紀		o	o	o				o	o		
3	殷本紀		o	o	o	o			o			
4	周本紀		o		o	o			o	o		
5	秦本紀		o			o				o		
6	秦始皇本紀	o	o									
7	項羽本紀		o									
8	漢高祖本紀		o	o								
9	呂太后本紀											
10	孝文本紀											
11	孝景本紀											
12	孝武本紀											
	世　　　家										
1	吳太伯世家		o				o			o		
2	齊太公世家		o	o					o			
3	魯周公世家		o	o	o					o		
4	燕召公世家		o	o	o				o			
5	管蔡世家			o								
6	陳杞世家		o									
7	衛康叔世家		o	o	o							
8	宋微子世家		o		o							
9	晉世家		o	o						o		
10	楚世家		o	o						o		
11	越王句踐世家		o									
12	鄭世家		o	o			o			o		
13	趙世家		o							o		

14	魏世家		o	o					o	o		
15	韓世家		o									
16	田敬仲完世家		o						o	o		
17	孔子世家		o	o						o		
18	陳涉世家		o									
19	外戚世家							o				
20	楚元王世家							o				
21	荊燕世家											
22	齊悼惠王世家											
23	蕭相國世家											
24	曹相國世家							o				
25	留侯世家						o					
26	陳丞相世家											
27	絳侯周勃世家											
28	梁孝王世家											
29	五宗世家											
30	三王世家							o				
	列　　　傳											
1	伯夷列傳		o				o				o	
2	管晏列傳		o	o			o		o			
3	老子韓非列傳	o	o									
4	司馬穰苴列傳											
5	孫子吳起列傳		o							o		
6	伍子胥列傳		o	o						o		
7	仲尼弟子列傳		o							o		
8	商君列傳		o					o				
9	蘇秦列傳		o						o			
10	張儀列傳		o						o			
11	樗里子甘茂列傳		o	o								
12	穰侯列傳		o									

13	白起王翦列傳						o				o
14	孟子荀卿列傳		o				o				
15	孟嘗君列傳		o								
16	平原君虞卿列傳		o								
17	魏公子列傳		o								
18	春申君列傳		o								
19	范雎蔡澤列傳	o	o					o	o		
20	樂毅列傳	o	o								
21	廉頗藺相如列傳		o								
22	田單列傳		o			o		o			
23	魯仲連鄒陽列傳	o	o	o							
24	屈原賈生列傳	o						o		o	
25	呂不韋列傳		o				o				
26	刺客列傳		o	o					o	o	
27	李斯列傳		o					o			
28	蒙恬列傳										
29	張耳陳餘列傳										
30	魏豹彭越列傳										
31	黥布列傳										
32	淮陰侯列傳			o							
33	韓信盧綰列傳										
34	田儋列傳										
35	樊酈滕灌列傳										
36	張丞相列傳										
37	酈生陸賈列傳										
38	傅靳蒯成列傳		o								
39	劉敬叔孫通列傳			o							
40	季布欒布列傳			o							
41	袁盎晁錯列傳										

42	張釋之馮唐列傳										
43	萬石張叔列傳					o					
44	田叔列傳										
45	扁鵲倉公列傳	o					o				
46	吳王濞列傳						o				
47	魏其武安侯列傳										
48	韓長孺列傳										
49	李將軍列傳					o				o	o
50	匈奴列傳				o	o					
51	衛將軍驃騎列傳										
52	平津侯主父列傳	o									
53	南越列傳										
54	東越列傳										
55	朝鮮列傳										
56	西南夷列傳										
57	司馬相如列傳	o									
58	淮南衡山列傳										
59	循吏列傳			o							
60	汲鄭列傳										
61	儒林列傳						o	o			
62	酷吏列傳						o	o			
63	大宛列傳										
64	游俠列傳		o				o				
65	佞幸列傳										
66	滑稽列傳		o	o							
67	日者列傳										
68	龜策列傳										
69	貨殖列傳						o	o			
70	太史公自序	o	o	o			o	o			o

	書								
1	禮書	o	o		o			o	
2	樂書	o			o			o	
3	律書				o			o	
4	曆書	o	o		o		o	o	
5	天官書						o		
6	封禪書	o	o		o		o		
7	河渠書			o			o		
8	平準書	o						o	o